Tobias Faix, Florian Karcher (Hg.)

PRAXISBUCH TEENAGER-ARBEIT

Wichtige Grundlagen, kreative Methoden, innovative Ideen

neukirchener verlag

MIX
Papier aus verantwortungsvollen Quellen
FSC® C014138
FSC
www.fsc.org

Bibliografische Information der Deutschen Nationalbibliothek:
Die Deutsche Nationalbibliothek verzeichnet diese Publikation in der Deutschen Nationalbibliografie; detaillierte bibliografische Daten sind im Internet über http://dnb.d-nb.de abrufbar.

Umschlaggestaltung: Grafikbüro Sonnhüter, www.sonnhueter.com,
unter Verwendung eines Bildes von (c) George Rudy (shutterstock.com)
Lektorat: Hauke Burgarth, Pohlheim
DTP: Q. Gute Grafik, Fabiola Quadflieg, Köln
Verwendete Schrift: Milo OT
Gesamtherstellung: Finidr, s.r.o.
Printed in Czech Republic
ISBN 978-3-7615-6485-1

www.neukirchener-verlage.de

Inhaltsverzeichnis

Inhaltsverzeichnis

Einleitung
Teenager – die wunderbaren Wesen

Tobias Faix, Florian Karcher

Vom Teddybär zum ersten Kuss: Lebensphase Teenager

Es gibt in der Gemeinde- bzw. Jugendarbeit kaum etwas Schöneres, als mit Teenagern zu arbeiten. Diese besonderen Wesen, die nicht mehr Kind und noch nicht erwachsen sind, suchen gerade mitten im vielleicht größten Umbruch ihrer Biografie ihren Weg zu sich selbst und ins Leben. Es ist die Zeit der großen Gefühlswelten und Entwicklungszeiten, die viele Teenager als extrem erleben. Besonders ihre Gefühlswelt wird oftmals stark durcheinandergewirbelt und in vielen Situationen fühlen sie sich unverstanden und reagieren sehr empfindlich. So kann es vorkommen, dass zwei extreme Gefühlsausbrüche innerhalb kurzer Zeit in völlig unterschiedliche Richtungen gehen. Ein Teeniemädchen brüllte während einer kleinen Auseinandersetzung bei uns im Teenkreis zum Beispiel einen Jungen an. Sie hasse ihn abgrundtief, er sei das Allerletzte und sie würde nie wieder in den Teenkreis kommen, wenn er da sei. Die Situation eskalierte so, dass ich sie dann heimfahren musste. Auf dem Rückweg beruhigte sie sich und auf die Frage, was denn gerade los gewesen sei, antwortete sie, dass sie genau diesen Jungen so unglaublich süß findet und gar nicht weiß, was sie machen soll. Diese Gefühlswirrungen sind auf dem Hintergrund der körperlichen, psychischen und emotionalen Entwicklung, die ein Teenager durchlebt, völlig normal und zeigen sich beim einen stärker und bei der anderen schwächer, machen die Arbeit mit Teenagern aber unglaublich spannend und lebendig. Denn Teenager verfügen über unglaubliche Energien, eine unbändige Kreativität und eine hohe Begeisterungsfähigkeit. Und gleichzeitig müssen sie mit den großen Veränderungen an ihrem Körper und der aufbrechenden Sexualität umgehen lernen, ihre sozialen Beziehungen in der Familie und im Freundeskreis umbauen, sich mit den Bildungs- und Leistungserwartungen der Gesellschaft auseinandersetzen und ein neues Selbstkonzept entwickeln, das eine eigenständige Idee dessen enthält, was und wer sie sein wollen.

Vom Sandkasten zum Superstar: Zielgruppe Teenager

Teenager sind in der heutigen Zeit sehr vielen Trends ausgesetzt. Marketingexperten und Trendscouts haben die Kaufkraft der Teenies entdeckt und buhlen mit schrillen Bildern und verlockenden Angeboten um die junge Generation, die noch hungrig und

unverbraucht ist. Der Trend wird vorgegeben und viele Teenies folgen dem angezeigten Weg willig nach. Das ist nicht verwunderlich, denn keine Generation vorher hatte in jungen Jahren schon so viel Geld zur Verfügung, solch ein vielfältiges Wissen und wurde so konsequent umworben. Dabei geht es nicht nur um „Fame", wie es die Teenager ausdrücken, sondern um ein Lebensgefühl, das sich gut in den großen Fernsehformaten wie „Germany's Next Topmodel" oder „Voice of Germany" und „Deutschland sucht den Superstar" zeigt. Es geht um Identifikation (mit den eigenen Favoriten), Abgrenzung (mit den Blöden und Zicken und Unsympathischen) und Teilhabe (von der App über die Peergroup auf dem Schulhof), also die zentralen Entwicklungsaufgaben im Teenageralter. Perfekt darauf abgestimmt gibt es ein umfassendes Merchandisingprogramm, das den Teens scheinbar alles bietet, was sie brauchen, um die aufkommenden Fragen des Lebens zumindest kurzfristig zu beantworten. So gibt es neben wöchentlich erscheinenden Journals Kleider für alle Lebenslagen, Schminkutensilien, Handyhüllen, Parfüms, Caps, Tassen, Lanyards und noch vieles mehr. Die Industrie hat die Teens als ökonomische Zielgruppe längst entdeckt, untersucht und ihre Produktreihen perfekt auf sie abgestimmt. Professionell sagen die einen, perfide die anderen. Was sagen eigentlich die Kirchen und Gemeinden zur Zielgruppe Teenager?

Von der Randgruppe zur Zielgruppe: Teenager in der Gemeinde

Teenager und Gemeinde scheinen auf den ersten Blick nicht sonderlich gut zusammenzupassen und, ja, die Lebensphase von Teenagern und traditionelle Gottesdienste vertragen sich nicht gut. Oft hören sich die Begegnungen so an:

Stur, bockig, unverständlich, unmöglich angezogen und voller unbändiger Energie, so sehen viele Erwachsene Teenager. Man möchte im Gottesdienst geistlich auftanken, Gott in der Stille und in seiner geistlichen Tradition und Gewohnheit begegnen, und dann versuchen ein paar Teens aus ihren elektronischen Instrumenten auch noch das Letzte rauszuholen.

Ist das zu verkraften?

Spießig, durchschaubar, angepasst und unendlich langweilig, so sehen viele Teens Erwachsene. Man möchte in den Gottesdienst und Gott erleben, seine Größe in einer powervollen Anbetung fühlen und spüren, radikal in der Predigt herausgefordert werden und dann singt der Kirchenchor einen vierstimmigen Choral und der Pfarrer benutzt einen Wortschatz, den man bis dahin nur aus den Besuchen im Altersheim kannte.

Ist das zu verkraften?

Ja – es ist zu verkraften! Denn Teenager sind nicht nur ein wichtiger Teil, sondern haben auch das Recht auf einen Platz in der Gemeinde. So zeigen auch die letzten Umfragen, sowohl in der evangelischen Kirche (KMU 5) als auch in der Fresh-X-Bewegung in England („From Anecedote to Evidence"), dass ein zentraler Wachstumsgrund in der Gemeinde die Arbeit mit Kindern und Jugendlichen ist. Und hier liegt die Schnittstelle in der Teenagerarbeit, da nach der Konfirmation bzw. dem Biblischen Unterricht der größte Bruch zu verzeichnen ist. Genau hier wollen wir ansetzen mit unserem Praxisbuch, Teenager in ihrer Lebens- und Glaubensphase ernst nehmen und Teenager als einen Teil von Gemeindearbeit sehen. Dies impliziert beides, sowohl generationsübergreifende Begegnung als auch die Arbeit in der eigenen Peergroup. Gerade Letzteres hat für das Alter eine besonders hohe Bedeutung.

Von der Fremdwahrnehmung zur Selbstwahrnehmung: Teenager und die Gruppe

Die Gruppe ist für das Teenageralter besonders wichtig. Der junge Mensch sucht und braucht Gemeinschaft. Die Gruppe ist für Heranwachsende von entscheidender Bedeutung (Peergroup), darum versucht er, sich solch einer Gruppe anzuschließen. Eltern und Verantwortliche der Gemeinde sollten darauf achten, dass Teenager rechtzeitig in eine gesunde Gruppe hineinfinden. In der Gruppe findet der Teenager neue Bezugspersonen, Anerkennung und Geborgenheit. Werte, die die Gruppe vertritt, macht er sich leichter und schneller zu eigen, ebenso Leitbilder. Eine lebendige und gute Teenagerarbeit ist für die Entwicklung des jungen Menschen von ausschlaggebender Bedeutung.

Vom elterlichen zum eigenen Glauben: Teenager und Glaubensvermittlung

Die Zeit der Identitätskrise und der Ich-Findung ist für das Glaubensangebot von größter Wichtigkeit. Die Offenheit für den Glauben ist zu keiner Zeit größer als in diesem Alter. Es ist darum eine Zeit der Entscheidung. Das Angebot des Evangeliums trägt auch zur Findung der eigenen Identität bei. In der Pubertät braucht der junge Mensch Beistand, Begleitung und persönliche Zuwendung. Eltern können das in der Regel nur zum Teil leisten. Darum kommt der Gemeinde und den Verantwortlichen in der Jugendarbeit eine umso größere Bedeutung zu. Trotz aller Ablösungskonflikte, Kritik an der Erwachsenenwelt und dem Hinterfragen des Glaubenslebens (und der Glaubenslehre), suchen junge Menschen Väter und Mütter im Glauben, die sie ernst nehmen, verstehen, ihnen zuhören, Freiraum zur Entfaltung geben, ihnen Vertrauen entgegenbringen, aber auch Grenzen aufzeigen, Maßstäbe vermitteln, Festigkeit vorleben, sie vor allem aber ermutigen. Denn Teenager sind auch und gerade in ihrer Entwicklungsphase vollständige Personen, die es nicht nur ernst zu nehmen gilt, sondern von denen auch Mitarbeitende lernen können.

Vom Objekt zum Subjekt: Teenagerarbeit für, mit und von Teenagern

Teenagerarbeit speist sich wesentlich aus der Einsicht, dass Teenager in einer spezifischen Lebenslage sind, die von Kindheit und Erwachsenenalter unterschieden werden muss. Sie sind eigene Subjekte und die besten Expertinnen und Experten ihrer Altersgruppe. Sie nehmen die Welt mit besonderen Augen wahr und dies gilt auch für ihre Gottesbeziehung und Glaubensentwicklung. Das formale und abstrakte Denken wird zunehmend ausgeprägt und komplexe Zusammenhänge werden verstanden, entdeckt und hinterfragt. Was bisher im Glauben selbstverständlich war, wird plötzlich infrage gestellt. Wichtige Lebensentscheidungen werden getroffen und mit voller Kraft umgesetzt. Deshalb gilt für die Teenagerarbeit dreierlei:

a) Die Arbeit für Teenager ist die Arbeit, in der theologische Wahrheiten für das Alter entsprechend aufbereitet werden, sodass sie von Teenagern mit ihren spezifischen Denk- und Sprachkompetenzen erfasst und verarbeitet werden können.
b) Die Arbeit mit Teenagern ist das, was in vielen Teenkreisen ein fester Standard ist: Teilnehmende und Mitarbeitende setzen sich gemeinsam mit theologisch relevanten Fragen auseinander, überlegen, was dies für die Alltagswelt der Teenager bedeutet, und motivieren sie dazu, dass die gemeinsamen Erkenntnisse praktisch umgesetzt werden.
c) Die Arbeit von Teenagern setzt bei der Kompetenz der Teenager an, ihrem besonderen Wissen, ihrer Leidenschaft und Sprachfähigkeit. Sie übernehmen im Teenkreis selbst Verantwortung, können Entscheidungen treffen, Evangelium verkünden und Teenkreisabende gestalten.

Die neue Generation an Teenagern ist nach unserem Erleben höchst motiviert und kompetent, selbst aktiv Teenagerarbeit zu gestalten. Sie brauchen den Raum und die Begleitung dafür; auch darum soll es in diesem Buch gehen.

Vom guten Programm zu gelingenden Beziehungen: Vertrauen ist der Anfang von allem

Wir finden gute Programme und innovative Konzeptionen enorm wichtig, deshalb bilden sie auch einen wesentlichen Teil dieses Buches, aber sie werden nur greifen, wenn sie auf einer gesunden Beziehungsgrundlage aufbauen. Beziehungen bilden die

Basis in jeder Art von Teenagerarbeit. Du kannst noch so ein gutes und abgefahrenes Programm leisten, noch so fette Action bieten; wenn du keinen Beziehungsdraht zu deinen Teens hast, verfehlt die Arbeit ihre eigentliche Wirkung. Wenn du deine Teens begleiten willst, ihnen durch die Zeit der Pubertät durchhelfen und für sie da sein willst, dann geht kein Weg daran vorbei, Beziehungen zu bauen. Und diese entstehen nur durch Vertrauen, das du dir erst einmal gewinnen musst. Eine Beziehung muss gepflegt werden und das kostet Zeit, was sich als wertvollste Währung in unserer Gesellschaft darstellt, die sich in den letzten Jahrzehnten wesentlich verändert hat.

Teenagerarbeit neu denken

Fragen wir die Forscherinnen und Forscher, dann sprechen die meisten von großen gesellschaftlichen Transformationsprozessen, in denen wir gerade leben. Es fallen dann meist ähnliche Stichworte: Globalisierung, Digitalisierung, Individualisierung und Pluralisierung. Und ja: Sie beschäftigen uns in diesem Buch auch, nicht so sehr analytisch, dafür gibt es andere gute Bücher, sondern eher als Hintergrundfolie, denn die Teenagergeneration, um die es in diesem Buch geht, ist die erste in diesen Umbrüchen aufgewachsene und geprägte Generation. Deshalb erregt sie auch eine besondere mediale Aufmerksamkeit, wird „Generation Y" und eigentlich schon „Generation Z" genannt. Soziologisch betrachtet wachsen Teenager in einer Gesellschaft auf, die ihnen vielfältige Optionen offenhält, ohne dass es einen gesamtgesellschaftlichen Konsens darüber gibt, was ein gutes und erfülltes Leben auszeichnet. Verschiedene Weltanschauungen und Religionen stehen gleichberechtigt nebeneinander und es ist am einzelnen Teenager, wie er/sie mit dieser Vielfalt umgehen will. So wachsen Teenager in einer immer traditionsloseren Welt auf, die auf der einen Seite mehr individuelle Freiheit mit sich bringt, auf der anderen Seite aber auch beinhaltet, dass das Individuum das Risiko seines eigenen Lebensentwurfs selbst tragen muss. Teenager haben mehr Optionen und mehr Geld, ihr Leben zu gestalten, aber auch den Druck, die für sie richtigen Entscheidungen zu treffen. Eine Entscheidung für eine Sache bedeutet immer auch eine gegen 10, 50 oder 100 andere Optionen. Eingebettet ist dieser Prozess in unterschiedliche Lebenswelten bzw. soziale Milieus, wobei sich zwei Milieus dadurch unterscheiden, dass sie ein und demselben Ereignis unterschiedliche Erlebnisqualität zuschreiben. Teenagerarbeit ist oftmals eines der wenigen gemeindepädagogischen Handlungsfelder, die von unterschiedlichen

Milieus besucht wird. Dies ist ein großer Schatz. Das Milieu, in dem man aufwächst, prägt nicht nur den individuellen Lebensstil, sondern auch die Wertorientierung und das Ideal dessen, was man später einmal erreichen will. Bezogen auf das religiöse Feld führt die gesellschaftliche Individualisierung zu einem Bedeutungsverlust religiöser Institutionen. Außerdem wachsen Teenager in einer Gesellschaft auf, in der sie unterschiedlichen Weltanschauungen und religiösen Traditionen – zum Teil real, in vielfacher Weise aber virtuell – begegnen.

Wie dieses Buch funktioniert

Theorie und Praxis kombiniert

Wir haben versucht, in diesem Buch grundsätzliche Überlegungen zur Teenagerarbeit mit Ideen, Beispielen und Methoden zu kombinieren. Wir sind davon überzeugt, dass es wichtig ist, die Theorie mit der Praxis zu verknüpfen. Wir wollten keine Beiträge schreiben, die eine Sache einfach nur theoretisch betrachten, sondern alles auch praktisch umsetzbar abbilden. Aber wir wollten auch nicht einfach nur Methoden auflisten, die du in deiner Arbeit einsetzen kannst, ohne auf die wirklich wichtigen Hintergründe aufmerksam zu machen. Deshalb findest du in allen Beiträgen Hintergrundinformationen und Gedankenanstöße, aber auch wichtige Bausteine für die Praxis der Teenagerarbeit. Dabei helfen dir unsere Icons:

METHODE

Hier findest du ganz konkrete Bausteine und Methoden für die Praxis. Du bekommst in der Regel erklärt, wie die jeweilige Methode funktioniert und was du dafür brauchst. Wenn du das Buch nach dem ersten Lesen zur Seite legst und später nach guten Methoden für ein bestimmtes Thema suchst, kannst du es einfach nach diesem Icon durchblättern.

Hier findest du meist Fragen, die dir helfen sollen, das Gelesene auf dich persönlich und vor allem auf deine Teenagerarbeit anzuwenden. Sie sind dafür da, um die Inhalte vom Allgemeinen punktgenau in deine Situation zu übertragen. Auch wenn man über solche Fragen gerne hinwegliest, nimm dir die Zeit dafür – es lohnt sich.

BEISPIEL

Hier bekommst du Beispiele gezeigt, wie etwas in der Arbeit mit Teenagern konkret aussehen kann. Manchmal stellen wir hier Projekte und Aktionen vor oder es gibt eine Art Fallbeispiel, das die Inhalte noch einmal verdeutlichen und in die Praxis übertragen soll.

MATERIAL

Und hier findest du alles, was du gut gebrauchen kannst, um am Thema dranzubleiben, noch mal etwas nachzulesen oder weitere Methoden und Ideen zum Thema zu finden. Die Materialhinweise passen immer genau zu dem, was du gerade gelesen hast.

BUCHTIPP

Am Ende der meisten Beiträge findest du noch eine Liste von Büchern oder Internetseiten, die sich mit dem Thema allgemein beschäftigen.

Drei Teile für deine Teenagerarbeit

Unser Buch ist in drei Teile eingeteilt. Diese Gliederung soll dir helfen, dich besser zurechtzufinden.

TEIL 1

In Teil 1 findest du Beiträge, die sich mit allgemeinen Fragen der Teenagerarbeit beschäftigen, quasi dem, was eigentlich alle betrifft. Hier geht es darum, was Teenager heute ausmacht, welche Veränderungen sich in der Arbeit mit Teenagern ergeben haben und was z. B. die rechtlichen Rahmenbedingungen sind. Mit diesen Fragen sollten sich alle Mitarbeitenden in der Teenagerarbeit einmal auseinandergesetzt haben.

TEIL 2

In Teil 2 findest du dann Gedanken, Ideen und Methoden zu verschiedenen Themen, die für deine Teenagerarbeit wichtig sind oder sie bereichern können. Es sind verschiedene Konzepte oder Methoden, z. B. Erlebnispädagogik oder der Umgang mit Medien, aber auch grundlegende Themen zum Alltag in deiner Teenagerarbeit, z. B. wie man Bibelarbeiten gestalten oder mit Teens beten kann. Hier kannst du dir genau das raussuchen, was du gerade brauchst oder was dich interessiert.

TEIL 3

In Teil 3 findest du eine Sammlung von weiteren Methoden und Ideen, die du an verschiedenen Stellen einsetzen kannst. Sie helfen dir, wenn du gerade mal unkreativ oder auf der Suche nach etwas Neuem bist.

Danke!

Wir haben uns dagegen entschieden, dieses Buch komplett selbst zu schreiben, weil wir davon überzeugt sind, dass die Kreativität vieler die Teenagerarbeit stärker bereichern kann. Wir sind begeistert von dem Ergebnis. Über 25 erfahrende Autoren und Autorinnen haben an diesem Buch mitgearbeitet und dazu beigetragen, dass wir so viele Themen und Methoden bearbeiten konnten. Jedem und jeder von ihnen sagen wir von Herzen danke für die investierte Kreativität und Zeit. Ein besonderer Dank geht an Lena Fraszczak, die uns geholfen hat, dieses Buch möglichst fehlerfrei und übersichtlich zu gestalten. Danke auch an das Verlagsteam um Frau Atkinson des Neukirchener Verlags für die freundliche und gute Betreuung.

Ein letzter Dank geht an dich! Danke, dass du dich für Teenager einsetzt. Danke, dass du deine Zeit für sie investierst und dabei sogar Bücher liest. Wir wünschen dir, dass dieses Buch deine Arbeit bereichert. Gottes Segen dafür!

TEIL 1

Wichtige Grundlagen für die Teenagerarbeit

1 Glauben und Leben: Die neue Generation verstehen

Tobias Faix

„Experten können uns alles in der objektiven Welt erklären, aber wir verstehen unser eigenes Leben immer weniger. Kurzum: Wir leben in der post-modernen Welt, wo alles möglich ist und so gut wie nichts gewiss."

Vaclav Havel (1936–2011), Ex-Präsident der Tschechischen Republik, Club of Rome

Hybride Identitäten – die Generation XYZ verstehen

Teenager im Zeichen des Umbruchs. Globalisierung und Digitalisierung als identitätsstiftende Elemente im Aufwachsen der neuen Generation

„Ich weiß selber, wer ich bin!"

Keine Frage, die neue Teenager- und Jugendgeneration kommt selbstbewusster daher als ihre Vorgänger. Schon die Generation Y hat dies deutlich gemacht. Ein Zeichen dafür ist, dass sie die Beschreibung und Erklärung ihrer Generation nicht mehr alleine den ExpertInnen überlässt, sondern sich selbst erklären will. Wie der 18-jährige Philipp Riederle, der das Buch „Wer wir sind, und was wir wollen: Ein Digital Native erklärt seine Generation" schrieb, oder Oliver Jeges, der Ähnliches mit dem Buch „Generation Maybe: Die Signatur einer Epoche" tat. Und wenn man die „Paten" dieser neuen Generation sucht, dann wird man bei Tanja und Johnny Haeusler fündig, die zwei große Plattformen für die neue Generation geschaffen haben: zum einen die re:publica-Konferenz, die jedes Jahr in Berlin stattfindet und mittlerweile schon Standard geworden ist für frische und innovative Ideen, und zum anderen die Internetplattform Spreeblick (spreeblick.com) als neues Sprachrohr der Jugendbiografie. Aber dies gilt vor allem für die 19- bis 29-Jährigen. Die nächste Generation folgt bereits und sie beschreibt sich stärker online. Wenn man sie kennenlernen will, wird man bei YouTube fündig. In „LifeWithMelina" zum Beispiel erklärt Melina, die mit bürgerlichem Namen Melanie Sophie heißt, fast 1,2 Millionen Abonnenten täglich, wie sie die Welt sieht. Und damit steht sie noch nicht mal an der Spitze, „LeFloids" mit 2,7 Millionen Followern oder „Dagi Bee" mit 2,3 Millionen stehen noch weit vor ihr. Es lohnt sich, in diese YouTube-Kanäle reinzuhören, um einen eigenen Eindruck zu bekommen.

MATERIAL

- **re:publica** https://re-publica.de/
- **Spreeblick** https://spreeblick.com
- **Melina Sophie** http://de.youtube.wikia.com/wiki/Melina_Sophie

„Ich habe immer das Problem, dass wenn ich von Heimat spreche, zwei oder drei Orte gleichzeitig infrage kommen, die gemeint sein könnten.“ Klaus

Die globalen Veränderungsprozesse der letzten Jahrzehnte haben viele Fragen aufgeworfen. Wenn man die rasante gesellschaftliche Entwicklung zu Beginn des 21. Jahrhunderts beobachtet, wird besonders an der Jugendkultur deutlich, welche Auswirkungen diese globalen Veränderungen auf die Entwicklungsprozesse unseres Lebens und Glaubens haben werden. Globalisierung wird als offener und gestaltbarer Prozess begriffen und zeigt sich sowohl in der wirtschaftlichen und politischen als auch in der privaten Realität des Alltags. So ist uns der neue amerikanische Präsident Trump schon näher als mancher unserer Nachbarn, und andererseits bleiben uns 975 Millionen hungernde Menschen völlig fern – trotz Globalisierung. Wir können in Ländern Urlaub machen, über deren Geschichte und Kultur wir so gut wie nichts wissen, essen dort aber bei McDonald's und trinken deutsches Bier. Auf der einen Seite können wir per Mausklick um die ganze Welt surfen und via Skype kostenfrei auf allen Kontinenten kommunizieren, können fast überall hinfliegen und es wird uns suggeriert, dass alles möglich sei. Auf der anderen Seite wächst die Sehnsucht nach eigener Identität und Heimat. Diese gegensätzlichen Tendenzen sind typisch für unsere Zeit und spiegeln die Spannung wider, in der sich viele Menschen befinden. Diese Generation ist geprägt von den globalen Erfahrungen und Ereignissen, die ihren Alltag, ihr Denken und Handeln bestimmen. Die dadurch entstehenden zunehmenden Optionen bringen den Jugendlichen nicht nur Vorteile, sondern drängen sie immer mehr in Entscheidungsnot. So nannte Oliver Jeges die neue Generation symptomatisch die „Generation Maybe“, die sich im Entweder-oder verrannt hat. Aber die neue Generation kann dafür spielerisch mit der „digitalen Revolution“ umgehen und überhaupt können wir einiges von ihr lernen, wie wir gleich erfahren werden.

„Ich surfe, also bin ich" – Teenager und digitale Netzwerke

„Ich surfe, also bin ich." Marie

Die sozialen und technisch-medialen Bedingungen haben sich in den letzten Jahren drastisch verändert. Die sogenannte Mediatisierung der Jugend und die Dynamik der Kommunikationsgesellschaft haben Spuren hinterlassen, die wir wahrscheinlich erst in einigen Jahren verstehen werden. Es ist für Teenager heute nahezu ausgeschlossen, außerhalb der Medien und besonders der Social Media zu leben. Experten sprechen von der mit und in diesen Technologien aufgewachsenen Generation als den „Digital Natives". Die 17. Shell-Studie (Okt. 2015) drückt das in Zahlen aus, was wir längst vermutet haben: 99 Prozent der Jugendlichen sind online, 81 Prozent aller Jugendlichen nutzen ein Smartphone und 47 Prozent haben drei oder mehr Geräte (Smartphone, Computer, Tablet etc.).

Eine der interessanten Fragen, die sich daraus entwickeln, ist die nach der Identität der Jugendlichen. Sie leben in zwei Realitäten, der virtuellen Social Media und der realen des Alltags. Diese stehen nicht nebeneinander, sondern kommen im Alltag so eng zusammen, dass sie sich vermischen. Man spricht von „hybriden Identitäten", einem Begriff, der aus der Migrationsforschung stammt. Kai-Uwe Hugger erklärt dies folgendermaßen: „Jugendliche suchen zunehmend Orte im Internet auf – Online-Communities –, wo sie eine Aushandlung ihrer hybriden Identität unter Globalisierungsvorzeichen vornehmen können." Diese „Neuschöpfung" der eigenen Identität lässt sich nicht mehr mit den klassischen Identitätsmerkmalen beschreiben, sondern stellt sich als ein „kreativer Prozess der Selbstorganisation" dar. So entsteht aus einer „Entweder-oder-Zuordnung" eine „Sowohl-als-auch-Zuordnung", die eine Mischung von Ambivalenzen, Brüchen und Komplexitäten vereint. Dies führt dazu, dass durch die neuen Möglichkeiten und Vielfältigkeiten neue, oftmals ambivalente Identitätsformen bei den Jugendlichen entstehen. So werden die Grenzen zwischen der virtuellen und der realen Welt fließend und nicht mehr trennbar.

Was heißt das für Glauben und Teenagerarbeit? Die lutherische Frage heute: Was ist die gute Nachricht für diese Generation?

„Lass mich dich lernen, dein Denken und Sprechen, dein Fragen und Dasein, damit ich daran die Botschaft neu lernen kann, die ich dir zu überliefern habe." Klaus Hemmerle

Überlegen wir nun, was dies für die gemeindliche Teenagerarbeit bedeutet, dann ergeben sich eine ganze Menge an guten Möglichkeiten. Die Grundlage führt uns ganz an den Anfang zurück – zum neuen Selbstbewusstsein. Die neue Generation möchte vor allem eines: ernst genommen werden. Mit ihrem subjektiven Glauben, ihrer Suche nach Sinn und ihrer hybriden Identität. Der Aachener Bischof Klaus Hemmerle hat deshalb recht, wenn er sagt, dass wir die neue Generation wieder lernen müssen, ihr Denken und Sprechen, ihre Fragen und ihr Dasein. Denn wir müssen neu sprachfähig werden und damit die gesellschaftlichen und religiösen Veränderungen im Leben der Teenager verstehen lernen. Die Teenager selbst sind offen, freuen sich, wenn sie in ihrer Suchbewegung Dialogpartner finden, und so ergibt sich eine Reihe von guten Möglichkeiten für die Teenagerarbeit.

1. **Beschreibe die Teenager deiner Stadt. Was fällt dir auf?**
2. **Welche Rolle spielen digitale Medien für deine Teenagerarbeit?**

Religiöse Touristen – Einblicke in das Glaubensleben der neuen Generation

Religiöse Pluralität ist im Alltag angekommen – ein Glaubensporträt

Die religiöse Vielfalt, auf die Teenager im Zuge der Globalisierung und Pluralisierung treffen, fordert uns heraus, über die eigene Spiritualität nachzudenken. Trotzdem erscheinen Teenager eher als pragmatische Generation; man kann mit Vorbehalt vom Ende der Ideologien sprechen. „Große utopische Ideen sprechen diese Jugendlichen kaum an. Sie vertrauen auf das Machbare" und konzentrieren sich eher auf konkret naheliegende Dinge, wie z. B. Beziehungsgeflechte in Freundschaften und der Familie realisiert werden. Spiritualität spielt im Leben der Jugendlichen, besonders im Leben der männlichen Teenager, eine mäßige Rolle und verliert immer mehr an Relevanz. Teenager signalisieren vielmehr eine gewisse Gelassenheit gegenüber der Bedeutung von Religion im eigenen Leben. Religion wird als selbstverständlicher Teil des eigenen Umfelds akzeptiert, der – ungeachtet von Einzelfällen – weder zu großer Ablehnung noch zu großem Bekenntnis herausfordert. Dabei ist die aktuelle Generation wohl die erste, die nahezu flächendeckend spürbar in einer religiös pluralen Gesellschaft aufwächst. Ein weiterer Aspekt, der die Gottes- und Glaubensvorstellungen beeinflusst, betrifft die individuellen Plausibilitätsstrukturen. In postmodernen, pluralistischen Gesellschaften sind diese Strukturen subjektiv wählbar. Zusammenfassend ist zu sagen: Es gibt unter Teenagern ein großes Interesse an Spiritualität. Diese Spiritualität lässt sich aber nicht mehr in die klassischen Kategorien einordnen. Dabei gelingt es immer weniger Teenagern, ihren Glauben sprachlich zu kommunizieren. Der Theologe Elmhorst verweist in diesem Zusammenhang auf eine „semantische Leerstelle". Viele Teenager haben schlichtweg keine Semantik (Sprache), auf die sie zurückgreifen können, um das zu beschreiben, was sie glauben. Es scheint deshalb nicht zu hoch gegriffen von einer „religiösen Sprachkrise" zu sprechen.

BEISPIEL

Ich möchte dir Tim vorstellen. Tim ist 17 Jahre alt und geht aufs Gymnasium, er findet Gott ziemlich spannend und interessiert sich für religiöse Erfahrungen, kann aber mit traditionellen Gottesdiensten nichts anfangen. Im Folgenden findest du ein Plakat, in dem Tim seinen Glauben beschrieben hat und was ihm daran wichtig ist:

Eine Generation von spirituell Suchenden, die aber nicht in der christlichen Teenagerarbeit sucht! Warum nicht?

> *„Ich bin gerne evangelisch, da es eine Konfession der Freiheit ist, in der sich Yin und Yang das Gleichgewicht halten.“* Janine

Die großen Traditionsbrüche, von denen in den letzten Jahren immer wieder gesprochen wurde, zeigen ihre Spuren, und so entwickelt sich eine Generation, die weniger an konfessionelle Grenzen gebunden ist und dafür mehr glaubt. Was auf den ersten Blick wie ein Widerspruch aussieht, ist eigentlich einfach zu erklären. Teenager suchen in einer immer individualisierteren und technischer werdenden Welt Halt, Orientierung und das übernatürliche Erlebnis. Dies finden sie immer weniger in den traditionellen Kirchen, sondern in einer subjektiven Suche nach dem Sinn im eigenen Leben. Viele

Teenager gleichen dabei mehr religiösen Touristen[1], die sporadisch immer mal wieder in religiöse Kontexte eintauchen und die Angebote mitnehmen, die ihnen derzeit bei der Lebensbewältigung am nützlichsten erscheinen. Dabei entsteht oft eine Art Patchwork-Glaube, wie wir ihn im Zitat von Janine sehen. Alle großen Studien der letzten Jahre bestätigen diesen Trend (60 Prozent der Deutschen sind nach Paul Zulehner „spirituell Suchende"; der Bertelsmann-Religionsmonitor teilt die Jugendlichen in Deutschland in zwei Gruppen ein: 11 Prozent Hochreligiöse und 41 Prozent Religiöse). Dass sich dabei auch das Gottesbild verändert, zeigen die Ergebnisse der neuen Shell-Studie, die feststellt, dass noch 26 Prozent der Jugendlichen an einen persönlichen Gott, 21 Prozent an eine göttliche Macht glauben, 24 Prozent nicht so recht wissen und nur 27 Prozent an keinerlei Gott glauben.

Zusammenfassend könnte man festhalten, dass Teenagern die Frage „*Was* glaube ich?" nicht mehr so wichtig ist, sondern eher die Frage „*Wie* glaube ich?". Glaube muss individuell erlebbar sein, subjektiv nachempfunden werden und für die eigene Lebenssituation im wahrsten Sinn des Wortes: Sinn machen.

Zentrales Problem in der Teenagerarbeit: die Anschlussfähigkeit der Sprache
Wenn Teenager heute über zentrale Begriffe ihres Glaubens reden wie Gott, Sünde oder Gnade, dann sind damit nicht mehr dogmatisch-konfessionelle Begriffe gemeint, die anschlussfähig an eine bestimmte Theologie sind, sondern meist sind sie gefüllt mit den subjektiven Erlebnissen der Teenager selbst: „Das Kreuz steht für Gesundheit". **BEISPIEL**

In einem Bild gesprochen, könnte man von einem „Schengener Abkommen[2] des Glaubens" reden. Die bisherigen Grenzen von Glauben, Konfessionen, gesellschaftlichen Normen und Traditionen werden aufgelöst, bisherige Grenzen verschwimmen und neue Wege werden gegangen, sodass neue Identitäten des Glaubens entstehen. Dies lässt sich an drei wesentlichen Punkten festmachen:

1. Kaum Anbindung an die traditionelle, konfessionelle Glaubenssprache der Kirchen.
2. Kaum Anbindung an die institutionellen Organisationen/Kirchen, die traditionell für das Erstere verantwortlich sind.
3. Kaum Anbindung an sprachliche Verständnisse theologischer Grundbegriffe des Glaubens (dogmatische Grundaussagen).

---

1 *Dies gilt oftmals auch für christliche Jugendliche, die sich ebenfalls wie religiöse Touristen ihre geistliche Heimat an unterschiedlichen Orten suchen. Sie gehen ab und zu sonntags in den Gottesdienst „ihrer Gemeinde", dazu in einen Studentenhauskreis und in den Lobpreisabend einer anderen Gemeinde. Dazu hören sie sich online die besten Predigten aus den USA an und suchen sich so Stück für Stück ihre eigene geistliche Identität.*

2 *Das „Schengener Abkommen" ist das Abkommen der EU, welches die Öffnung der Grenzen zwischen den einzelnen Mitgliedsstaaten garantiert.*

Diese Grenzüberschreitungen empfinden Teenager selbst meist als normal und für sich stimmig. Sie wissen, was sie glauben, und können dies auch ausdrücken. Problematisch wird es, wenn sie im Kontext der Teenagerarbeit auf konfessionell gebundene Begriffe stoßen und es zu Verständnis- und Kommunikationsproblemen kommt. Hier muss es neue Wege und Räume geben, miteinander in ein konstruktives Gespräch zu kommen. Für Teenager im Alter von 14–19 Jahren spielt Glaube eine Rolle im Leben und zeigt sich in erster Linie durch Beziehungen und Gemeinschaftsstrukturen. Die dabei erlebten subjektiven Grenzerfahrungen und die Überschreitung von bisherigen Glaubensgrenzen eröffnen einen neuen Dialograum in der Teenagerarbeit. Dies sind herausfordernde und spannende Zukunftsaussichten, die es zügig anzugehen gilt.

1. **Was ist die „gute Nachricht" für Teenager heute?**
2. **Was ist die Frage „Wie bekomme ich einen gnädigen Gott?" für die Teenager deiner Stadt?**

„Lass mich dich lernen" – Teenagerarbeit mit Teenagern gestalten

Auf die Stärke von Teenagerarbeit setzen: Beziehung als zentraler Wert

Beziehungen und Gemeinschaft sind ein zentraler und sinnstiftender Wert bei der neuen Generation – unabhängig von religiösen Vorstellungen oder ihren globalen Einflüssen. Da Gemeinschaft auch ein zentraler christlicher Wert ist und untrennbar mit christlicher Jugendarbeit zusammenhängt, sollte sich die Teenagerarbeit beispielsweise auf diesen zentralen Wert besinnen und versuchen, in Beziehungen zu investieren. Allerdings leben viele Jugendliche ihre Beziehungen in den unterschiedlichsten realen und virtuellen Netzwerken. Beides fließt, wie beschrieben, im Leben der Teenager zusammen. Hier gilt es, in der Teenagerarbeit zu lernen, damit diese neuen Beziehungsebenen verstanden und genutzt werden können.

Sichere Räume anbieten

Ein weiterer zentraler Wunsch von vielen Teenagern sind sichere Räume, in denen sie über ihren Glauben reden und ihn leben können. Dabei geht es nicht nur (aber auch) um physische Räume, sondern vor allem um einen sicheren emotionalen Platz, manchmal sogar um einen virtuellen Raum. Teenager haben Bedarf, über ihren Glauben zu reden, und können ihre eigenen Glaubensvorstellung bei einem methodisch niederschwelligen Angebot gut ausdrücken. Aber es fehlen Glaubens- und Erlebnisräume, die dies in ihrem Alltag möglich machen.

Eine Theologie von Teenagern

Wurde früher vor allem auf die Glaubensvermittlung für und mit Teenagern und Jugendlichen gesetzt, gibt es in den letzten Jahren ein neues Konzept, das sich „Theologie von Jugendlichen" nennt. Dort geht es, in Anknüpfung an all das, was hier bisher beschrieben wurde, um einen neuen Schwerpunkt in der didaktischen und inhaltlichen Ausrichtung auf die subjektiven Glaubenserfahrungen und Theologien von Jugendlichen. Dies bedeutet auch einen Rollenwechsel, dass bspw. Mitarbeitende von Teenagern und ihren Glaubenserfahrungen lernen und sich mit ihnen auseinandersetzen. Dadurch entsteht ein neues, gleichberechtigtes, dialogisches Miteinander, das den Teenagern eine gestärkte Rolle innerhalb der Teenagerarbeit gibt. Es zieht aber auch eine kritische Auseinandersetzung nach sich, da sich viele Teenager von konfessionellen Theologien verabschiedet haben.

Gebet – auf der Suche nach transzendenten Erfahrungen

Insgesamt ist festzustellen, dass viele Jugendliche eine Offenheit für transzendente Erfahrungen haben, egal was sie glauben. Interessant ist, dass dabei für viele Teenager das Gebet eine wichtige Rolle spielt, obwohl sie oftmals unsicher sind, was Gebet überhaupt ist und zu wem sie beten können. Gebet scheint gerade in einer pluralistischen und globalen Welt beides zu vereinen: die große und transzendente Hoffnung auf mehr als das eigene Leben und die Hoffnung auf ein übernatürliches Eingreifen in das eigene Leben, das „glokalisierende" Gebet sozusagen, weltweit vernetzt mit lokalem Empfänger. Gute Aussichten für eine suchende Generation.

Den Glauben der Teenager ernst nehmen

Teenager identifizieren ihren Glauben oftmals nicht mit dem Glauben, den sie von der Kirche erwarten. Dazu kommt die gesellschaftliche Entwicklung, dass Religion vermehrt zur Privatsache wird und vorgegebene Dogmen kritisch gesehen werden. Die Ergebnisse der eben aufgezeigten qualitativen Erhebung haben aber gezeigt, dass Teenager ein Bedürfnis haben, über ihren Glauben zu reden, und dass es methodisch möglich ist, ihnen dafür Möglichkeiten zu bieten. Zentrale Voraussetzung ist es, dass Glaube offen verstanden wird. Diese Herangehensweise gibt den Teenagern die Sicherheit, dass ihr Verständnis von Glauben ernst genommen und wertgeschätzt wird.

Kirchen und Gemeinden sollten sich auf ihre Stärken besinnen: Beziehungen als zentraler Wert

Beziehungen und Gemeinschaft sind wesentliche sinnstiftende Werte bei Teenagern – unabhängig von pluralistischen Vorstellungen oder ihren globalen Einflüssen. Da Gemeinschaft ein zentraler christlicher Wert ist und untrennbar mit der Kirche zusammenhängt, sollte beispielsweise die Teenagerarbeit sich auf diesen Wert besinnen und versuchen, in Beziehungen zu investieren. Sie braucht hier auch zunächst die Konkurrenz von Online-Communities, wie zum Beispiel Facebook, nicht zu fürchten, da es in der Jugendarbeit um reale Beziehungen geht mit echten Menschen – das, wonach sich viele Teenager sehnen. Allerdings sehen und leben sie ihre Beziehungen in den unterschiedlichsten Netzwerken, sowohl realen als auch virtuellen. Beides zerfließt, wie eben beschrieben. Hier haben gerade Kirchen und christliche Werke Nachholbedarf, weil sie beide Realitäten streng trennen und somit die Kommunikationsstrukturen der Jugendlichen nicht verstehen.

Welche neuen methodischen und inhaltlichen Wagnisse müssen eingegangen werden?

In vielen Bereichen gibt es eine zu große Kluft zwischen christlicher Teenagerarbeit und dem Alltagsleben der Teenager. Diese Kluft sollte aus dem Lebens- und Erfahrungsraum der Jugendlichen geschlossen werden. Dazu müssen aber Räume, Mittel und Strukturen geschaffen werden, damit Teenager ihre digitalen Kompetenzen in die Teenagerarbeit einbringen können. Durch die Subjektivierung (auch des Glaubens) und die grundsätzliche Skepsis gegenüber (religiösen) Institutionen dienen die unterschiedlichen Netzwerke bei der (subjektiven) Wahrheitsfindung und helfen vielen Jugendlichen bei der Orientierung in ihrem Alltagsleben. Was bedeutet das für die Jugendarbeit vor Ort?

Wo siehst du Anschlussmöglichkeiten, über sinnstiftende Themen/Glauben mit Teenagern ins Gespräch zu kommen?

1. **Welche Botschaft hast du für die Teenager? Wo spricht das Evangelium zu ihnen?**
2. **Welche der Punkte sind für deine Teenagerarbeit dran? Welche Rolle spielen dabei Beziehungen? Wo gibt es „Erprobungsräume"?**

BUCHTIPPS

- Shell Deutschland (Hg.): Jugend 2015 – 17. Shell Jugendstudie. Fischer 2015.
- Dirk Villányi, Matthias D. Witte, Uwe Sander (Hg.): Globale Jugend und Jugendkulturen – Aufwachsen im Zeitalter der Globalisierung. Juventa 2007.
- Paul M. Zulehner: GottesSehnsucht – Spirituelle Suche in säkularer Kultur. Schwabenverlag 2010.
- Tobias Faix u. a.: Warum ich nicht mehr glaube – Warum junge Erwachsene den Glauben verlieren. 3. Auflage. SCM R.Brockhaus Verlag 2015.
- Tobias Faix u. a.: ZeitGeist – Kultur und Evangelium in der Postmoderne. Verlag der Franckebuchhandlung 2007.
- Tobias Faix u. a.: ZeitGeist 2 – Postmoderne Heimatkunde. Verlag der Franckebuchhandlung 2009.
- Udo Bußmann, Tobias Faix, Silke Gütlich (Hg.): Wenn Jugendliche über Glauben reden – Gemeinsame Erfahrungsräume gestalten. Neukirchener Verlagsgesellschaft 2013.
- Tobias Faix u. a.: Warum ich mündig glauben darf – Wege zu einem widerstandsfähigen Glauben. SCM R.Brockhaus Verlag 2015.
- Tobias Faix, Anke Wiedekind: Mentoring – Das Praxisbuch. Geistliche Begleitung in Glaube und Leben. Neukirchener Verlagsgesellschaft 2010.
- Tobias Faix: Logbuch Berufung: Navigationshilfen für ein gelingendes Leben. Verlag der Franckebuchhandlung 2013.
- Tobias Faix, Ulrich Riegel, Tobias Künkler (Hg.): Theologien von Jugendlichen – Empirische Erkundungen zu theologisch relevanten Konstruktionen Jugendlicher. LIT Verlag 2015.
- Oliver Jeges: Generation Maybe – Die Signatur einer Epoche. Haffmans & Tolkemitt 2014.
- Philipp Riederle: Wer wir sind, und was wir wollen – Ein Digital Native erklärt seine Generation. Knaur 2013.

2 Biblisch-theologische Rahmenbedingungen für die Teenagerarbeit

Tobias Faix

Keine Frage, Teenagerarbeit, wie wir sie heute verstehen, gab es so in der Bibel nicht. Und doch hat Gott mit und durch Teenager im Alten und Neuen Testament gearbeitet und gesprochen. Dazu kommt, dass Gott Teenager und Kinder ernst genommen hat und sie für seinen Dienst gebraucht hat, wie beispielsweise David, Samuel, Jeremia, die Sklavin von Naeman, Mirjam, Josua und viele mehr. Das Entscheidende daran war dabei gar nicht in erster Linie das Alter der Personen selbst, sondern dass Gott sie berufen hat. Er hat sie ausgewählt und befähigt, ihre Gaben genutzt, ihnen neue Fähigkeiten gegeben, ihnen Partner und Helfer an die Seite gestellt.

Der Auftrag zur Teenagerarbeit

Überhaupt war die Weitergabe des Glaubens eine feste Generationenaufgabe, die im Alten Testament eine wichtige Rolle spielte. Die Weitergabe des mit Gott Erlebten war zum einen Aufgabe der Eltern, aber auch des ganzen Volkes. Die Älteren sollten ihre Gotteserfahrungen an die Jüngeren weitergeben:

> *Und diese Worte, die ich dir heute gebiete, sollst du zu Herzen nehmen und sollst sie deinen Kindern einschärfen und davon reden, wenn du in deinem Hause sitzt oder unterwegs bist, wenn du dich niederlegst oder aufstehst.* (5. Mose 6, 6–7)

Daran hat sich im Laufe der Jahrhunderte nichts geändert (Psalm 78, 3–6) bis hin ins Neue Testament bei Jesus (Mt 28, 18–20) und Paulus (Eph 6, 4). Besonders Paulus hat immer wieder junge Leute herangeführt und sie gefördert und unterstützt, wie zum Beispiel Titus, Silas oder Timotheus:

> *Niemand verachte dich wegen deiner Jugend; du aber sei den Gläubigen ein Vorbild im Wort, im Wandel, in der Liebe, im Glauben, in der Reinheit.* (1. Tim 4, 12)

Paulus stellt Timotheus trotz seiner Jugend in die Verantwortung. Er soll der Gemeinde, Alten und Jungen, ein Vorbild sein. Ihm soll die Gemeinde nacheifern. Niemand soll Timotheus wegen seines noch jungen Alters aburteilen, nein, im Gegenteil, nicht das Alter zählt, sondern die geistliche Reife und die Beziehung zu Gott.

Was ich dir vor vielen Zeugen als die Lehre unseres Glaubens übergeben habe, das gib in derselben Weise an zuverlässige Männer weiter, die imstande sind, es anderen zu vermitteln. (2. Tim 2, 2)

Wenn wir Teenagerarbeit machen wollen, können wir dies nur aus dieser Tradition heraus und in der Kraft Gottes tun. Dies ist die zentrale Grundlage vor jeder Methode, jeder Idee, jeder Zielgruppe, jedem Programm. Es gibt immer verschiedene Phasen und Trends, z. B. zielorientierte Teenagerarbeit, raumorientierte Jugendarbeit etc. Das ist auch alles richtig und hat seine Berechtigung, wenn der Auftrag über allem und vor allem im Zentrum steht. Es ist die Hauptaufgabe der Leitenden, dass dies immer wieder neu in die Köpfe und Herzen der Mitarbeiter/innen gepflanzt wird. Alles richtet sich dann auf diesen Auftrag aus, in dessen Zentrum zwei Dinge stehen:

- Gott und seinen Nächsten lieben (Mt 22, 37–38) und
- dem Beispiel Jesu folgen (Joh 13, 34 + 35)

Darin wird der Auftrag Gottes sehr deutlich, daran können wir uns ausrichten, wenn wir mit Teenagern arbeiten wollen. Dabei zeigt sich die Ausführung dieses Auftrags ganz unterschiedlich, wie wir an Jesus selbst sehen. Er ist den Menschen nie pauschal begegnet, sondern hat sich Einzelnen oder Gruppen immer persönlich angenommen. Er hat sich nach ihren Bedürfnissen und Nöten erkundigt und ist darauf eingegangen, dabei stand der Mensch immer im Vordergrund (Joh 3: Jesus und Nikodemus; Joh 4: Jesus und die Samariterin; Joh 5: Jesus und der Kranke am Teich Betesda; Joh 6: Jesus und die Speisung der 5.000; Joh 8: Jesus und die Ehebrecherin; Joh 9: Jesus und der Blindgeborene etc.). Das Ziel Jesu und unser Ziel heute ist es, das Reich Gottes zu bauen, dies schließt alle Menschen ein, Kinder, Teenager, Jugendliche, Erwachsene und Ältere. Alle sind wertvoll, geliebt und Ebenbilder Gottes.

1. **Was sind Auftrag und Ziele für deine Teenagerarbeit?**
2. **Wie könnte dies in zwei/drei prägnanten Sätzen beschrieben werden?**

Teenager als Ebenbilder Gottes verstehen

Wir haben Teenager als wunderbare Wesen bezeichnet, auch mit dem Wissen, dass es in diesem Alter nicht immer einfach ist. Deshalb ist eine grundlegende Frage: Wie sehe ich Teenager? Wir wollen sie in diesem Buch immer als Ebenbilder Gottes sehen und verstehen. Die inhaltliche Begründung der Menschenwürde und der Menschenrechte geht auf das alttestamentliche Verständnis der „Imago Dei" zurück, der Ebenbildlichkeit des Menschen gegenüber Gott in der Schöpfung (1. Mose 1, 26f.). Gott schafft den Menschen nach seinem Bilde und verschafft ihm dadurch, unabhängig von seinem Tun,

einen absoluten und universalen Wert sowie eine Teilhabe an Vernunft und Macht, die der Mensch als Gestaltungsauftrag auf der Erde nutzen soll. Diese Ebenbildlichkeit ist die Grundlage allen menschlichen Seins und macht den Menschen nicht nur zum Repräsentanten Gottes auf Erden, sondern spiegelt Gottes Herrlichkeit wider. Zur Geschichte des Menschen gehört aber auch der Sündenfall (Gen 3), durch den der Mensch, wie zu Beginn beschrieben, in all seinen Beziehungsebenen gestört und entfremdet wurde. Trotzdem nennt der Psalmschreiber David den Menschen „mit Herrlichkeit gekrönt" und „ein wenig niedriger gemacht als Gott selbst" (Psalm 8). Diese Sichtweise zieht sich durch das ganze Alte und Neue Testament (Ps 106, 20; Röm 1, 23; Eph 4, 24; Kol 3, 10). Der Mensch steht trotz seiner Gefallenheit in einer unauflöslichen Beziehung zu seinem Schöpfer und in einer großen Geschichte der Wiederherstellung dieser Beziehung. In dieser Spannung zwischen Ebenbildlichkeit auf der einen und dem Wissen um das Sündersein auf der anderen Seite befinden wir uns in unserer Teenagerarbeit. Im Neuen Testament wird die Ebenbildlichkeit Gottes besonders in der Ebenbildlichkeit Christi (Imago Christi) deutlich. In Christus können wir Menschen Gott wieder neu erkennen und uns selbst widerspiegeln in seiner Herrlichkeit. Dies hat aber nicht nur Auswirkungen auf die eigene Wahrnehmung, sondern kommt allen anderen Menschen zugute (Röm 9, 28; 2. Kor 4, 4; Kol 1, 15). Durch die Rechtfertigung des Sünders entfaltet sich die Menschenwürde unabhängig von seiner Beschaffenheit, Leistung und Herkunft. Es gibt also nach dem Sündenfall eine Kontinuität der Ebenbildlichkeit Gottes in der ungebrochenen Würde und im Gestaltungsauftrag. Zugleich besteht eine Diskontinuität in der Gebrochenheit der Beziehungsebenen. So wird nirgends in der Bibel die Ebenbildlichkeit Gottes im Menschen aufgelöst. Im Gegenteil, die Geschichte Gottes mit dem Menschen ist eine Geschichte der Wiederherstellung der unterschiedlichen Beziehungsebenen des Menschen in Kreuz und Auferstehung Christi. Die Hoffnung (dass Christus am Ende wiederkommt und Gerechtigkeit bringt) besteht in diesem Zusammenhang darin, dass die Ebenbildlichkeit des Menschen durch die Gnade Christi wieder ganz hergestellt wird. Auch wenn wir heute in der Spannung leben, Gottes Ebenbild und doch in sündhaften Strukturen verhaftet zu sein, können wir erahnen, dass diese zukünftige Hoffnung unser Handeln und Denken schon heute verändert. Das ist die gute Nachricht in der Teenagerarbeit, die wir in Wort und Tat mit den Teens teilen, leben und hoffen. In aller Gebrochenheit, in aller Fehlerhaftigkeit, da es bei Jesus nie um Perfektion, sondern immer um Beziehung geht.

1. **Was bedeutet es für die Konzeption der Teenagerarbeit, wenn Teens Ebenbilder Gottes sind?**
2. **Wie kann dies den Teenagern inhaltlich und methodisch vermittelt werden?**

Glauben sehen und verstehen

Glauben zu vermitteln, ist eine schwierige Sache. Auf der einen Seite wissen wir, dass nur Gott selbst Glauben schenken kann. Auf der anderen Seite wissen wir auch, dass Gott uns Menschen dazu gebraucht, diesen Glauben bei unseren Mitmenschen zu wecken. In der Teenagerarbeit ist es genauso. Was heißt das? Das bedeutet zum einen, den Teenagern die Grundwahrheiten der Bibel so zu vermitteln, dass sie sie verstehen und in ihrem Leben anwenden können und zum anderen, ihnen genau dieses durch unser persönliches Verhalten vorzuleben.

Ein älterer Mann kam bei der letzten Kreissynode auf mich zu, um mit mir über unsere Teenagerarbeit zu sprechen. Normalerweise freue ich mich sehr, wenn gerade Ältere Anteil nehmen. Nun, ich merkte bald, dass meine Freude fehl am Platz war. Der Mann wollte mit mir über unsere Glaubensvermittlung sprechen. Er habe davon gehört, dass wir in unsere Bibelarbeiten kreative Elemente einbauten, Gruppenarbeiten machten und versuchten, die Sprache der Teenager zu sprechen. Wäre bei alldem überhaupt noch Platz für Gott selbst? Und wäre es für die Teenager nicht besser, wenn sie in den Sonntagsgottesdienst kommen würden? Mir ist klar, dass dieser Mann es nur gut gemeint hat. Aber ich glaube, dass viele Teenager es nicht schaffen, sich für mehr als 15 Minuten richtig zu konzentrieren und dass es eine der wichtigsten Aufgaben für Mitarbeiter ist, die Teenager an der Bibelarbeit aktiv zu beteiligen. Dies kann auf verschiedene Arten und Weisen geschehen. Ein wichtiger Punkt ist die Auswahl der Texte oder Themen. Ich glaube, dass beides gut und wichtig ist, einmal von einem Bibeltext auf unser Leben zu kommen, damit die Teenager merken, dass Gottes Wort lebendig ist und in ihr Leben ganz persönlich hineinspricht. Und zum anderen Themen zu wählen, die sie interessieren, bei denen sie merken, dass die Bibel sich auch dafür interessiert und Antworten gibt. Bei der Auswahl der Themen und Texte sollten die Teenager beteiligt sein, sie sollen sagen, was sie interessiert, anspricht, was sie für wichtig halten. Trotzdem sollten die Leiter immer auch fragen, was Gott im Moment für den Teenkreis will, welche Themen oder Bibeltexte gerade dran sind. Beides schließt sich nicht aus, sondern ergänzt sich.

Glaube zum Anfassen – Vorbild sein

Einer der wichtigsten Punkte in einer Teenagerarbeit ist die Beziehung zwischen Mitarbeitenden und Teilnehmenden. Das Angebot Teenkreis kann von seiner professionellen Gestaltung nicht mit TV-Formaten mithalten, aber wir können eine Stärke ausspielen, die diese Medien nicht haben: Beziehungen! Uns ist es möglich, mit den Teenagern eine direkte Beziehung einzugehen, sie anzusprechen, mit ihnen Zeit zu verbringen und

eine Vertrauensbasis aufzubauen. Als wir unseren ersten Teenagerkreis gründeten, hatten wir sechs Teenies aus der Gemeinde, mit denen wir starten konnten. Ich fing erst mit dem Teenagerkreis an, als wir fünf Mitarbeiter/innen hatten, die drei Monate lang geschult wurden. Einige aus der Gemeinde verwunderte das sehr, da in anderen Bereichen auch Leute fehlten und ich für sechs Teenies fünf Mitarbeiter/innen brauchte, was doch etwas übertrieben war. Aber das war es nicht. Wir wollten von Anfang an eine beziehungsorientierte Teenagerarbeit aufbauen, die eine gewisse Kontinuität besaß. Das heißt, die Teenager konnten sich ihre „Kontaktperson" selbst aussuchen. Jeder der fünf hatte einen unterschiedlichen Charakter, andere Stärken und Schwächen, darauf wurde bei der Mitarbeitersuche extra geachtet. Was sie gemeinsam hatten, war die Liebe zu den Teenagern. Außerdem ist es nicht gut, wenn ständig neue Mitarbeiter/innen gesucht werden und von der Teenagergruppe aufgenommen werden müssen. Viele Teenager brauchen eine sehr lange Zeit, bis sie sich einem/r Mitarbeiter/in anvertrauen und über ihre Freuden, Probleme und Zweifel reden. Nach einem Jahr Teenagerkreis kamen ungefähr 25 Teenager und das Verhältnis zwischen Teenagern und Mitarbeitenden war sehr gut, weil es ein homogenes und gewachsenes Verhältnis war. Das Entscheidende dabei ist, dass die Teenager die Möglichkeit haben, im Leben der Mitarbeitenden zu sehen, dass sie das, was sie ihnen über den Glauben sagen, auch leben! Die Teenager sollen ihnen beim Glauben „über die Schulter" schauen, bei ihnen sehen, wie man seinen Glauben im Alltag lebt, Erfahrungen mit Jesus macht, sich entschuldigt, wenn man Fehler macht oder auch mit Enttäuschungen umgeht. Dafür braucht man Zeit. Ein Teenagerkreis, der in der Woche für zwei Stunden stattfindet, kann diesen Beziehungsaufbau nicht leisten. So haben wir uns entschlossen, dass unser normaler Teenagerkreis dreieinhalb Stunden dauert und wir uns zusätzlich sonntagnachmittags (viele Teenies langweilen sich Sonntagmittag, da sie keine Lust mehr auf öde Verwandtenbesuche haben) für vier Stunden treffen. In dieser Zeit entstand immer wieder die Möglichkeit, mit jemandem (oder einer kleineren Gruppe) länger ungestört zu sprechen. Das sind oftmals die intensivsten und wichtigsten Gespräche über die verschiedensten Themen, wie z. B. Glauben, Eltern, Schule, Freunde etc. Mitarbeitende sollen Vorbilder und Ansprechpartner für die Teenager sein, die ihren Glauben so authentisch wie möglich vor und mit den Teenagern leben.

BUCHTIPPS

- Udo Bußmann, Tobias Faix, Silke Gütlich: Wenn Jugendliche über Glauben reden – Gemeinsame Erfahrungsräume gestalten: Ein Praxisbuch für die Jugendarbeit. Neukirchener Verlagsgesellschaft 2013
- Florian Karcher, Petra Freudenberger-Lötz, Germo Zimmermann (Hg.): Selbst glauben – 50 religionspädagogische Methoden und Konzepte für Gemeinde, Jugendarbeit und Schule. Neukirchener Verlagsgesellschaft 2017
- Tobias Faix: Logbuch Berufung – Navigationshilfen für ein gelingendes Leben. Verlag der Franckebuchhandlung 2013
- Reinhold Krebs, Burkhard vom Schemm: Aktivgruppen – Jugendliche entfalten Talente und entdecken den Glauben. buch+musik 2006

Eigene Notizen

3 Teenager aus entwicklungspsychologischer Sicht

Florian Karcher

Laura streitet schon wieder mit ihrer Mutter. Die 14-Jährige möchte sich gerne schminken, bevor sie heute in die Schule geht. Schließlich machen das doch alle (!) Mädchen in ihrem Alter. Sie versteht überhaupt nicht, was für ein Problem ihre Mutter damit hat. Das ganze Problem versteht auch ihr zwei Jahre jüngerer Bruder Leon nicht, der auch am Frühstückstisch sitzt. Warum wollen die Mädchen immer gut aussehen, wo sich doch Jungs sowieso nur für Fußball und Star Wars interessieren. Uninteressiert ist auch Jonas, der 15-jährige Stiefbruder der beiden. Er hockt nämlich während des ganzen Dramas wie immer in seinem Zimmer und zockt.

Teenager sind eben so !?

Vielleicht findest du dich in dieser kleinen Szene wieder und entdeckst Verhaltensweisen, die du selbst als Teenager gezeigt hast oder Teenager, mit denen du zu tun hast. Vielleicht denkst du auch an andere Fragen und Streitthemen: Wie lange darf ich abends wegbleiben? Was ziehe ich auf der Party an? Wie kommt man an das coole neue Board, obwohl man kein Geld hat? Wie küsst man richtig? Wie sind Teenager eigentlich? Solche und andere Fragen haben dich vermutlich beschäftigt, beschäftigen deine Teenager und sie werden auch zukünftige Generationen in diesem Alter beschäftigen.

Vielleicht hast du im vorherigen Kapitel schon gelesen, dass man junge Menschen nicht vereinheitlichen kann und es die „typische" Jugend nicht gibt. Trotzdem durchlaufen alle jungen Menschen eine Entwicklung, die zwar nicht gleich, aber vergleichbar ist. Die Entwicklungspsychologie beschäftigt sich damit, wie aus Kindern nach und nach Erwachsene werden, und hat dabei festgestellt, dass Teenager, egal ob sie in der Stadt oder auf dem Land, in wohlhabenden oder ärmlichen Verhältnissen aufwachsen, ob sie auf eine Hauptschule oder ein Gymnasium gehen, ähnliche Prozesse und Stufen durchlaufen. Manche dieser Prozesse hängen mit der Entwicklung des Gehirns, andere mit den körperlichen Veränderungen dieser Lebensphase und wieder andere mit dem Umfeld der Teenager zusammen.

Bevor du dich damit beschäftigst, wie sich Teenager allgemein entwickeln, nimm dir einen Augenblick Zeit und denke an deine eigene Teeniezeit zurück – egal, ob sie erst ganz kurz oder schon lange zurückliegt:

- Womit hast du deine freie Zeit verbracht?
- Wer waren die wichtigsten Personen in deinem Leben?
- Wie war das, als du das erste Mal verliebt warst?
- Worüber hast du zu Hause gestritten?
- Was hast du dir gewünscht? Wovon hast du geträumt?

„Und plötzlich wachsen da Haare" – ein Körper, der sich permanent verändert

Die Kindheit ist u.a. davon geprägt, den eigenen Körper zu kontrollieren und beherrschen. Angefangen von den ersten Schritten bis hin zum Austesten körperlicher Grenzen, z.B. beim Sport oder dem notwendigen Pensum an Schlaf. Ältere Kinder sind dann in der Lage, mit dem eigenen Körper gut umzugehen. Und dann kommt die Pubertät. Gerade in dem Moment, in dem junge Menschen den eigenen Körper akzeptiert und unter Kontrolle haben, setzt einer der massivsten körperlichen Veränderungsprozesse des gesamten Lebens ein, der alles bisher Gelernte und Erfahrene, was den Körper betrifft, infrage stellt. Dazu kommt, dass dieser Veränderungsprozess während der Pubertät und darüber hinaus anhält. Das heißt, wenn Teenager vielleicht eine körperliche Veränderung gerade akzeptiert und gelernt haben, damit umzugehen, verändert sich der Körper wieder weiter. Damit stellt der eigene Körper eine der zentralen Herausforderungen für Teenager dar.

Der Hauptauslöser dieser Veränderungen ist die Ausschüttung körpereigener Stoffe, der Sexualhormone. Bei Mädchen ist es Östrogen und bei Jungen Testosteron. Diese Stoffe sollen dafür sorgen, dass der Körper geschlechtsreif wird, also dass aus Jungen Männer und aus Mädchen Frauen werden, die auch in der Lage sind, eigene Kinder zu zeugen und zu gebären. Die Tatsache, dass es Sexualhormone sind, die körperliche Veränderungen verursachen, erklärt auch gut, warum das andere Geschlecht und das Thema Sexualität in der Pubertät eine so große Rolle spielen. *Teenager, die sich für Partnerschaft, Küssen, Intimität und Sex interessieren, sind also nicht „verdorben", sondern im wahrsten Sinne des Wortes hormongesteuert und damit auf dem Weg einer ganz normalen Entwicklung.* Sich das immer wieder bewusst zu machen, hilft ungemein, Teenager zu verstehen und mit ihnen umzugehen. Wie sehen nun diese körperlichen Veränderungen aus?

Bei *Mädchen* kann die frühe Phase der Pubertät teilweise bereits mit acht Jahren einsetzen, durchschnittlich beginnt sie jedoch mit zehn Jahren. Oftmals beginnen die Veränderungen mit dem Wachstum von Schamhaaren an der Scheide. Der gesamte Körper beginnt, in die Länge zu wachsen, während Arme und Beine teilweise diesem Wachstum nicht nachkommen und im Verhältnis zu kurz wirken. Dann setzen auch das Wachstum der Brust und die erste Regelblutung ein. Diese beiden Entwicklungen werden von Mädchen oftmals als besonders einschneidend erlebt. Durch das Wachstum der Brüste kann die körperliche Veränderung erstmals von außen wahrgenommen werden und die Menstruation kann besondere Gefühle der Unsicherheit und teilweise auch Scham auslösen. Gegen Ende der Pubertät hat sich dann die gesamte Statur verändert mit schmaler Taille, breiteren Hüften und entsprechendem Oberkörper.

Bei *Jungen* setzt die körperliche Veränderung meist etwas später ein, in der Regel frühestens mit neun oder zehn, im Durchschnitt mit zwölf Jahren. Auch hier ist die Schambeharrung oft das erste sichtbare Merkmal, gefolgt vom Wachstum der Geschlechtsorgane. Schon früh kann es zum ersten (meist nächtlichen) Samenerguss kommen. Was für manche Jungen zu Stolz führt, löst bei anderen oft eine Unsicherheit aus, weil sie scheinbar keine Kontrolle mehr über den eigenen Körper haben. Es folgt das Wachstum der Bart- und Körperbehaarung. Von außen besonders wahrnehmbar ist dann der Stimmbruch, bei dem die Stimme in der Regel deutlich tiefer wird. Zum Ende der Pubertät hat sich dann der Körperbau verändert. Der Oberkörper ist häufig breiter und muskulöser.

Eine besondere Herausforderung für Teenager in der Pubertät stellt die Tatsache dar, dass all diese körperlichen Entwicklungsprozesse sich zwar typisch darstellen lassen, aber insbesondere das erste Einsetzen und die zeitliche Abfolge der Veränderungen sehr unterschiedlich sein können. So kann es auf der Teenagerfreizeit dazu kommen, dass der Zwölfjährige mit kindlichem Körper und Interessen auf die 14-Jährige trifft, deren Körper und Interesse schon sehr reif sind und einer jungen Frau entsprechen. Dies macht insbesondere die Programmplanung in der Teenagerarbeit zu einer entwicklungspsychologischen Herausforderung. Andere Extreme wie z. B. gleichaltrige Mädchen, die sehr unterschiedlich weit in der Pubertät sind, stellen gruppendynamische Herausforderungen dar.

Für die Teenager selbst ist diese Unterschiedlichkeit ebenfalls oft eine Belastung, die sich sogar auf das Selbstwertgefühl auswirken kann.

BEISPIEL

Ein Beispiel: Bei einem 14-Jährigen hat die Pubertät noch nicht eingesetzt. Viele seiner Altersgenossen sind schon deutlich größer, prahlen mit ihrem Haarwachstum und interessieren sich für Mädchen, während er eigentlich nur Fußball im Kopf hat. Besonders heikel sind Situationen wie das gemeinsame Duschen nach dem Sportunterricht oder auf Freizeiten, da hier die Entwicklungsunterschiede auch „in der empfindlichen Zone" sehr offensichtlich werden. Zu der Selbstwahrnehmung, noch nicht so weit wie die anderen zu sein, kommt nun häufig ein Feedback von außen. Blöde Sprüche und Hänseleien von anderen sind keine Seltenheit und Versuche, auch „cool" zu sein und z. B. mit Mädchen in Kontakt zu kommen, scheitern oder enden mit einem Ausgelacht-Werden.

Ein solches Beispiel könnte genauso gut auf Mädchen übertragen werden und macht deutlich, welche psychische Belastung die körperlichen Veränderungen mit sich bringen. Negative Selbstbilder, die hierbei entstehen, können sich über die Jugend und bis in das Erwachsenenalter fortsetzen. Hier gilt es, in der Teenagerarbeit sehr sensibel zu sein und Mittel und Wege zu finden, angemessen mit der unterschiedlichen körperlichen Entwicklung umzugehen.

METHODE

Die Erkenntnisse aus der Entwicklungspsychologie sollten uns auch bei der Alterseinteilung in der Teenagerarbeit helfen. Eine Teeniegruppe mit einer Altersspanne von 12 bis 15 Jahren umfasst komplett den oben genannten Konflikt. Wenn es die örtlichen Gegebenheiten zulassen, könnte hinsichtlich der Alterseinteilung auf folgende Modelle zurückgegriffen werden:

- Angebote für sogenannte Pre-Teens von 10 bis 13 Jahren getrennt von Teenagern von 13 bis 16 Jahren machen.

- Überlappende Altersgruppen, z. B. 9 bis 14 Jahre für die Jüngeren und 13 bis 16 Jahre für die Älteren. So können die Teenager selbst entscheiden, in welcher Gruppe sie sich wohler fühlen.
- Bei einer größeren Altersspanne können im Programm unterschiedliche Kleingruppen angeboten werden, z. B. Gesprächsgruppen bei Bibelarbeiten, Interessensgruppen beim Sport etc.
- Geschlechtsgetrennte Angebote ergeben in dieser Altersgruppe besonders Sinn.

„Ich bin doch kein Kind mehr" – auf dem Weg in die Unabhängigkeit

Eng zusammen mit der körperlichen Entwicklung steht auch eine geistige und kognitive Entwicklung, also eine „Entwicklung im Kopf", an. Auch hier geht es darum, vom Kind zum Erwachsenen zu werden. Kinder stehen in der Regel unter der Aufsicht ihrer Eltern, die auch die meisten Entscheidungen für sie oder im besten Fall mit ihnen treffen. Ein ganz normaler Teil der Entwicklung im Teenageralter ist es dann, dass sie das Bedürfnis haben, zunehmend selbstständiger zu werden und eigene Entscheidungen zu treffen, die dann nicht immer der Meinung der Eltern entsprechen. Hier geht es den Teenagern jedoch nicht darum, einen grundsätzlichen Konflikt mit den Eltern oder anderen Erziehungspersonen zu provozieren, sondern es geht entwicklungspsychologisch darum, eine eigene Persönlichkeit und Identität zu entwickeln. Dazu gehört es eben auch, eigene Standpunkte und Meinungen zu haben und diese auch im Alltag umzusetzen. Der Entwicklungspsychologe *Erik Erikson* (1902–1994) beschreibt es als Aufgabe der Lebensphase zwischen 13 und 20 Jahren, ein eigenes Selbstbild zu entwickeln, und macht deutlich, dass es deshalb notwendig ist, sich davon abzugrenzen, was bisher die Identität bestimmt hat – dazu gehören die Eltern, aber manchmal eben auch der bzw. die Pastor/in oder der bzw. die Leiter/in der Teeniegruppe. Und auch hier gilt: Es ist ganz normal, ja sogar sehr gesund, wenn

Teenager anfangen, das zu hinterfragen, was andere über sie oder für sie bestimmt haben. Als Erwachsene müssen sie in der Lage sein, eigene und verantwortliche Entscheidungen zu treffen, und dies können sie nun lernen. Das heißt aber nicht, dass andere Menschen ihnen nichts mehr zu sagen haben, und das gehört auch zu diesem Lernprozess. Erwachsene stehen ebenfalls in Abhängigkeiten z. B. zum bzw. zur Chef/in, (Ehe-)Partner/in oder gesellschaftlichen Institutionen und müssen daher in der Jugendphase lernen, dies für ihre Identität und Entscheidungen zu berücksichtigen. Teenager mit ihren manchmal falschen Entscheidungen immer gewähren zu lassen, ist also nicht die Lösung. Aber sie brauchen den Freiraum, zwischen den eigenen Bedürfnissen und Wünschen und den Ansprüchen anderer ein gutes Maß zu finden und genau daran ihre Identität zu entwickeln. Mit Klaus Hurrelmann kann man diesen Prozess als einen Balanceakt auf einem Seil beschreiben. Manchmal fällt man auf der einen Seite herunter und ist zu sehr auf sich und die eigenen Bedürfnisse fixiert. Manchmal fällt man auf der anderen Seite herunter und richtet sich zu viel nach der Meinung anderer. Aber eigentlich geht es darum, die Balance und damit die eigene Identität zu finden.

Reflektiere deine Arbeit mit Teenagern:

- **Wie viele Freiräume für eigenständige Entscheidungen haben die Teenager?**
- **Wo brauchen sie klare Grenzen? Welche Entscheidungen können sie nicht selbst treffen?**
- **Wo haben sie die Möglichkeit, die eigene Identität zu entwickeln?**

„BFF – best friends forever" – neue Vorbilder und Werte

Teil dieser Identitätsarbeit ist es, dass das, was Freunde, Kumpels oder die Clique sagen, eine besondere Bedeutung bekommt. Schließlich ist dies die Personengruppe, die am meisten Verständnis für die eigene Situation mitbringt und von der häufig direktes Feedback auf eigenes Verhalten und Entscheidungen erfolgt. Wie der neue Style ankommt, erfährt ein Teenager nicht von den Eltern, sondern von Freunden. Diese sogenannte Peergroup (also die Gruppe der etwa Gleichaltrigen) wird daher das wichtigste Bezugssystem im Leben von Teenagern: Cool ist, was die anderen cool finden. Was von außen vielleicht wie eine Abhängigkeit von der Meinung anderer scheint, ist für Teenager in Wirklichkeit ein Schutzraum, um die eigene Identität zu entwickeln:

1. In der Peergroup lernen Teenager, was es heißt, Teil einer Gruppe zu sein und zu werden. Dazu gehört auch, dass es in Gruppen bestimmte Werte und Normen („ungeschriebene Gesetze") gibt, die es zu berücksichtigen, aber auch mit zu prägen gilt. Die Peergroup bestimmt, was für sie geht und was nicht. Wenn Teenager Teil der Gruppe sind, können sie in diesem Prozess mitwirken.

2. Gleichzeitig bietet die Peergroup die Möglichkeit, sich auszuprobieren, was Verhalten, Styles und Meinungen betrifft. Hier können Teenager testen, was ankommt und was nicht. Sie lernen damit umzugehen, wenn sie negative Rückmeldung bekommen, ohne aber gleich drastische Auswirkungen erleben zu müssen. Die Peergroup ist in der Regel tolerant gegenüber Versuchen, sich selbst darzustellen.

3. In fast jeder Gruppe gibt es Personen, die einen größeren Einfluss auf die Gruppe (man könnte auch von Macht sprechen) ausüben als andere. Deswegen ist die Peergroup auch für Teenager ein Ort, an dem sie lernen, selbstbestimmt mit Hierarchien und Autoritäten umzugehen. Es ist für die eigene Entwicklung ein wichtiger Prozess, weg von gegebenen Hierarchien (die Eltern, die über mich bestimmen, kann ich mir nicht aussuchen) dazu zu kommen, sich selbstbestimmt und bewusst in einer Hierarchie einzufügen.

4. Bei alldem bietet die Peergroup vor allem Unterstützung und Sicherheit im Prozess der Loslösung von den Eltern. Sich bei den Freunden ausheulen zu können über den Frust mit der Familie und einen Rückzugsort zu haben, ist für Teenager enorm wichtig. „Ich bin immer für dich da", ist die Message dieser Freundschaften.

5. Nicht zuletzt ist die Peergroup auch ein Ort, der es Teenagern ermöglicht, Kontakt zum anderen Geschlecht aufzunehmen. Kindliche Freundschaften und Freundeskreise gestalten sich häufig (aber nicht ausschließlich) gleichgeschlechtlich. Peergroups bestehen in der Regel aus beiden Geschlechtern und ermöglichen somit auch Beziehungen, die über Freundschaften hinausgehen. In dieser Phase wird aus dem bzw. der Sandkastenfreund/in nicht selten die erste große Liebe.

Es ist für die Teenagerarbeit essenziell, die Peergroups zu berücksichtigen. Dabei sind zwei Herausforderungen für die Arbeit mit Teenagern besonders relevant:

Teenager, die zu den Angeboten der Jugendarbeit kommen, sind in der Regel entweder dabei, sich Peer-Beziehungen aufzubauen, oder sind Teil bestehender Peergroups. Der Teenagerkreis kann dabei durchaus als Konkurrenz zu diesen Gruppen wahrgenommen werden. Nicht selten stehen Teenager in der Spannung zwischen ihrer Peergroup in der Schule und den Freunden/innen aus dem Teenkreis. Wir helfen Teenagern, wenn wir ihnen – zeitlich und inhaltlich – zugestehen, auch Freundeskreise außerhalb der Gemeinde oder der Jugendarbeit zu pflegen. Denn auch das gehört zum Entwicklungsprozess dieser Lebensphase: Zu lernen, dass es unterschiedliche Gruppen mit mehr oder weniger Überschneidungen gibt, in denen es unterschiedliche „ungeschriebene Gesetze" gibt und die verschiedene Schwerpunkte haben. Teenager lernen in der Jugendphase auch, mit diesen unterschiedlichen Bezugssystemen umzugehen.

Die zweite wichtige Herausforderung besteht darin, entstehende Cliquen in der Jugendarbeit oder z. B. auf Freizeiten nicht als negativ zu bewerten. Teenager brauchen diese Gruppen für ihre Identitätsentwicklung.

BEISPIEL

Peer-Education

Bei dem Ansatz der Peer-Education wird die besondere Rolle der Peergroup genutzt, indem nicht Mitarbeitende Inhalte weitergeben, sondern Jugendliche geschult werden, dies in ihrer Peergroup zu tun. Besonders im Bereich der Medien- und Sexualpädagogik kommt dieses Konzept zum Einsatz. Aber auch in der Jugend- und Gemeindearbeit mit Teenagern kann das funktionieren. Hier ein paar Ideen:

- Bereite gemeinsam mit deinen Teenagern Andachten vor und lasse sie diese dann halten.
- Gib deinen Teenagern gutes Material für ein thematisches Programm an die Hand und lass sie es selbst vorbereiten.
- Schule deine Teenager in Sachen Moderation und lass sie dann gemeinsam mit der Gruppe das Programm für das nächste Quartal oder eine Freizeit erarbeiten.

HINWEIS Einige Teile dieses Buches folgen genau diesem Ansatz, z. B. der Beitrag „Mit Teens predigen" von Katharina Haubold.

Vielleicht helfen dir diese Gedanken und Erkenntnisse, deine Teenager besser zu verstehen. Die Lebensphase, in der sie sich befinden, ist alles andere als einfach und manches, was Teenager tun oder auch nicht tun, ist eben diesem Umstand geschuldet. Wenn du auf ihre körperliche und psychische Entwicklung beim Umgang mit ihnen und bei deinen Planungen Rücksicht nimmst, hilfst du ihnen, sich zu entwickeln, sich aber auch auf deine Angebote und Programme einzulassen.

BUCHTIPPS

- Eveline Crone: Das pubertierende Gehirn – Wie Kinder erwachsen werden. Droemer 2016.
- Dr. Frances E. Jensen / Amy Ellis Nutt: Teenager Hirn – Was in der Pubertät im Kopf Ihres Kindes los ist. Goldmann 2016.
- Daniel J. Siegel: Aufruhr im Kopf. Was während der Pubertät im Kopf unserer Kinder passiert. mvg-Verlag 2015.

Eigene Notizen

4 Die Bedeutung von Familie und Schule für die Teenagerarbeit

Tobias Faix

Nichts hat Teenager in ihrem Leben bisher mehr geprägt als ihre Herkunftsfamilie. Sie spielte die zentrale Rolle, im Guten wie im Schlechten. Aber gerade in der Entwicklungsphase der Pubertät und Adoleszenz steigt die Bedeutung der Peergroup und anderer externer Ansprechpartner außerhalb der Familie für Teenager. Auch deshalb spielt der Teenkreis eine wichtige Rolle in der Entwicklung von Persönlichkeit und Glauben. In diesem Beitrag soll zunächst auf die Veränderungen der Familie und deren Prägekraft eingegangen werden und danach auf das Miteinander von Familie und Teenagerarbeit.

Familie verändert sich, aber anders, als man denkt

In all diesen Veränderungen ist Familie eine Art Konstante mit einer sehr hohen Bedeutung – und doch verändert sie sich auch. Über 90 Prozent der Bevölkerung sehen Familie als etwas Positives und erachten es als eine große Freude, Kinder aufwachsen zu sehen. Schaut man auf die offiziellen Zahlen des Statistischen Bundesamtes (2014), dann macht die klassische Familie (mit verheirateten leiblichen Eltern) mit 70 Prozent immer noch das Gros aus, gefolgt von Alleinerziehenden mit 20 Prozent. Erst dann kommen mitgerade einmal 10 Prozent neue familiäre Formen des Zusammenlebens wie beispielsweise Patchworkfamilien, Familien mit unverheirateten Eltern, Lebensgemeinschaften oder homosexuelle Paare mit Kindern. Die Form der Familie hat sich immer gewandelt, aber bei Weitem nicht so drastisch bzw. nicht so, wie viele Menschen denken und manche Medien sensationsheischend verbreiten. Dennoch verändert sich in den Familien sehr vieles. Dazu darf man aber nicht nur die äußere Form betrachten, sondern muss auch die innere Rollenverteilung, das Verhältnis zwischen Eltern und Kindern, die Art und Weise der Erziehung, die Kommunikation in Familien u.v.m. in Betracht ziehen – in all diesen Bereichen sind die Umbrüche in den letzten Jahren viel gravierender als bei den äußeren Erscheinungsformen. Und es geht bei so allgemeinen Beschreibungen um den Mainstream und nicht um milieuspezifische Beschreibungen. Folgt man dem Bericht des Bundesministeriums für Familie, Senioren, Frauen und Jugend, so hat sich die Rollenteilung innerhalb der Familien verändert vom klassischen Alleinverdienermodell (noch 30 Prozent) hin zu eher partnerschaftlichen Varianten (58 Prozent). Und das ist nur ein Aspekt. Die Veränderungen in der Rollenverteilung bringen vor allem Väter dazu, sich stärker an der Kindererziehung zu beteiligen. Aber, und das ist vielleicht die größte Veränderung in der Familie, es hat sich vor allem der Erziehungsstil verändert. Das Kind rückt als eigene Persönlichkeit in den Mittelpunkt der Familie und sein Wohlergehen bestimmt wesentlich innerfamiliale Entscheidungsprozesse (mit). Dies kommt beispielsweise darin zum Ausdruck, dass Eltern mit den Kindern über das, was diese erlebt haben, sprechen oder sie in Angelegenheiten, die sie betreffen, nach ihrer Meinung fragen. Historisch gesehen ist diese große Bedeutung des einzelnen Kindes und seiner Bedürfnisse eine recht neue Auffassung. Dies zeigt sich auch in veränderten Anerkennungsformen. Wurden Kinder früher eher für etwas anerkannt (z.B. die Leistung, die sie erbringen), geht der Trend dahin, dass Eltern ihre Kinder immer mehr als eigenständige Wesen mit Bedürfnissen anerkennen. Dieser Erziehungswandel führt somit einerseits zu einer geringeren bzw. veränderten elterlichen Kontrolle (wie sie sich im Vergleich vom autoritären zum autoritativen Erziehungsstil zeigt) und andererseits zu einer höheren emotionalen Wärme, zu einem anderen Familienklima. Daher ist das Verhältnis zwischen Eltern und Kindern heute vielfach durch eine große emotionale und oftmals auch räumliche Nähe bestimmt. Dies gilt gleichermaßen auch für die meisten christlichen Familien und deren Glaubenserziehung. Interessant ist dabei, dass der Wunsch, dass die Kinder den eigenen Glauben übernehmen, stärker ausgeprägt ist als alle anderen in der Erziehung, was wiederum zu Konflikten führen kann. Gerade im Teenageralter sind deshalb vertrauenswürdige Ansprechpartner und Freunde außerhalb der Familie wichtig.

MATERIAL

- Tobias Künkler, Tobias Faix: Zwischen Furcht und Freiheit – Das Dilemma der christlichen Erziehung. SCM R.Brockhaus Verlag 2017.
- Bundesministerium für Familie, Senioren, Frauen und Jugend: 27. Familienreport 2014 – Leistungen, Wirkungen, Trends. Silber Druck 2015, nach dem Statistischen Bundesamt 2014.

Familie, Schule und Gleichaltrige

Bei Überlegungen zur Prägekraft von Medien wird die Prägekraft der Familie oft unterschätzt. Denn es zeigt sich in entsprechenden Studien immer wieder, dass die Familie auch beim Medienkonsum entscheidenden Einfluss hat. Selbst wenn Eltern heute weniger Medienkompetenz als ihre Kinder und deren Freunde haben, zeigt sich, dass der Umgang der Eltern mit Medien die Kinder stärker prägt als die Gleichaltrigengruppe. Je weniger Zeit Eltern mit ihren Kindern verbringen, desto höher ist deren Fernsehkonsum, und je mehr Gespräche sie miteinander führen, desto weniger Zeit wird mit Fernsehen verbracht bzw. desto mehr Zeit mit Lesen. Auch die Auswirkungen von Gewaltdarstellungen hängen in hohem Maße davon ab, ob die Eltern gemeinsam mit dem Kind fernsehen und solche Szenen besprechen oder nicht. Insgesamt zeigt sich, dass selbst ein stark ausgeprägter Medienkonsum nur bei einer Minderheit von Heranwachsenden zu problematischen Folgen führt, weil in der Mehrheit der Fälle die problematischen Wirkungen durch positive familiäre Prägung ausgeglichen bzw. aufgefangen werden. Eine weitere große Prägekraft hat die Schule auf Teenager. Durch Einführung der Ganztagsschulen hat sich die Zeit der Teenager in der Schule in den letzten Jahrzehnten deutlich erhöht. Für Teenager, die aus intakten Familien kommen, bedeutet dies vor allem eine zeitliche Mehrbelastung und eine Verschiebung der Freizeitaktivitäten. Konnten Teenager früher selbst entscheiden, wann sie zum Beispiel ihre Hausaufgaben machen wollten, wird dies heute weitgehend von der Schule vorgegeben, entweder, weil sie im Rahmen einer Ganztagsschule gemacht werden oder weil der zeitliche Rahmen so eng ist, dass es kaum noch Möglichkeiten gibt. Dies hat natürlich auch Auswirkungen auf die gemeindliche Teenagerarbeit, die zeitlich fast nur noch am Wochenende stattfinden kann. Klassische Angebote am Nachmittag wie Jungschar, Konfirmandenunterricht oder Teenkreis werden immer schwieriger durchzuführen, oftmals ganz unmöglich. Daraus folgen Probleme für ehrenamtliche Mitarbeiter/innen, aber auch für die Zielgruppe einer Teenagerarbeit. Während der Nachmittag mehr und mehr mit Schule belegt ist, muss Teenagerarbeit in den späteren Nachmittag, die Abendstunden oder das Wochenende ausweichen. Doch auch hier ist es nicht einfach, einen Termin zu finden. Noch zu erledigende Hausaufgaben, Sport und Vereinstermine erschweren die Suche nach einer passenden Zeit. Immer häufiger

stelle ich fest, dass Teens nicht zum Teenkreis kommen, da sie müde sind oder einen freien Abend brauchen. Ihre durch Schule und andere Pflichten und Freizeittermine vollgestopfte Woche erschwert die Bemühung, Teenager zur Mitarbeit anzuregen. Oft müssen sie schon genug Verantwortung übernehmen, sodass sie nicht auch noch in der Gemeinde und im Teenkreis mitarbeiten möchten. Schule wird ein immer größerer Teil im Leben des Teenagers, was die Teenager- und Jugendarbeiten zum Umdenken zwingt. Es muss über neue Möglichkeiten, Formen, Angebote, Orte und Zeiten der Teenager- und Jugendarbeit nachgedacht werden. Im Folgenden möchte ich einige dieser Möglichkeiten vorstellen.

Teenager und Schularbeit

Durch die immer größer werdende Anzahl von Ganztagsschulen entstand eine Öffnung der Schulen für Angebote von außerschulischen Trägern. Nur wenige Schulen haben ausreichend Lehrkräfte und Finanzen, um das notwendige Nachmittagsangebot abzudecken. Aus diesem Grund suchen Schulen Kooperationspartner, sowohl „sozial-, jugend- und freizeitpädagogische Fachkräfte" als auch ehrenamtliche Vereine und Eltern. Diese Öffnung der Schulen bietet auch uns als christlicher Teenagerarbeit die Chance, eine Arbeit für Schüler/innen in der Schule anzubieten, die wir durch die Umstellung des Schulsystems mehr und mehr verlieren würden. Schule und Jugendarbeit können auf eine ganz neue Weise miteinander vernetzt werden, um den Schüler/innen Wege und Perspektiven für ihr Leben zu zeigen. Die Kooperationen können Schulen beim Aufbau und der Durchführung von Ganztagsangeboten unterstützen und Kompetenzen aus der außerschulischen Jugendarbeit einbringen. Durch diese Möglichkeit müssen Teenager nicht mehr zu uns in die Gemeinderäume kommen, sondern wir kommen zu ihnen in die Schulen. Der erste Schritt ist also viel leichter, Kontakte können lockerer geknüpft werden und wir können die Teenager genau da begleiten, wo sie die meiste Zeit ihres Tages verbringen – in der Schule. Wie Schularbeit im Einzelnen aussehen kann, wird von Ort zu Ort unterschiedlich sein und muss mit den Schulen abgesprochen werden. Von Hausaufgabenbetreuung über Schülercafés bis hin zu Wahlpflichtfächern oder sogar Projekten im Religionsunterricht ist alles möglich. Wichtig ist, dass es bei Schularbeit in erster Linie nicht darum gehen darf, den Schüler/innen missionarisch von Jesus zu erzählen, sondern erst einmal darum, Kontakte aufzubauen, Begleiter/in zu sein und ihnen soziale Verhaltensformen vorzuleben und beizubringen, und somit die soziale Verantwortung, die gerade wir als Christ/innen in dieser Welt haben, wahrzunehmen. Hier einige Internetseiten von erfolgreichen Kooperationen in der Schuljugendarbeit und einigen Netzwerken, die Arbeiten vor Ort unterstützen:

MATERIAL

Internetseite mit gelingender Schuljugendarbeit:

- Schulnahe Jugendarbeit in Krefeld: http://www.go20.de
- Beispiel einer Schuljugendarbeit in Dresden: http://www.cvjm-dresden-neustadt.de/index.php/schuljugendarbeit-pausenhof-gestaltung.html

Internetseiten von Netzwerken gelingender Schuljugendarbeit:

- Schülermentorenprogramm in Grundschulen: www.balu-und-du.de
- Schuljugendarbeit deutschlandweit: www.paisdeutschland.de
- Forum christliche Schul-Jugendarbeit: www.chr-schuljugend-arbeit.de
- Arbeit des Evangelischen Jugendwerkes in Schulen: http://www.ejwue.de/arbeitsbereiche/ejw-foerderverein/ueber-uns/aktuelles/news/news/kirchliche-jugendarbeit-an-die-schulen-1/
- Schülermentorenprogramme: http://www.menschmentoringfuerschueler.de
- Christliche Schularbeit aus England: www.schools.willivision.de

Mit Teenagern in die Schulen gehen

Teenagerarbeit könnte es sich zum Schwerpunkt setzen, mit ihren Teenagern in die Schulen zu gehen, sie dort zu begleiten und sie für den Schulalltag stark zu machen. Man könnte sich einmal pro Woche vor der Schule zum gemeinsamen Gebet treffen, in der Mittagspause zusammen kochen oder gemeinsam mit den Teens eine Aktion in der Schule starten. Hier gibt es viele Möglichkeiten, um Teenagerarbeit in den Alltag der Schüler/innen einzubauen und so für sie präsent zu sein, ohne noch viele zusätzliche Termine zu haben. Eine weitere Möglichkeit ist ein Schülerbibelkreis. Schüler/innen treffen sich in regelmäßigen Abständen in einer Pause, um für die Schule, die Lehrer/innen und die Schüler/innen zu beten, um zu singen und sich auszutauschen. Hier könnte man die Teens anleiten, ihnen gerade in der Anfangszeit Hilfestellung geben und evtl. die Kontaktperson zwischen Schüler/innen und der Schule sein.

Informationen zu einem Schülerbibelkreis findet man unter: www.smd.org/schuler-smd

Teenkreis und Elternarbeit

Es ist gut und wichtig, wenn Eltern über das Programm und die Ideen im Teenkreis informiert sind und sie somit hinter dem, was im Teenkreis geschieht, stehen können. Wenn möglich, können die Eltern auch in gewisse praktische Dinge miteinbezogen werden, wie zum Beispiel: Fahrdienste, Ausflüge, Finanzen, Versorgung etc. Aber Eltern sollten nicht direkt im inhaltlichen Programm involviert sein, da gerade Teenager einen gesunden Abstand zu ihren Eltern brauchen. Deshalb ist es auch wichtig, dass klar kommuniziert wird, dass Mitarbeiter/innen niemals der „verlängerte Erziehungsarm" der Eltern sind, sondern selbstständige Gegenüber, die auch eine Verschwiegenheitspflicht gegenüber den Eltern haben.

„Elternabende" oder wie Eltern in die Teenagerarbeit integriert werden können

Die meistens Eltern sind besorgt um ihre Teenager und wollen zum einen wissen, wo sie sind, und zum anderen, was sie da machen. Deshalb ist es ratsam, die Eltern regelmäßig zu einer Art „Elternabend" oder „Elternparty" einzuladen. Wie kann so ein „Elternabend" ablaufen und was ist dabei wichtig?

- Man kann das eigene pädagogische und theologische Konzept vorstellen.
- Die Quartalsplanung wird beschrieben: Was wird thematisch bearbeitet? Was sind die Ziele und wie sollen diese erreicht werden?
- Wer nimmt daran Teil? Wir haben gute Erfahrungen damit gemacht, wenn Eltern, Teenager und Mitarbeiter/innen teilnehmen, sodass ein Maximum an Transparenz vorhanden ist.
- Bewährt hat sich ein gemeinsamer Snack, vielleicht können die Teens die Eltern auch bedienen und die Räumlichkeiten zeigen.
- Besonders wichtig ist dies für Eltern, deren Teens nicht aus der Gemeinde kommen und die somit einen wichtigen Einblick in die Arbeit, die Motivation und das Programm bekommen.

Die eigenen Häuser öffnen

Ein weiterer Punkt sind unsere Häuser. Immer weniger Familien sind bereit, ihre Häuser und Wohnungen für Teenager zu öffnen. Dabei ist es gerade für dieses Alter enorm wichtig, dass sie sehen, wie andere Leute Beziehungen leben, wie Partnerschaft im

Alltag aussieht, wie Familienmitglieder miteinander umgehen. Viele Teenager kommen aus ganz unterschiedlichen Familienverhältnissen und es ist für sie gut zu sehen, wie andere Familien miteinander umgehen und Familie gestalten. Es geht dabei nicht um die perfekten christlichen Familien, sondern um einen Einblick, der Stärken und Schwächen offenbart. Hier ist nicht ein ständiges Mitleben notwendig, sondern ein Abend, ein gemeinsames Essen, das Schauen eines Fußballspiels, ein gemeinsamer Ausflug oder eine andere Aktion. Manchmal reicht auch ein kleiner Einblick, zwei Beispiele sollen dies verdeutlichen:

1. **Bibelfrühstück:** Die Teens und Mitarbeiter/innen treffen sich eine Stunde vor dem Gottesdienst bei einer Familie, frühstücken miteinander und lesen vielleicht noch einen Bibeltext. Dann gehen sie gemeinsam in den Gottesdienst. So bekommen die Teenager einen kleinen Einblick in eine Familie, die Familie in die Teenagerarbeit und alle gemeinsam gehen in den Gottesdienst.

2. **Houserunningparty:** Die Teenager besuchen drei Familien für jeweils ca. 30 Minuten und essen bei den Familien: erste Station „Vorspeise", dann „Hauptgericht" und danach „Nachtisch". Es geht dabei nicht um das perfekte Essen, sondern um die gemeinsame Aktion. In der halben Stunde können verschiedene kleine Aktionen durchgeführt werden, wie zum Beispiel: Die Teens dürfen drei Fragen zur Familie stellen. Oder: Sie müssen einen Gegenstand verstecken, den die Familien dann in ihrer eigenen Wohnung suchen müssen (als kleines Geschenk).

Wie kannst du die Eltern der Teenager gut informieren und in den Teenkreis integrieren?
Wie kann die Zusammenarbeit zwischen Teenkreis und Schule aussehen?
Wo gibt es Möglichkeiten der Zusammenarbeit? Wo auch Konkurrenz?

BUCHTIPPS

Tobias Künkler, Tobias Faix: Zwischen Furcht und Freiheit – Das Dilemma der christlichen Erziehung. SCM Verlag 2017.

Heiko Metz, Markus Ocker: So macht Jugendarbeit Schule – Wie Gemeinden an Schulen aktiv werden. Born Verlag 2012.

5 Mission: Diakonie und Evangelisation in der Teenagerarbeit

Tobias Faix, Florian Karcher

Teenagerarbeit braucht Mission

> *„Wir müssen mehr Teenager erreichen", „Immer weniger Jugendliche glauben noch an Gott", „Unsere Gemeinde muss rausgehen zu den jungen Menschen".*

Vielleicht kennst du solche oder andere Sätze. Auch wenn sie negativ klingen oder als Kritik an der bestehenden Arbeit verwendet werden, eint sie doch ein Wunsch: Junge Menschen für Gott zu gewinnen! Wenn dann aber das Stichwort „Mission" fällt, macht so mancher oder manche dicht: *„Wir wollen doch niemanden zum Glauben zwingen", „Jeder muss für sich selbst entscheiden, was er glaubt oder nicht", „Mission – das waren doch die Kreuzzüge im Mittelalter".* In diesen Sätzen klingt die Angst mit, dass Mission etwas mit Zwang oder Beeinflussung zu tun hat, dass es darum geht, andere auf Biegen und Brechen zum Glauben zu bewegen, vielleicht sogar gegen ihren Willen. Aber Mission ist kein Kampfbegriff, auch wenn er manchmal so gebraucht wird. In der Arbeit mit Teenagern haben wir oft mit beidem zu tun. Mit dem Wunsch, Teens mit dem Glauben in Verbindung zu bringen, aber auch mit der Angst, andere zu etwas zu überreden. Wir sind der Meinung, dass Mission ganz elementar für die Teenagerarbeit ist: Wenn wir nicht nur die Kinder aus christlichem Elternhaus im Teenkreis haben wollen, wenn wir wollen, dass unsere Teens Licht in der Welt sind und wenn wir wollen, dass unsere Teenagerarbeit für die Menschen an unserem Ort einen Unterschied macht, dann müssen wir missionarisch sein.

In diesem Beitrag wollen wir mit dir darüber nachdenken, was Mission eigentlich ist, was es bedeutet, missionarisch in der Arbeit mit Teens zu sein, und dir dabei einige praktische Tipps und Ideen mit auf den Weg geben.

Mission: das Ziel Gottes mit der Welt

Der Theologe David Bosch behauptet, dass wir beim Begriff Mission nicht nur in die Geschichte schauen sollen, sondern in die Bibel. Aus der Geschichte können und müssen wir zwar lernen, aber die eigentliche Bedeutung dessen, was Gott selbst unter

Mission versteht, finden wir in der Bibel. Dort bedeutet Mission für Gott, dass er ein mitleidendes Herz hat – dass Gott selbst das Leid eines anderen mitfühlen kann und dass dies die Grundlage seiner Mission ist. Dies bedeutet auch, dass Gott selbst eine Mission hat, nämlich mit uns Menschen. Gott ist also das handelnde Subjekt hier auf Erden, unabhängig von allem menschlichen Tun und Verstehen. Daraus ergibt sich, dass wir nur die Helfer/innen von Gottes Mission sind. Dies nimmt jede Menge „Druck" raus, wie zum Beispiel, dass wir Teenager zum Glauben bringen sollen oder gar müssen. Dass Gottes Mission von unserem Handeln abhängt oder Ähnliches. Nein, Gott handelt und wir helfen ihm dabei – und das ist Verantwortung genug. Die Mission zeigt sich in der Liebe Gottes zur Welt und der Sendung des Sohnes. Christus inkarniert (wird ganz leiblich Mensch) in die Welt (Joh 20, 21). Unterstrichen wird dieses Heilshandeln Christi durch die Kontinuität zwischen Altem und Neuem Testament, die sich beispielsweise im Exodusgeschehen, der Befreiung des Volkes Israel aus der Knechtschaft Ägyptens, zeigt. Im Neuen Testament wird die Wichtigkeit des Exodusmotivs aufgenommen und inhaltlich weitergeführt. So wird das Ereignis der Kreuzigung im Rahmen des jüdischen Passahfestes verortet (Mt 26, 17; Joh 13, 1), und Paulus verbindet das Geschehen von Tod und Auferstehung Jesu in seinen Begrifflichkeiten („Knechtschaft", „Erlösung" bzw. „Befreiung") mit dem Exodus. Wie das Rettungsgeschehen im Exodus am Volk Israel, so versöhnt Christus durch seinen Tod und seine Auferstehung die gesamte Welt oder, wie der Apostel Paulus es ausdrückte: „Denn Gott war in Christus und versöhnte die Welt mit ihm selber und rechnete ihnen ihre Sünden nicht zu und hat unter uns aufgerichtet das Wort von der Versöhnung" (2. Kor 5, 19, LÜ17). Diese Versöhnungstat stellt die Wiederherstellung der Beziehungen zwischen Mensch und Gott, Mensch und Mensch sowie Mensch und Schöpfung dar und zeigt sich in sozialen, ökonomischen, ökologischen und geistlichen Dimensionen. Für die Darstellung des Auftrages Gottes an uns ist es daher unerlässlich, auf die gemeinschaftliche Dimension Bezug zu nehmen, welche sich Kirche bzw. Gemeinde nennt. Mission ist dabei beides: Weitergabe der guten Nachricht von Jesus Christus und Einladung zum Glauben (Evangelisation) und Hinwendung zu den Menschen, besonders zu denen die Hilfe brauchen (Diakonie).

Evangelisation: Herzschlag und Atem der Kirche

Evangelisation ist der „Herzschlag und Atem" der Kirche, wird vom Begriff „Evangelium" abgeleitet und begegnet einem im Neuen Testament in unterschiedlichen Formen, meist im Zusammenhang damit, dass die „gute Nachricht" überbracht werden soll. Diese gute Nachricht steht wiederum in einem Zusammenhang mit dem Reich Gottes und dessen Inhalt (Mt 4, 23; 9, 35). Der Theologe Werth definiert Evangelisation so: „Evangelisation ist die – meist mündliche – Verkündigung der Person Jesus Christus und des in ihm geschehenen Heilshandeln Gottes in der Welt und in jedem einzelnen Menschen.

Diese Verkündigung hat ihr Vorbild und ihre Vorläufer in den Freudenbotschaften der späteren alt. Überlieferung und bestimmt das NT in allen seinen Teilen" (aus Martin Werth, Theologie der Evangelisation 2010, S. 12). Ausgangspunkt und handelndes Subjekt in der Evangelisation ist Gott selbst (vgl. *Missio Dei*). Dabei kann Evangelisation nie losgelöst vom Gesamtzeugnis der Gemeinde vor Ort gesehen werden und steht in einer Spannung zwischen der jeweiligen gelebten Kultur und dem verkündeten Evangelium. Nur wenn diese Spannung aufrechterhalten wird, wenn die Angesprochenen auch die gute Botschaft von Gottes Heil, Versöhnung und Gerechtigkeit verstehen können, ergibt Evangelisation Sinn. Deshalb scheint die Definition des südafrikanischen Missionswissenschaftlers David Bosch an dieser Stelle hilfreich: „Evangelisation kann definiert werden als diejenige Dimension und Aktivität der Mission der Kirche, die versucht, jeder Person an jedem Ort eine wirkliche Gelegenheit anzubieten, um unmittelbar durch das Evangelium zum expliziten Glauben herausgefordert zu werden. Das schließt die Perspektive ein, ihn (Christus) als Retter anzunehmen, ein lebendiges Glied seiner Gemeinde zu werden und in den Dienst der Versöhnung, des Friedens und der Gerechtigkeit auf Erden aufgenommen zu werden" (aus David Bosch, Ganzheitliche Mission 2012, S. 626). Evangelisation gehört zum Wesen der *Missio Dei* und wird auf unterschiedliche Art und Weise sichtbar. Dieses Rufen Gottes in der Evangelisation kann punktuell oder prozesshaft geschehen. Evangelisation verkündet also die heilmachende Botschaft der Versöhnung für den Menschen in all seinen Lebensbezügen und lädt den Menschen ein, die rettende Botschaft von Jesus Christus anzunehmen.

Wie hast du von der guten Nachricht, von dem, was Gott durch Jesus getan hat, erfahren? Wie hast du darauf reagiert? Was hat sich seitdem verändert?

MaTERiAL

Es gibt ganz verschiedene Formen der Evangelisation. Einige kreative Formen findest du hier: http://www.ejwue.de/arbeitsbereiche/jugendevangelisation/

Diakonie: Die Hände Gottes in der Welt

Eine gute Definition finden wir im Evangelischen Lexikon für Theologie und Gemeinde: „Die Kirche hat den Auftrag, Gottes Liebe zur Welt in Jesus Christus allen Menschen zu bezeugen. Diakonie ist eine Gestalt dieses Zeugnisses und nimmt sich besonders der Menschen in leiblicher Not, seelischer Bedrängnis und in sozialer Ungerechtigkeit an. Das Heil Gottes vollzieht sich in der Diakonie in Wort und Tat als ganzheitlicher Dienst am Menschen." In Deutschland gehört diakonisches Handeln schon immer zum Christsein und den verschiedenen Kirchen dazu, z. B. durch das Diakonische Werk, Caritas, DGD, Diakonie der Baptisten etc. Wenn wir zwei prägende geschichtliche Figuren herausheben möchten, könnten dies zum einen August Herman Francke (1663–1727),

der sich um die Armenfürsorge kümmerte, Waisenhäuser und Armenschulen gründete und so eine ganze Sozialreform in Deutschland einleitete, und zum anderen Johann Hinrich Wichern (1808–1881) sein, der sich in der Frühzeit der Industrialisierung der neuen Verarmung in Deutschland annahm und die Innere Mission gründete, aus der später das Diakonische Werk der Evangelischen Kirche in Deutschland hervorging, einer der größten Arbeitgeber in Deutschland bis heute. Aus dieser für das deutsche Sozialsystem sehr wichtigen Entwicklung sind aber auch Probleme entstanden. Zwei sollen hier kurz genannt werden: Erstens hat die Diakonie für die Kirchen viele Arbeiten übernommen und auch die Freikirchen und evangelische Gemeinschaften haben ihre diakonische Arbeit ausgelagert. So sind viele Kirchen und Gemeinden heute vor allem gottesdienstzentrierte Mittelstandsgemeinden (natürlich mit Ausnahmen) geworden. Das zweite Problem ereignet sich innerhalb der Diakonie: Zwar ist bspw. das Leitbild des Diakonischen Werkes (Wir orientieren unser Handeln an der Bibel. Wir achten die Würde jedes Menschen. Wir leisten Hilfe und verschaffen Gehör. Wir sind aus einer lebendigen Tradition innovativ. Wir sind eine Dienstgemeinschaft von Frauen und Männern. Wir sind dort, wo Menschen uns brauchen. Wir sind Kirche. Wir setzen uns ein für das Leben in der einen Welt.) biblisch-theologisch durchdrungen und zeigt die geschichtliche Herkunft und Ausrichtung, doch lässt sich dies in seiner Größe und mit dem nötigen Personalaufwand kaum noch so leben.

Für die Kirchen und Gemeinden besteht deshalb die Aufgabe, ihre diakonische Identität wieder neu zu leben und den biblischen Auftrag auszufüllen. Der Theologe Dietrich Bonhoeffer hat es ziemlich lapidar auf den Punkt gebracht, als er sagte: „Kirche ist nur Kirche, wenn sie für andere da ist." Der amerikanische Pastor Tim Keller beschreibt dies in seinem Buch „Warum Gerechtigkeit?" aus biblisch-theologischer Sicht, indem er Stück für Stück durch die ganze Bibel geht und nachweist, dass diakonisches Handeln ein zentraler Bestandteil des Willens Gottes ist.

Wo ist deine Gemeinde/Teenagerarbeit diakonisch aktiv? Wo kümmert sie sich um die Armen, Schwachen und Hilfebedürftigen?
Welche Menschen in der Nähe deiner Gemeinde/Teenagerarbeit bräuchten Hilfe und Unterstützung?

BEISPIEL

Eine ganz einfache Idee, wie man missionarisch-diakonisch in seiner Stadt oder seinem Ort tätig werden kann, ist die Initiative „Rosinenbömbchen" vom Christus-Treff Berlin. Rosinenbömbchen sind kleine Tüten, die in jeden Rucksack, jede Aktentasche oder größere Handtasche passen. Prall gefüllt mit hilfreichen Dingen für Menschen, die auf der Straße leben (müssen). Sie können einfach mitgenommen werden und dann

z. B. Obdachlosen geschenkt werden. Mehr Infos findest du hier: http://www.rosinenboembchen.de/

Mission: weil der Glaube keine Rolle mehr spielt

Für viele Menschen, auch für Teenager, spielt der christliche Glaube heute kaum noch eine Rolle. Das hat auch damit zu tun, dass viele Gemeinden verlernt haben, sich um die Probleme der Menschen zu kümmern und sich für das zu interessieren, was sie beschäftigt, besorgt und begeistert. Deshalb spielt Glaube für ihre Meinungsbildung, ihre Werte und ihre Einstellungen immer weniger eine Rolle. Wenn wir wollen, dass sich mit unserer Teenagerarbeit daran etwas ändert, dann müssen wir versuchen, uns um die Menschen zu kümmern: ihnen da weiterzuhelfen, wo sie Hilfe brauchen, und ihnen den Glauben auf eine Art und Weise näherzubringen, wie sie es verstehen können. Das gelingt aber nur, wenn wir den Glauben mit ihren Lebensthemen und -fragen in Verbindung bringen. So können wir die Lücke zwischen unseren christlichen Angeboten und dem realen Leben vieler Teenager schließen.

Welche Teenager erreichst du mit deiner Arbeit nicht? Warum nicht?
Was ist bei ihnen anders als bei den Teens, die regelmäßig kommen?
Was bräuchten sie, damit deine Arbeit für sie wichtig wird und einen Mehrwert hat?

Innovationen: neue missionarische Möglichkeiten

Zeiten von Umbrüchen sind immer auch Zeiten von Aufbrüchen. Wie uns die Geschichte zeigt, gilt dies in besonderer Weise für kirchliches Leben. Besonders ein evangelisches Profil zeigt sich offen im Umgang mit gesellschaftlichen Veränderungen, weil es sich für Menschen und ihre Situationen einsetzt. Deshalb ist es nicht verwunderlich, dass gerade im evangelischen Raum unterschiedliche Formen von missionarischen Aufbrüchen zu sehen sind und diese durch die Globalisierung international vernetzt sind. Wie oftmals in der Geschichte versuchen sich neue Bewegungen, Formen oder Theologien durch neue Namen zu kennzeichnen. Viele von ihnen sind aber aus bekannten Entwicklungen heraus gewachsen und nur neue Triebe am alten Stamm der Kirche. Nur zwei dieser neuen Begriffe wollen wir etwas ausführlicher vorstellen.

Missionale Kirche

Der Begriff Missionale Kirche nimmt die bisher beschriebenen geschichtlichen Diskussionen der letzten 30 Jahre um den Begriff Mission auf und wurde maßgeblich durch das nordamerikanische Netzwerk „The Gospel and our Culture" (GOCN) und den britischen Missionstheologen Lesslie Newbigin geprägt (Reppenhagen 2011). Missionale

Kirche nimmt das Grundanliegen der *Missio Dei* als Wesensmerkmal der Kirche auf und markiert noch einmal sehr deutlich die missionarische Existenz und Identität einer Kirche, die missionarisch ist. Neben diesem theologischen Schwerpunkt geht es aber auch um die methodische Umsetzung bzw. die innere Spannung zwischen Inhalt und Methode im Kontext der Gemeinde. Dabei grenzt sich der Begriff missional gegenüber dem Begriff missionarisch als Kontrast zu den missionarischen und evangelistischen Aktionen der Kirchen ab. Missionarisch beschreibt das Tun, also Mission als eine Tätigkeit, während missional eine Eigenschaft von Kirche beschreibt. Missionale Kirche versteht sich demnach als evangelistische Kirche, die es als ihren Auftrag sieht, den Blick Gottes auf die Welt und die Menschen zu schärfen und bei ihnen zu sein. Dabei liegt ein Schwerpunkt auf der Betonung der Nachbarschaft. Es geht darum, auf der Beziehungsebene in Wort und Tat das Evangelium von Christus zu teilen.

Fresh X

Fresh X ist eine Bewegung, die in England entstanden ist und sich nun auch in Deutschland entwickelt. In den 70er- und 80er-Jahren verzeichnete die englische Kirche massive Einbrüche, sowohl was die Besucherzahlen in Gottesdiensten als auch was die Finanzen anbetraf. Sie stellten fest, dass Kirche in vielen Fällen nichts mehr mit dem Leben zu tun hatte. Dies wollten sie ändern und haben sich dafür geöffnet, dass ganz neue Formen von Gemeinden entstehen konnten, die nichts mehr mit dem Klischee eines langweiligen Sonntagmorgengottesdienstes mit Orgelmusik, unverständlicher Predigt und unbequemen Kirchenbänken zu tun hat. In England, anderen Ländern und mittlerweile auch in Deutschland entstanden und entstehen Skater-Kirchen, christliche Cafés, Gottesdienste in Kneipen, christliche Fußballclubs und viele andere neue Gemeindeformen. Eine Fresh X ist eine neue Form von Gemeinde für unsere sich verändernde Kultur, die primär für Menschen gegründet wird, die noch keinen Bezug zu Kirche und Gemeinde haben. Diese Gemeindeformen sollen die „normalen" Gemeinden, also solche, die nach Ortsgrenzen eingeteilt sind, nicht ablösen, sondern ergänzen. Die Engländer sprechen da von „Mixed Economy", weil eine Mischung aus traditionellen und neuen Gemeinden das Ziel ist. Obwohl Fresh X sehr unterschiedlich aussehen kann, gibt es vier Merkmale, an denen sich alle Fresh X orientieren:

- **missional:** Eine Fresh X ist ausgerichtet auf Menschen, die noch keinen Bezug zu Kirche und Gemeinde haben.
- **kontextuell:** Eine Fresh X ist eine neue Form von Gemeinde für unsere sich verändernde Kultur. Sie will ganz in ein bestimmtes Milieu eintauchen, um Kirche und Gemeinde in einem neuen Kontext Gestalt zu verleihen.
- **lebensverändernd:** Eine Fresh X lädt Menschen in die Nachfolge Jesu ein. Persönliche Beziehungen und wachsender Glaube führen zur Lebensveränderung.

- **gemeindebildend:** Eine Fresh X hat das Potenzial, eine vitale Form von Gemeinde zu werden. Sie ist kein Projekt auf Zeit, sondern eine neue Form von Gemeinde, geprägt vom Kontext und vom Evangelium.

MATERIAL

Es gibt tolle Videos, die Fresh X erklären und verschiedene Gemeinden vorstellen: http://freshexpressions.de/medien/videoclips/

Mission in der Teenagerarbeit braucht Haltung

Was wir von missionalen Kirchen und Fresh X für unser missionarisches Handeln in der Arbeit mit Teenagern lernen können, ist die Erkenntnis, dass Mission nicht zu allererst eine Aktion oder ein Programm ist, sondern vor allem eine Haltung und Einstellung. Diese Haltung zeichnet sich durch ein Herz für Teenager und den tiefen Wunsch aus, sie mit der befreienden Botschaft von Jesus Christus durch Wort und Tat in Berührung zu bringen. Dazu ist es erforderlich, dass wir gemeinsam mit den Teens danach fragen, wo diese Botschaft in ihrem Leben relevant ist, und nach Formen des Glaubens suchen, die zu ihnen passen. Diese Haltung braucht nicht nur Mitarbeitende, um neue Teens zu erreichen, sondern es geht auch darum, mit den Teens in unseren Gemeinden an ihren Vorstellungen über Mission zu arbeiten. Schließlich sind sie in der Schule, auf der Straße, in den Vereinen und an vielen anderen Stellen diejenigen, die mit Gleichaltrigen zu tun haben, für die Jesus keine Rolle spielt. Bei unseren Teens die Leidenschaft und Haltung zu wecken, dass Gott auch für das Leben ihrer Freunde eine Menge bereithält, ist missionarische Teenagerarbeit.

BUCHTIPPS

Florian Karcher, Germo Zimmermann: Handbuch missionarische Jugendarbeit. Neukirchener Verlagsgesellschaft 2016.

Udo Bußmann, Tobias Faix, Silke Gütlich: Wenn Jugendliche über Glauben reden – Gemeinsame Erfahrungsräume gestalten: Ein Praxisbuch für die Jugendarbeit. Basierend auf der empirica-Studie „Spiritualität von Jugendlichen". Neukirchener Verlagsgesellschaft 2013.

David Bosch: Mission im Wandel. Paradigmenwechsel in der Missionstheologie. Brunnen Verlag 2012.

Miroslav Volf: Öffentlich glauben in einer pluralistischen Gesellschaft. Verlag der Franckebuchhandlung 2015.

6 Teenager im Mittelpunkt – Teenagerarbeit neu denken

Florian Karcher

Von Teenagern wird viel Eigenverantwortung verlangt. Sie sollen selbstständige Entscheidungen treffen, eigene Meinungen vertreten und für ihr Handeln verantwortlich sein: Welche Schulform soll ich wählen? Auf welchen Beruf steuere ich zu? Wer sind meine Freunde? Was mache ich in meiner Freizeit? Welche Meinung habe ich zu politischen und gesellschaftlichen Themen? Auf solche und andere Fragen finden Teenager eigene Antworten. Ihnen wird heute viel mehr zugetraut, als es noch vor Jahrzehnten der Fall war. Und Studien zeigen: Junge Menschen kommen mit dieser Verantwortung besser klar, als man vielleicht denkt. Natürlich gibt es auch Probleme und Fehltritte, aber im Großen und Ganzen sind Teenager durchaus in der Lage, eigenverantwortlich zu denken und handeln.

Was bedeutet das für unsere christliche Jugendarbeit mit Teenagern? Was bedeutet das für den christlichen Glauben? Können Teenager auch hier eigenverantwortliche Entscheidungen treffen und sich eine Meinung bilden? Oder brauchen sie erfahrene und geschulte Mitarbeitende, die ihnen Gott und die Welt erklären? Meine These vorweg:

Teenager sind kompetent, sich eigene Sichtweisen über den christlichen Glauben zu erarbeiten, und brauchen dazu nicht immer und sofort Erwachsene oder Ältere, die ihnen den Glauben erklären.

BEISPIEL

Eine wahre Geschichte: Im Teenkreis einer Gemeinde ist das Thema „Gerechtigkeit" für den Abend geplant. Das Mitarbeitendenteam hat einen kleinen Vortrag und eine Gruppenarbeit zu Matthäus 25, 31–46 vorbereitet. Bereits nach den ersten zehn Minuten meldet sich die 14-jährige Julia zu Wort und sagt: „Wisst ihr, was mir bei dem Thema gerade eingefallen ist? Wir reden über Gerechtigkeit und ich habe neulich einen Bericht im Internet gesehen, dass für unsere Schokolade, die wir essen, in manchen Ländern Kinder arbeiten müssen. Wir gönnen uns hier die Schoki und dafür müssen andere leiden. Das finde ich nicht gerecht und kann mir auch nicht vorstellen, dass Gott das gut findet." Nach einer kurzen Stille entsteht eine Diskussion und dabei kommen auch die Süßigkeiten zur Sprache, die im Teenkreis konsumiert werden. Nach einer halben

Stunde steht der Beschluss der Teens: Wir wollen im Teenkreis nur noch fair gehandelte Schokolade essen. Den Vortrag und die Gruppenarbeit können die Mitarbeitenden jetzt vergessen, aber sie haben den Eindruck, dass die Teens echt etwas verstanden haben und das ganz von alleine.

Dieses kleine Beispiel zeigt, dass junge Menschen in der Lage sind, Fragen des Glaubens eigenständig für sich zu klären. Oft brauchen sie dabei niemanden, der ihnen alles erklärt, aber doch jemanden, der den Anstoß gibt und den Prozess begleitet. Christliche Jugendarbeit muss also nicht alle Antworten liefern, sondern Teenager begleiten, eigene Antworten auf Fragen zu finden, die gerade für sie wichtig sind. Wie das verstanden werden und funktionieren kann, soll in diesem Beitrag deutlich werden.

Gott vom Teenager her denken

Hast du dich eigentlich mal gefragt, um wen es im Glauben geht? Oder um wen es in der Bibel geht? Meiner Meinung nach geht es um den Menschen. Viele denken, dass es im Glauben oder in der Bibel vor allem um Gott geht, aber wenn ich die Bibel lese, dann entdecke ich ganz oft, dass es hier eigentlich um mich geht.

Lies doch mal folgende Bibelstellen mit diesem Gedanken im Hinterkopf:

- **1. Mose 1, 26–31**
- **Lukas 2, 8–14**
- **Johannes 3, 16**

Das ganze Handeln Gottes ist auf den Menschen hin ausgerichtet. Gott hat ihn geschaffen und ihm die Schöpfung anvertraut. Gott hat in Jesus Christus seinen Sohn als Heiland und Retter zu den Menschen geschickt und ist damit selbst Mensch geworden. Und auch der Tod und die Auferstehung von Jesus geschehen für uns Menschen. Der Heilige Geist wird in der Apostelgeschichte ausgegossen, um als Tröster, Beistand und Fürsprecher bei uns zu sein. Alles, was Gott in der Bibel tut, dreht sich um uns. Gott denkt vom Menschen her und räumt dem Menschen dabei maximale Freiheit und Entscheidungsmöglichkeiten ein.

Wenn wir mit Teenagern über den Glauben nachdenken, dann kann uns diese Perspektive helfen, sie in das rechte Licht zu rücken: Es geht nicht um unsere Erfahrungen, Meinungen und Erkenntnisse, sondern darum, dass sie eigene (Glaubens-)Erfahrungen sammeln, sich Meinungen bilden und Erkenntnisse darüber gewinnen, welche Rolle Gott in ihrem Leben spielen will. Wir müssen sie als Subjekte auch ihrer Glaubensbiografie verstehen. Das Subjekt ist in einem Satz der aktive Teil, während das Objekt passiv bleibt. Das Subjekt ist der Teil, der etwas machen kann. Das Objekt ist der Teil, mit dem etwas gemacht wird. Wenn Teenager als Subjekte bezeichnet werden, meint das, dass sie aktiv und selbstbestimmt die Dinge angehen sollen und dürfen, die ihren Glauben betreffen. Eine Teenagerarbeit, die sich so versteht, kann man als subjektorientiert bezeichnen.

Eine neue Rolle für Mitarbeitende

Nun könnte der Gedanke aufkommen, dass Mitarbeitende keine Rolle mehr spielen. Aber das ist nicht der Fall, sondern sie bekommen eine neue Rolle: Sie sind in einer subjektorientierten Teenagerarbeit nicht mehr die Antwortgeber/innen, die Anleiter/innen und die, die ihre Erfahrungen weitergeben, sondern sie sind Fragensteller/innen, Impulsgeber/innen, Gesprächspartner/innen und Wegbegleiter/innen. Ihre Erfahrungen, Meinungen und Erkenntnisse vermitteln sie nicht mehr den Teenagern, sondern sie bringen sie als eigene Position, Vorbild und Gedankenanstoß ins Gespräch ein.

Mitarbeitenden einer subjektorientierten Arbeit mit Teenagern kommt noch eine weitere ganz entscheidende Aufgabe zu: Um Verantwortung für den eigenen Glauben übernehmen zu können, brauchen Teenager (Schutz-)Räume, in denen sie ihre Meinungen und Positionen äußern und weiterentwickeln können, in denen sie Fehler machen und Blödsinn reden dürfen. Wir sind als Mitarbeitende verantwortlich, diese Räume zu schaffen und anzubieten. Das heißt vor allem, nicht zu bewerten, Diskretion und Vertraulichkeit zu schaffen und für eine Atmosphäre zu sorgen, in der sich Teenager grundsätzlich angenommen fühlen, und zwar von allen Gruppenmitgliedern.

Wie würde in deiner Arbeit mit Teenagern damit umgegangen werden, wenn die Teens folgende Sätze sagen würden:

- **„Meine Mama ist lesbisch. Ihre Freundin zieht jetzt bei uns ein. Mit der verstehe ich mich richtig gut."**
- **„Teilweise stimme ich den Rechten ja zu. Ich finde es auch nicht gut, dass so viele Flüchtlinge in unser Land kommen."**
- **„Ich glaube, dass viele Geschichten in der Bibel erfunden sind. Das sind mehr so Märchen, die uns etwas sagen wollen."**

Wenn du möchtest, dass Teenager sich auf den Weg machen, einen eigenen Glauben zu entwickeln, dann musst du es aushalten, dass sie andere Meinungen vertreten, als „in der Gemeinde üblich". Mehr noch, du musst vielleicht manchmal sogar dafür eintreten, dass ihre Meinung auch eine Berechtigung hat. Aber du darfst auch deine Meinung und die Meinung anderer ins Gespräch einbringen und so den Teenagern die Möglichkeit geben, ihre Position zu überdenken und weiterzuentwickeln.

Theologie von, für und mit Teenagern

Ein Ansatz in der Arbeit mit jungen Menschen, der einer Subjektorientierung folgt, ist die Kinder- und Jugendtheologie. Dabei geht es darum, die Gedanken und Meinungen von Kindern und Jugendlichen zu theologischen Fragen wahr- und ernst zu nehmen und ihnen mit Respekt und Wertschätzung zu begegnen.

METHODE

Blitzlicht

Beim Blitzlicht bekommen alle Teilnehmenden die Möglichkeit, kurz und knapp ihre Meinung oder Assoziation zu einem Thema zu nennen. Dabei wird eine einfache Einstiegsfrage gestellt, z. B.: „Was haltet ihr vom Thema XY?" oder: „Wie denkt ihr über Wunder?". Nun dürfen alle in 2 bis 3 Sätzen zu der Frage sagen, was sie denken. Die Antworten bleiben unkommentiert.

Im nächsten Schritt soll dann ein theologisches Gespräch auf Augenhöhe eingeleitet werden, bei dem Mitarbeitende und Jugendliche gleichberechtigt über ihre Ansichten und Meinungen diskutieren. Hier können die Mitarbeitenden nicht nur ihre individuelle Sicht, sondern auch Erkenntnisse aus der Theologie einbringen.

METHODE

Think-Pair-Square-Share

Bei dieser Methode sollen die Teilnehmenden zunächst alleine über eine Frage nachdenken und ihre Meinung dann in das Gespräch mit anderen einbringen:

1. Think: Jede/r Teilnehmer/in denkt erst mal alleine über eine Fragestellung oder ein Thema nach und notiert sich dazu einige Stichpunkte.
2. Pair: Dann sucht sich jede/r eine/n Partner/in, mit dem/r man sich über die eigenen Gedanken austauscht. Die Partner sollen sich dann auf ca. 5 bis 10 Stichpunkte einigen.
3. Square: Nun tun sich jeweils zwei Paare zu einer kleinen Gruppe zusammen. Diese Kleingruppen diskutieren erneut und einigen sich wieder auf 5 bis 10 Stichpunkte.
4. Share: Zum Schluss werden die Ergebnisse in der ganzen Gruppe vorgestellt und diskutiert.

Mit diesen und anderen Methoden (siehe Buchtipps) können deine Teens eigenständig über Glaubensfragen nachdenken und diskutieren. Die Kinder- und Jugendtheologie benennt dabei drei Ebenen, auf denen solche Prozesse ablaufen können, die hier auf die Arbeit mit Teenagern angewandt werden.

Theologie von Teenagern

Teenager haben eigene Vorstellungen und Bilder im Kopf. Erstaunlicherweise sind diese nicht immer völlig absurd und „falsch", sondern oft treffend und in der Lage, einen Sachverhalt besser als mit den komplizierten Worten Erwachsener zu beschreiben.

BEISPIEL

Im Teenkreis wird darüber diskutiert, wie Jesus denn unser Freund sein kann, obwohl wir ihn nicht sehen können. Laura sagt: „Für mich ist das wie mit meinem Opa. Er ist vor ein paar Jahren gestorben, aber ich habe immer noch das Gefühl, dass er bei mir ist und ich mit ihm reden kann."

Auch wenn theologisch zu Lauras Äußerung einiges zu ergänzen wäre, hat sie doch etwas davon verstanden, was Jesus für uns sein möchte. Sie kann mit einfachen Worten etwas ausdrücken, was Erwachsenen vielleicht schwerfallen würde, weil es ja eine durchaus herausfordernde und komplexe Fragestellung ist. Diese elementaren Erfahrungen und Meinungen haben in einer subjektorientierten Jugendarbeit ihren Raum und werden nicht kritisiert. Sie haben ihren Wert, insbesondere, weil sie anderen Teenagern helfen können, etwas zu verstehen, für das sie noch keine eigenen Worte haben.

Theologie mit Teenagern

Die zweite Dimension ist das gemeinsame Arbeiten mit Teenagern an theologischen Fragen. Hier werden Meinungen und Erfahrungen der Mitarbeitenden in das Gespräch mit Teenagern eingebracht. Ziel ist dabei eine gegenseitige Bereicherung. Die (vielleicht naive) Sichtweise von Jugendlichen kann den Mitarbeitenden helfen, eine neue Sicht auf theologische Fragen zu gewinnen, und die Erfahrung und Fachmeinung von Mitarbeitenden kann Teenagern helfen, sich in dieser Frage weiterzuentwickeln und Dinge zu überdenken.

METHODE

Bibel-Zwiegespräch

Ein Bibeltext wird gemeinsam gelesen. Dann werden ca. fünf Fragen dazu gestellt. Jede Frage wird zunächst von den Jugendlichen beantwortet. Dann wird zu jeder Frage ein ganz kurzer Impuls von den Mitarbeitenden gegeben, den sie sich z. B. durch die Arbeit mit Kommentaren selbst erarbeitet haben. Dieser Impuls wird entweder als eigene Meinung oder als Fachmeinung eingebracht und so jeweils auch transparent gemacht. Dann wird über jede Frage nochmals gemeinsam diskutiert. Dieser Prozess kann visuell an einem Flipchart dokumentiert werden.

Theologie für Teenager

Eine Subjektorientierung muss nicht darauf verzichten, Teenagern etwas vermitteln zu wollen. Dabei sind aber zwei Bedingungen zu beachten. Die Vermittlung darf erstens nicht absolut verstanden werden. Es geht nicht darum, den Teens eine fertige Position oder Sichtweise zu vermitteln, sondern darum, einen vielleicht komplexen Sachverhalt mit für sie verständlichen Worten oder Bildern zu verdeutlichen. Zweitens muss die Vermittlung in einem ausgewogenen Verhältnis zur Wahrnehmung (Theologie von Teenagern) und gemeinsamen Erarbeitung (Theologie mit Teenagern) stehen. Die Theologie für Teenager fragt immer danach, wie theologische Fragen und Themen so vermittelt werden können, dass sie für die Teens einerseits verständlich sind und andererseits zu ihren Lebensthemen passen.

MATERIAL

Film und Verkündigung

Eine gutes Medium zur Vermittlung sind Filme. Hervorragendes Material mit ausgewählten Filmsequenzen und Vorschlägen für die Vermittlung ist das Buch
Martin Burger, Vassili Konstantinidis (Hg.): Film und Verkündigung – Filme als Brücke zwischen Glaube und Themen junger Menschen – Entwürfe für die Jugendarbeit. buch+musik 2014

BUCHTIPPS

- Florian Karcher, Petra Freudenberger-Lötz, Germo Zimmermann (Hg.): Selbst glauben – 50 religionspädagogische Methoden und Konzepte für Gemeinde, Jugendarbeit und Schule. Neukirchener Verlagsgesellschaft 2017
- Petra Freudenberger-Lötz: Theologische Gespräche mit Jugendlichen – Erfahrungen – Beispiele – Anregungen. Calwer/Kösel 2012
- Tobias Faix, Ulrich Riegel, Tobias Künkler: Theologien von Jugendlichen: Empirische Erkundungen zu theologisch relevanten Konstruktionen Jugendlicher. Lit Verlag 2015

7 Mit einem Bein im Gefängnis? Teenagerarbeit und Recht

Stefan Niewöhner

Die in der Kinder- und Jugendarbeit allgemein geltenden rechtlichen Rahmenbedingungen und Grundsätze sind selbstverständlich auch bei der Arbeit mit Teenagern einzuhalten bzw. anzuwenden. Gleichwohl ergeben sich in der Teenagerarbeit besondere Herausforderungen hinsichtlich des Jugendschutzes und des Einsatzes von Teenagern als Mitarbeitenden.

Teenager als Mitarbeitende

In der Jugendarbeit existiert die weitverbreitete Annahme, dass minderjährige Teenager ohne eine volljährige Person an ihrer Seite keine Gruppe leiten dürfen. Diese Annahme ist falsch – jedenfalls in ihrer Verallgemeinerung! Die Beteiligung minderjähriger Teenager als Mitarbeitende bedarf einer differenzierten Betrachtung. Dreh- und Angelpunkt ist dabei die Aufsichtspflicht. Es ist zu unterscheiden zwischen dem Bestehen und dem Genügen der Aufsichtspflicht.

Bestehen der Aufsichtspflicht

Die Aufsichtspflicht ist ein Teil der Personensorge, die grundsätzlich bei den Eltern und in Ausnahmefällen bei einem Vormund oder Pfleger liegt. Wenn Eltern ihre Kinder in die Obhut einer anderen Person oder Institution geben, dann haben sie die Möglichkeit, insoweit auch die Aufsichtspflicht zu übertragen. Dies erfolgt durch einen Vertrag zwischen den Eltern und der Institution / dem Träger.

BEISPIEL

Familie A meldet ihre Tochter zu einer Freizeit an. Für die Eltern ist die Übernahme der Aufsichtspflicht durch den Träger (z. B. Kirchengemeinde, CVJM) regelmäßig der Grund, weshalb sie ihre minderjährigen Kinder in dessen Hände geben. Der Träger erklärt mit der Durchführung der Freizeit seine Bereitschaft, die Aufsichtspflicht für die Teilnehmenden wahrzunehmen.

Nicht immer erfolgt die Übernahme der Aufsichtspflicht so ausdrücklich, wie bei der Anmeldung zu einer Freizeit. Das ist auch nicht notwendig. Der Vertrag zur Übernahme der Aufsichtspflicht kann auch stillschweigend abgeschlossen werden, wenn aus

den Umständen ersichtlich ist, dass der Träger zur Übernahme der Aufsichtspflicht bereit ist.

BEISPIEL Ein Kind besucht zum ersten Mal die Kindergruppe des CVJM. Auch wenn das Kind selbstständig zur Kindergruppe kommt und die Eltern weder mit den Mitarbeitenden noch mit dem CVJM als Träger sprechen, kommt ein Vertrag über die Wahrnehmung der Aufsichtspflicht zwischen CVJM und Eltern zustande.

Der Träger ist in der Regel eine sogenannte „juristische Person", die keine Arme und Beine hat und deshalb nicht selbst handeln kann. Er bedient sich bei der Durchführung von Freizeiten, Kindergruppen etc. regelmäßig der Hilfe von natürlichen Personen (haupt- und ehrenamtlich Mitarbeitenden). Dabei überträgt der Träger, vertreten durch seinen Vorstand, seinen Kirchengemeinderat, sein Presbyterium oder ein anderes Leitungsorgan, die Aufsichtspflicht an die Mitarbeitenden. Diese Übertragung erfolgt wiederum durch einen Vertrag, der auch stillschweigend geschlossen werden kann.

BEISPIEL Viktor, der Vorsitzende des CVJM, gewinnt die 25-jährige Cindy für die Mitarbeit in der Kindergruppe. Cindy erklärt sich mit ihrer Bereitschaft zur Mitarbeit stillschweigend bereit, die Aufsichtspflicht für die Kinder zu übernehmen.

Etwas anderes gilt nur, wenn die aufsichtsführende Person die Aufsicht nur aus Gefälligkeit übernimmt und nicht dazu bereit ist, für das Tun der Kinder verantwortlich zu sein.

BEISPIEL Die Kindergruppenleiterin Johanna bittet Lukas, der bis über beide Ohren in sie verliebt ist, sie bei der Durchführung der Kindergruppe zu unterstützen. Lukas, der mit Kindern eigentlich nichts am Hut hat, rechnet sich bessere Chancen bei Johanna aus, wenn er ihr diesen Wunsch erfüllt. Während der Kindergruppe bleibt er irgendwie unbeteiligt am Rand stehen. Lukas bringt damit seinen Willen, für die Kinder nicht verantwortlich sein zu wollen, zum Ausdruck. Er führt die Aufsicht nur aus Gefälligkeit und hat die Aufsichtspflicht nicht übernommen.

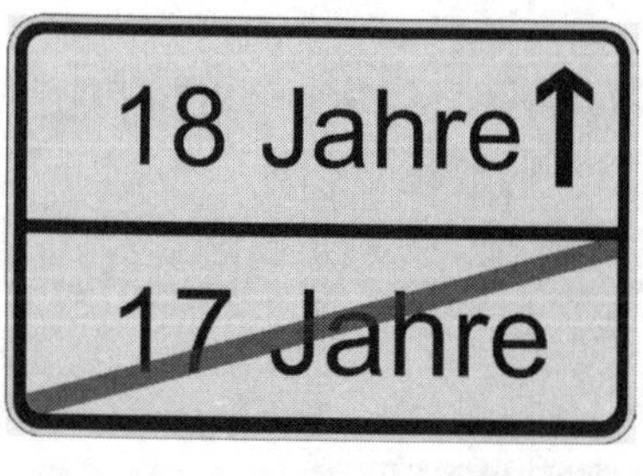

Minderjährige Mitarbeitende

Die bisher dargestellten Grundsätze zur Übernahme der Aufsichtspflicht sind bei der Beteiligung minderjähriger Mitarbeitender um einen wichtigen Punkt zu ergänzen: Aufgrund ihrer beschränkten Geschäftsfähigkeit[1] ist für die Übernahme der Aufsichtspflicht durch die minderjährige Person die vorherige Einwilligung oder die nachträgliche Genehmigung ihrer gesetz-

1 *Diese liegt bei Kindern und Jugendlichen gemäß § 106 BGB zwischen dem siebten und dem vollendeten 18. Lebensjahr vor.*

lichen Vertreter (i. d. R. der Eltern) erforderlich. Liegt diese Zustimmung der Eltern vor, ist die minderjährige Person im gleichen Umfang wie eine volljährige Person zur Aufsichtsführung verpflichtet. Bei entsprechender Eignung sind minderjährige Teenager also befugt, eine Kindergruppe alleine zu leiten.

BEISPIEL

Pfarrer Schlau gewinnt die 16-jährige Tochter des Kirchenmusikers Orgel als Mitarbeiterin für die Kinderfreizeit, nachdem Orgel ihm zuvor signalisiert hatte, dass seine Tochter sich dafür interessiere.

Weil es sich ausschließlich um eine Regelung im Verhältnis zwischen dem Träger und der mitarbeitenden Person handelt, sind die Eltern der Kinder, die zu beaufsichtigen sind, über den Einsatz minderjähriger Teenager nicht notwendig zu informieren.

BEISPIEL

Auch wenn die Zustimmung der Eltern zur Übernahme der Aufsichtspflicht durch ihr Kind stillschweigend erklärt werden kann (z. B. Teilnahme an einer Schulung für Mitarbeitende, Wissen um die Mitwirkung in einer Kindergruppe etc.), empfiehlt sich eine ausdrückliche Klärung mit den Eltern.

Genügen der Aufsichtspflicht

Hinsichtlich der Beteiligung von minderjährigen Teenagern als Mitarbeitende in der Jugendarbeit gelten dieselben Grundsätze wie für volljährige Mitarbeitende. Sie können in gleicher Weise zivilrechtlich[2] und strafrechtlich[3] zur Verantwortung gezogen werden.

Um eine Haftung zu vermeiden, haben die Mitarbeitenden die *„gehörige Aufsicht"*[4] zu führen. Was genau darunter zu verstehen ist, hat der Gesetzgeber offengelassen, da die Anforderungen von vielen unterschiedlichen Faktoren abhängig sind, wie etwa dem Alter und der Anzahl der Teilnehmenden, der Art und Gefährlichkeit der Beschäftigung, der örtlichen und räumlichen Gegebenheiten, der Erfahrung der Mitarbeitenden und dem zahlenmäßigen Verhältnis von Teilnehmenden zu Mitarbeitenden.

Die im Rahmen der Aufsichtspflicht zu erbringenden Handlungen lassen sich folgenden Kategorien zuschreiben:

- *Informieren,* und zwar sich selbst, über die zu beaufsichtigenden Kinder und die potenziellen Gefahren einer Situation sowie Information der Kinder über die möglichen Gefahren.
- *Entfernen* von Gefahrenquellen und *Vermeiden* potenzieller Gefahren.

---

2 *Auf Zahlung von Schadensersatz oder Schmerzensgeld.*

3 *Mit einer strafrechtlichen Verurteilung zu Geldstrafe, Freiheitsstrafe oder Jugendstrafe.*

4 *Vgl. § 832 BGB – online abzurufen unter https://dejure.org/gesetze/BGB.*

- *Hinweisen* der Teilnehmenden auf Gefahrenquellen und *Belehren* hinsichtlich des Umgangs mit ihnen.
- *Überprüfung* von ausgesprochenen Hinweisen, Belehrungen und Verboten.
- *Einschreiten* bei Verstößen.

Aufsichtspflicht in der Teenagerarbeit

Das in § 1 SGB VIII festgelegte Ziel der Jugendhilfe, junge Menschen zu eigenverantwortlichen und gemeinschaftsfähigen Persönlichkeiten zu erziehen, hat zur Folge, dass bei der Arbeit mit Teenagern die Freiräume für die aufsichtsbedürftigen Teilnehmenden größer sein müssen, als sie es für jüngere Kinder wären.

Zum Genügen der Aufsichtspflicht gehört aber auf jeden Fall die Beachtung der Regelungen zum Jugendschutz!

Jugendschutz

Die gesetzlichen Grundlagen für den Jugendschutz finden sich aktuell im Jugendschutzgesetz (JuSchG)[5] und im Jugendmedienschutz-Staatsvertrag der Länder (JMStV).[6] Der JMStV regelt den Jugendschutz in elektronischen Medien, die übertragen werden – also Internet, Fernsehen, Rundfunk. Das JuSchG hat den Schutz der Jugend in der Öffentlichkeit zum Ziel. In ihm finden sich Regelungen zum Rauchen – inkl. von E-Zigaretten und E-Shishas – zur Abgabe von Alkohol, zu Filmen und Computerspielen – sofern diese auf Trägermedien (CD, DVD etc.) angeboten werden – sowie zum Aufenthalt in Gaststätten und bei Tanzveranstaltungen. Die Öffentlichkeit wird überall dort angenommen, wo eine unbestimmte Anzahl von Menschen zusammenkommt und der Zutritt grundsätzlich jedermann gestattet ist.

BEISPIEL

In diesem Sinne ist ein Jugendzentrum öffentlich. Nicht öffentlich ist die Reise einer Freizeitgruppe. Zwar kann grundsätzlich jedermann, der zur altersmäßigen Zielgruppe gehört, an einer Freizeit teilnehmen, doch handelt es sich nach dem Aufbruch der Reisegruppe um eine „geschlossene Gesellschaft". Auch die Jugendgruppe dürfte in der Regel öffentlich sein, da ihre Treffen für jedermann zugänglich sind. Die Treffpunkte und Uhrzeiten einer Jugendgruppe werden in Programmheften, im Internet und auf Facebook bekannt gegeben.

5 *Online abrufbar unter https://dejure.org/gesetze/JuSchG.*

6 *Online abrufbar unter http://www.landesrecht-bw.de/jportal/?quelle=jlink&query=JMdienSchStVtrG+BW&psml=bsbawueprod.psml&max=true&aiz=true.*

Begriffsbestimmungen

Jugendliche im Sinne des JuSchG sind junge Menschen, die zwischen 14 und 18 Jahre alt sind. Unter 14-Jährige werden als Kinder bezeichnet. Die vielfältigen Regelungen des JuSchG kennen an verschiedenen Stellen Ausnahmen und Privilegierungen, wenn Jugendliche von sogenannten *erziehungsbeauftragten* oder *personensorgeberechtigten* Personen begleitet werden.

Personensorgeberechtigt ist diejenige Person, der nach dem Bürgerlichen Gesetzbuch (BGB) das Sorgerecht, ggf. auch mit einer anderen Person zusammen, zusteht – also grundsätzlich ein Elternteil.

Hingegen wird eine Person, die mit den Eltern eine Vereinbarung über die Beaufsichtigung ihres Kindes getroffen hat und die Erziehungsaufgaben wahrnimmt, als *erziehungsbeauftragte* Person angesehen. Dabei darf es sich nicht nur um eine lockere Vereinbarung handeln. Vielmehr muss zwischen Eltern und der erziehungsbeauftragten Person geklärt werden, wann, wie und wo die Beaufsichtigung über die minderjährige Person erfolgt.

BEISPIEL

Einer expliziten Vereinbarung bedarf es nicht, sofern es sich um eine Maßnahme der Jugendhilfe handelt, was bei der Jugendarbeit nach § 11 SGB VIII der Fall ist. Die erziehungsbeauftragte Person muss über 18 Jahre alt sein.

Der Besuch von Gaststätten, § 4 JuSchG

Gaststätten sind Orte, an denen Getränke ausgeschenkt und Speisen zum Verzehr angeboten werden, wie z. B. Diskotheken, Bars, Imbissstuben, Trinkhallen, Bierzelte, Hotels, Pensionen, Cafés, Eisdielen. Jugendliche dürfen sich ohne Begleitung einer personensorgeberechtigten oder erziehungsbeauftragten Person erst ab 16 Jahren in einer Gaststätte aufhalten, wobei ihnen der Aufenthalt nur bis 24 Uhr erlaubt ist. Ausnahmen sind für jüngere Jugendliche und für Kinder nur möglich, wenn sie entweder

- von einer personensorgeberechtigten oder erziehungsbeauftragten Person begleitet werden oder
- wenn sie etwas trinken oder essen wollen – dann aber nur bis 23 Uhr,[7]
- wenn sie sich auf Reisen befinden und notwendige Wartezeiten durch den Gaststättenbesuch überbrückt werden sollen oder
- wenn in der Gaststätte eine Veranstaltung der Jugendhilfe stattfindet.

7 *Für die Einnahme eines Getränks wird eine halbe Stunde, für die Einnahme einer Mahlzeit eine Stunde veranschlagt.*

BEISPIEL Die Kirchengemeinde lädt die Konfirmandinnen und Konfirmanden auf die Bowlingbahn ein.

Der Besuch von Nachtklubs und Nachtbars, § 4 Abs. 3, §§ 7, 8 JuSchG

Der Besuch von Nachtklubs, Nachtbars und anderen jugendgefährdenden Orten ist Kindern und Jugendlichen nie erlaubt. Eine Ausnahme ist auch nicht für den Fall möglich, dass sie von ihren Eltern begleitet werden. Hierzu zählen Bordelle, Stripteasebars oder auch bekannte Drogenumschlagplätze.

Der Besuch von öffentlichen Discos und Tanzveranstaltungen, § 5 JuSchG

Öffentlich sind alle Veranstaltungen mit Tanzgelegenheit in Räumen oder im Freien, bei denen die Teilnahme grundsätzlich jedermann möglich ist und nicht nur einem begrenzten, bekannten Personenkreis. Dabei spielt es keine Rolle, ob es sich um eine gewerbliche (z. B. Disco) oder um eine nicht gewerbliche (z. B. Abi-Ball) Tanzveranstaltung handelt. Jugendliche dürfen sich ohne Begleitung einer personensorgeberechtigten oder erziehungsbeauftragten Person erst ab 16 Jahren und nur bis 24 Uhr auf einer Tanzveranstaltung aufhalten. Ausnahmen sind sowohl hinsichtlich der Uhrzeit als auch hinsichtlich des Alters möglich, wenn sie von einer erziehungsbeauftragten oder personensorgeberechtigten Person begleitet werden.

BEISPIEL Besonderheiten gelten für Tanzveranstaltungen eines anerkannten Trägers der Jugendhilfe, wie etwa des CVJM oder der Kirchen. Hier können Kinder bis 22 Uhr und Jugendliche bis 24 Uhr ohne Begleitung anwesend sein.

Alkohol, § 9 JuSchG

Jugendliche unter 16 Jahren dürfen in der Öffentlichkeit überhaupt keinen Alkohol zu sich nehmen, es sei denn, sie befinden sich in Begleitung einer personensorgeberechtigten Person. Dann dürfen sie in der Öffentlichkeit Bier, Wein oder Sekt trinken. Diese Ausnahme gilt nicht, wenn Jugendliche in Begleitung eines bzw. einer Jugendleiters/in unterwegs sind, da es sich bei diesem nur um eine erziehungsbeauftragte Person handelt. § 9 JuSchG lässt die dahingehende Interpretation zu, dass es im Rahmen einer Jugendfreizeit, die nicht öffentlich ist, möglich wäre, Alkohol an unter 16-jährige Jugendliche auszuschenken. Dies widerspricht jedoch der Intention des Gesetzgebers, sodass davon abzuraten ist.

Rauchen, § 10 JuSchG

Kinder und Jugendliche dürfen in der Öffentlichkeit nicht rauchen. Eine Ausnahme gilt auch dann nicht, wenn sie sich in Begleitung ihrer Eltern befinden. Die in der Praxis hin und wieder vorkommende Erlaubnis von Eltern bez. des Rauchens ihrer jugendlichen

Kinder kann sich nur auf den häuslichen Bereich beziehen. Ein solches Privileg haben Jugendleiter/innen in Gruppen, offenen Treffs und auf Freizeiten nicht.

Jugendschutz im Bereich der Medien, § 11 ff. JuSchG

Kinder und Jugendliche sollen vor Inhalten in den Medien geschützt werden, die ihre Entwicklung gefährden können oder die ihre Erziehung zu einer eigenverantwortlichen und gemeinschaftsfähigen Persönlichkeit beeinträchtigen, wobei das JuSchG sich auf den Bereich beschränkt, der über Trägermedien angeboten wird. *Die Alterskennzeichnung von Medien ist unbedingt zu beachten!* Es handelt sich insoweit nicht um pädagogische Empfehlungen, sondern um die *Benennung eines Mindestalters,* das jemand haben muss, um nicht durch das Medium gefährdet zu werden. Die Begutachtung erfolgt durch Prüfausschüsse, die mit fachkundigen Personen besetzt sind und die jeden vorgelegten Film und jedes vorgelegte Computerspiel begutachten und mit einer Altersfreigabe versehen. Außerhalb der Öffentlichkeit können Eltern ihren Kindern gestatten, Filme anzuschauen oder Spiele zu spielen, die nicht für sie freigegeben sind. Erst wenn durch den Konsum dieser Medien eine Kindeswohlgefährdung zu begründen ist, kann gegen die Eltern vorgegangen werden. In der Jugendarbeit ist von einem solchen Verhalten dringend abzuraten!

Hinsichtlich der Vorführung von Filmen innerhalb der Jugendarbeit oder für den Besuch eines Kinos mit der Jugendgruppe gelten die in § 11 Abs. 3 JuSchG genannten zeitlichen Privilegierungen, da eine erziehungsbeauftragte Person anwesend ist.

BUCHTIPPS

- Wolfgang Wilka unter Mitarbeit von Peter L. Schmidt: Recht – gut informiert sein. Rechtsfragen in der christlichen Kinder- und Jugendarbeit. buch+musik 2016.
- Arnold Bohle / Jobst D. Themel: Jugendhilfe – Jugendrecht. Bildungsverlag EINS 2015.

8 Mediennutzung – über den rechtlichen Umgang mit Internet, Video & Co.

Stefan Niewöhner

Die Nutzung von Medien ist für Teenager heute so selbstverständlich wie Atmen. Fast alle Jugendlichen nutzen ein internetfähiges Smartphone, mit dem sie auf Medien zugreifen und diese verwenden.

Die Arbeit mit Teenagern passt sich der digitalen Lebenswirklichkeit an. Die meiste Teenagerarbeit geschieht in der realen Begegnung mit Jugendlichen, doch es kommt immer wieder zu einem Crossover von realer und digitaler Welt: Videos werden auf privaten und gemeindlichen Facebook-Seiten verlinkt oder per WhatsApp geteilt. Auch eigene Videos von coolen Aktionen der Teenagergruppe oder einem TEN-SING-Konzert werden produziert, die dann ihren Weg in die virtuelle Welt finden sollen.

Hierbei sind vielfältige rechtliche Aspekte zu beachten. Es bietet sich an, insoweit zwischen der Nutzung vorhandener Medien und der eigenen Herstellung von Medien zu unterscheiden.

Nutzung vorhandener Medien

Die größte Relevanz dürfte die Nutzung von Musik und Videos haben, die entweder auf Datenträgern (Festplatte, USB-Stick, CD, DVD, Blu-ray etc.) vorhanden sind oder im Internet öffentlich zugänglich gemacht wurden.

BEISPIELE

Fall 1: Beim Gemeindefest beschallt der 15-jährige DJ die Festgesellschaft mit Musik. Die Wiedergabe erfolgt von seinem PC. Sämtliche Titel hat er bei „iTunes" gekauft.

Fall 2: Auf der Sommerfreizeit gibt es an einem Abend eine Disco. Dazu hat eine Mitarbeitende ihr Smartphone an die Anlage angeschlossen, das unter Benutzung einer Internetverbindung die Lieder aus dem Onlinestreaming-Dienst „Spotify" wiedergibt.

Fall 3: Die Teenagergruppe des CVJM verlinkt auf der Facebook-Seite des CVJM ein Video einer YouTuberin, bei dem im Hintergrund die Musik eines aktuellen Hits zu hören ist.

Bei der Nutzung vorhandener Musik und Videos ist das Urheberrecht zu beachten. Urheberrechtlich ist in Deutschland alles (jedes „Werk") geschützt, das durch die schöpferische Kreativität seines/r Herstellers/in erschaffen wurde. Das Urheberrecht gibt dem Urhebenden das Recht, über jegliche Nutzung seines bzw. ihres Werkes zu entscheiden. Es erlischt erst 70 Jahre nach dem Tod der urhebenden Person.

Öffentliche Wiedergabe

Voraussetzung dafür, dass das Urheberrecht bei der Wiedergabe von vorhandenen Medien Anwendung findet, ist eine öffentliche Wiedergabe. Das ist immer dann der Fall, wenn die Wiedergabe für eine Mehrzahl von Personen bestimmt ist, die der Öffentlichkeit angehören. Letzteres ist der Fall, wenn die Personen, für die die Wiedergabe bestimmt ist, weder mit dem Veranstalter noch untereinander durch persönliche Beziehungen verbunden sind.

Die Besucher des Gemeindefestes im Fall 1 stellen eine Öffentlichkeit dar, weil sie nicht alle untereinander bzw. zur veranstaltenden Kirchengemeinde durch persönliche Beziehungen verbunden sind. Ob eine Freizeitgruppe (wie im Fall 2) oder eine Jugendgruppe als Öffentlichkeit anzusehen ist, hängt von dem Grad ihrer Verbundenheit untereinander ab und ist in Zweifelsfällen von einem Gericht zu überprüfen. Um Urheberrechtsverletzungen zu vermeiden, empfiehlt es sich, im Rahmen der Jugendarbeit grundsätzlich von einer Öffentlichkeit auszugehen und das Urheberrecht anzuwenden.

Erfolgt die Nutzung von Medien nicht unter Anwesenden (wie im Fall 3), so ist für das Vorliegen des Kriteriums der Öffentlichkeit u.a. darauf abzustellen, ob durch die Wiedergabe ein neues Publikum erreicht wird. Dabei wird das Setzen eines Links bereits als „Wiedergabe" angesehen. Soweit dabei auf eine erlaubte Veröffentlichung verlinkt wird, die völlig frei zugänglich ist, wird dadurch kein neues Publikum erreicht, sodass dies urheberrechtlich unbedenklich ist. Höchstrichterlich noch nicht entschieden ist der Fall, dass auf ein rechtswidrig veröffentlichtes Musikstück oder Video verlinkt wird. Die bisherige Rechtsprechung geht davon aus, dass damit ein neues Publikum erreicht wird, und nimmt die Öffentlichkeit an.

Für die Wiedergabe von Musik oder Videos im Rahmen von Veranstaltungen hat dies zur Folge, dass grundsätzlich *vor* der öffentlichen Wiedergabe die entsprechende Zustimmung des Urhebenden einzuholen ist![1] Soweit innerhalb eigener Onlineangebote auf externe Inhalte verlinkt wird, ist dies ohne Zustimmung des Urhebers nur zulässig, wenn die ursprüngliche Veröffentlichung rechtmäßig erfolgte.

1 *Die Urheber lassen ihre Rechte von diversen Verwertungsgesellschaften wahrnehmen, von denen die GEMA für den Bereich der Musik die Prominenteste ist. Eine Liste der Verwertungsgesellschaften findet sich auf der Internetseite des Deutschen Patent- und Markenamts unter https://www.dpma.de/amt/aufgaben/urheberrecht/aufsichtueberverwertungsgesellschaften/listederverwertungsgesellschaften/.*

BEISPIEL Insbesondere beim Verlinken auf Videos mit Musikinhalten (auch Hintergrundmusik eines Amateur-YouTubers) ist äußerste Vorsicht geboten! Sofern das Video im Fall 3 das Urheberrecht des bzw. der Komponisten/in verletzt, bedarf die Person, die einen Link auf dieses Video setzt, der Zustimmung des bzw. der Komponisten/in. Problematisch ist, dass man in der Regel nicht weiß, ob das externe Video das Urheberrecht verletzt, was nicht der Fall ist, wenn eine Zustimmung zur Nutzung vorliegt. Bei unklarer Sachlage empfiehlt sich ein Verzicht auf den Link.

Ausnahmen von der Zustimmungserfordernis – privilegierte Veranstaltungen

Die nicht kommerzielle Nutzung von urheberrechtlich geschützten Werken wird dadurch erleichtert, dass ausnahmsweise eine zustimmungsfreie Wiedergabe an die Öffentlichkeit möglich ist. Das ist dann der Fall, wenn es sich um eine privilegierte Veranstaltung handelt.[2] Voraussetzungen sind, dass die Wiedergabe keinem Erwerbszweck des Veranstalters oder einer dritten Person dient, kein Eintritt verlangt wird und ggf. darbietende Künstler nicht bezahlt werden. Als Eintritt gilt auch die Zwangsspende. Die Bitte um eine freiwillige Spende ist jedoch unschädlich.

Weil für gewöhnlich weder ein Gemeindefest noch eine Sommerfreizeit die Arbeit einer Kirchengemeinde oder eines freien Werkes finanzieren, kann in Fall 1 und 2 davon ausgegangen werden, dass es sich um nicht kommerzielle Veranstaltungen handelt.

Daneben nennt das Urheberrecht ein weiteres Privileg – nämlich Gottesdienste oder kirchliche Feiern.[3] Zu den kirchlichen Feiern zählen nur solche mit geistlichem Charakter wie Prozessionen und Àndachten – nicht aber sonstige Veranstaltungen wie Gemeindefeste.

Das Privileg hat zur Folge, dass keine vorherige Zustimmung der zuständigen Verwertungsgesellschaft[4] erforderlich ist. Gleichwohl muss aber eine angemessene Vergütung bezahlt werden.

Tipps und Hinweise für die Praxis bei der Nutzung vorhandener Medien

PRAXISTIPP 1: Der GEMA ist eine Liste der Titel zu übermitteln, die im Rahmen einer privilegierten Veranstaltung gespielt wurden. Die GEMA hält eine Vielzahl von Tarifen bereit. Die Höhe der Vergütung richtet sich entweder nach der Veranstaltungsfläche oder nach der Anzahl der Besuchenden/Teilnehmenden.

---

2 *§ 52 Abs. 1 Satz 1 UrhG – online abzurufen unter https://dejure.org/gesetze/UrhG.*

3 *§ 52 Abs. 2 UrhG – online abzurufen unter https://dejure.org/gesetze/UrhG.*

4 *Im Fall von Musikwiedergabe der GEMA.*

PRAXISTIPP 2: Die Evangelische Kirche in Deutschland (EKD) hat für die Evangelischen Landeskirchen und Kirchengemeinden samt ihren Verbänden (z. B. CVJM, EC) eine pauschale Vergütung mit der GEMA vereinbart.[5] Die EKD zahlt pauschal für die in ihren Gliedkirchen und deren örtlichen Kirchengemeinden und Werken erfolgende Musiknutzung. Der Pauschalvertrag der EKD mit der GEMA erfasst jedoch keine Unterhaltungsmusikkonzerte, Tanzveranstaltungen (Discos) und Bühnenaufführungen mit Musik (TEN SING)! Zu beachten ist auch, dass der mit Wirkung zum 1. Januar 2015 in Kraft getretene neue Vertrag zwischen der EKD und der GEMA die Gemeinden und Werke umfangreicher als bisher zur Meldung von Veranstaltungen verpflichtet – ohne dass sich an der pauschalen Vergütung etwas geändert hat. Hier ist die EKD auf die Mitwirkung der örtlichen Gemeinden angewiesen! Das Bestehen und der Umfang der Pauschalverträge ist im Einzelfall zu klären. Dies gilt insbesondere für Freikirchen und ihre Jugendwerke.

PRAXISTIPP 3: Die Pauschalverträge mit der GEMA gelten nur die im Rahmen dieser Verträge erfolgende *Musiknutzung* ab. Werden in der Teenagerarbeit *Filme* gezeigt, so sind weitere Verwertungsgesellschaften betroffen. Diese haben Filmlizenzgesellschaften beauftragt, Einzel- oder Jahreslizenzen für das Aufführen von Filmen zu verkaufen. Für den Bereich der Kirchen im weiteren Sinne ist die CCLI[6] als Lizenzgesellschaft tätig. Der Erwerb einer Filmlizenz ist grundsätzlich erforderlich!

PRAXISTIPP 4: Niemals dürfen für die öffentliche Wiedergabe sogenannte „Vervielfältigungsstücke" verwendet werden.[7] Dabei handelt es sich um Kopien oder Downloads. Unerheblich ist, ob die Vervielfältigung legal erfolgte. Auch legal kopierte oder mittels Online-Rekorder aufgenommene Musik und Filme dürfen nicht öffentlich wiedergegeben werden!

Hätte der Mitarbeitende in Fall 1 die bei iTunes mit seinem PC gekaufte Musik auf seinen iPod übertragen und würde er sie von diesem iPod aus wiedergeben, so läge die Benutzung eines Vervielfältigungsstücks vor. Anders wäre es wohl, wenn die mittels des PC bei iTunes gekaufte Musik nicht über iTunes auf den iPod übertragen würde,

5 *Detaillierte Informationen zum Umfang des Pauschalvertrags und zu den daraus begünstigten freien Werken und Verbänden finden sich in der Broschüre Urheberrecht in den Kirchen der EKD (GEMA) – online abrufbar unter http://www.ekd.de/download/handreichung_urheberrecht_august2016.pdf.*

6 *Christian Copyright Licencing Incorporated – www.ccli.de.*

7 *Vgl. § 53 Abs. 6 UrhG – online abzurufen unter https://dejure.org/gesetze/UrhG.*

sondern über eine WLAN-Verbindung aus der iCloud auf den iPod geladen und von diesem wiedergegeben würde.

Hier zeigt sich, dass das Urheberrecht sich bisher nur bedingt an die digitalisierte Lebenswirklichkeit junger Menschen angepasst hat.

Interessant ist in diesem Zusammenhang auch die Frage, ob Musik, die mittels Streamingportalen wie Aldi-life oder Spotify für eine bestimmte Dauer offline auf dem eigenen Gerät verfügbar gemacht wird, insoweit ein Vervielfältigungsstück darstellt. Die Rechtslage ist unsicher, weil es noch keine höchstrichterliche Entscheidung gibt.

Herstellung eigener Videos

Die Herstellung eigener Videos ist mithilfe von Smartphones denkbar einfach! So können Erlebnisse mit anderen geteilt werden, was auch im Rahmen der Teenagerarbeit geschieht. Hierbei ist neben dem Urheberrecht (s. o.) das allgemeine Persönlichkeitsrecht der abgebildeten Personen unbedingt zu beachten!

BEISPIELE

Fall 4: Die Teenagergruppe übt einen Tanz ein. Ein Mitglied der Gruppe filmt dies heimlich und lädt das Video auf YouTube hoch.

Fall 5: Die TEN-SING-Gruppe des CVJM gibt ein Konzert. Eine Mitarbeitende filmt dies und lädt Ausschnitte davon auf die CVJM-Homepage hoch.

Fall 6: Die Teenagergruppe des CVJM fährt zum Christival. Ein Mitarbeitender des CVJM macht immer wieder Filmaufnahmen vom Christival, auf denen auch die Mitglieder der Teenagergruppe zu sehen sind, und veröffentlicht diese auf der CVJM-Homepage.

Bildnisse von anderen Menschen nur mit ihrer Einwilligung verwenden

Jeder Mensch hat das Recht, selbst über die Verbreitung und Veröffentlichung seines Bildnisses zu entscheiden.[8] Dieses Recht wirkt noch zehn Jahre nach dem Tod der Person fort.

Einschränkungen vom Erfordernis der Einwilligung

Ausnahmen von der erforderlichen Einwilligung gelten nur in engen Grenzen. Dies ist etwa dann der Fall, wenn es sich um Bildnisse aus dem Bereich der Zeitgeschichte handelt. Das wird bez. Personen angenommen, die von so großer Berühmtheit sind, dass die Medien über sie berichten.

---

8 § 22 KUG – online abrufbar unter https://dejure.org/gesetze/KunstUrhG.

Weiter wird als Ausnahme die Darstellung einer Person angesehen, bei der diese nur als Beiwerk neben einer Landschaft oder sonstigen Örtlichkeit erscheint. Die Darstellung darf *nicht herausstellend sein*. Die Beurteilung dieser Frage ist eine Tatfrage, die im Streitfall einem Gericht zukommt. Grundsätzlich gilt: Je größer die auf einem Foto oder in einem Video abgebildete Gruppe von Menschen ist, desto weniger ist die Darstellung für den Einzelnen herausstellend. Es lässt sich aber nicht zuverlässig eine Personenzahl nennen, ab der die Darstellung der einzelnen Person nicht herausstellend ist.

Im Fall 4 wäre eine vorherige Einwilligung der abgebildeten Personen daher nötig.

Des Weiteren soll eine Ausnahme für Bilder von Versammlungen, Aufzügen und ähnlichen Vorgängen gelten, an denen die dargestellten Personen teilgenommen haben. Diejenigen, die in der Öffentlichkeit an einer Veranstaltung teilnehmen, sollen damit rechnen müssen, dass sie bei der Berichterstattung in den Medien abgebildet werden.

Sowohl das Konzert im Fall 5 als auch das Christival in Fall 6 sind öffentliche Veranstaltungen, bei deren Besuch (Fall 6) bzw. Mitwirkung (Fall 5) sich die abgebildeten Personen in die Öffentlichkeit begeben haben und daher die Veröffentlichung hinnehmen müssen.

Eigene Videos mit Musik unterlegen

Sofern die selbst hergestellten Videos mit Musik unterlegt werden sollen, ist auf die obigen Ausführungen zur *Nutzung vorhandener Medien* zu verweisen. Die Veröffentlichung eines Videos, in das urheberrechtlich geschützte Musikstücke eingebettet wurden, stellt eine „öffentliche Wiedergabe" der Musikstücke dar, für die es grundsätzlich der vorherigen Zustimmung der GEMA bedarf. Verwiesen sei an dieser Stelle auf lizenzfreie Musik, die im Internet auffindbar ist. Zu beachten sind jedoch auch insoweit die Nutzungsbedingungen. Sollen die Videos veröffentlicht werden, muss dies vom Nutzungsumfang erfasst sein.

Strafvorschriften bei der Mediennutzung

Hinsichtlich der bisher angesprochenen Rechtsbereiche Urheberrecht und Persönlichkeitsrecht werden Verletzungen mit empfindlichen Strafen geahndet.

So stellt die öffentliche Wiedergabe von Musik oder Filmen ohne die Einwilligung der berechtigten Verwertungsgesellschaft bzw. ohne die entsprechende Lizenz eine Straftat dar. Diese hat eine Freiheitsstrafe von bis zu drei Jahren oder eine Geldstrafe zur Folge.[9]

Die Veröffentlichung von Bildern ohne die Zustimmung der abgebildeten Person bzw. ohne Vorliegen einer der genannten Ausnahmen wird mit Freiheitsstrafe von bis zu einem Jahr oder mit Geldstrafe bestraft.[10]

Die Strafandrohung erhöht sich auf bis zu zwei Jahre Freiheitsstrafe, wenn der höchstpersönliche Lebensbereich durch Bildaufnahmen verletzt wird. Hier genügt bereits das Aufnehmen – ohne dass es einer Veröffentlichung bedarf.[11]

In der vermeintlichen Anonymität des Internets lassen sich Menschen – Teenager und Erwachsene – zu Aussagen hinreißen, die ihnen im direkten Kontakt mit ihrem Gegenüber nur schwer über die Lippen kommen würden. Der Straftatbestand der Beleidigung gilt auch in der digitalen Welt und sieht mit einer Strafandrohung von Geldstrafe oder Freiheitsstrafe bis zu einem Jahr eine erhebliche Sanktion vor.[12]

Zu bedenken ist, dass Teenager in Deutschland ab dem Alter von 14 Jahren für ihr Verhalten strafrechtlich zur Verantwortung gezogen werden können. Das Jugendgerichtsgesetz sieht für jugendliche Straftäter „Erziehungsmaßregeln“[13], „Zuchtmittel“[14] oder „Jugendstrafe“[15] vor. So können aus ein paar Klicks schnell einige Sozialstunden werden!

BUCHTIPP

Wolfgang Wilka, unter Mitarbeit von Peter L. Schmidt: Recht – gut informiert sein. Rechtsfragen in der christlichen Kinder- und Jugendarbeit. buch+musik 2016.

---

9 § 106 UrhG – online abrufbar unter https://dejure.org/gesetze/UrhG.
10 § 33 KUG – online abrufbar unter https://dejure.org/gesetze/KunstUrhG.
11 § 201a StGB – online abrufbar unter https://dejure.org/gesetze/StGB.
12 § 185 StGB – online abrufbar unter https://dejure.org/gesetze/StGB.
13 „Erziehungsmaßregeln“ sind Weisungen, und die Anordnung von Hilfen zur Erziehung.
14 „Zuchtmittel“ sind Verwarnung, Auflagen wie z. B. Sozialstunden, Jugendarrest.
15 „Jugendstrafe“ ist Freiheitsentzug.

TEIL 2

Ideen, Inhalte und Methoden für die Teenagerarbeit

1 Mit Teens zu Bibeltexten arbeiten

Anna-Lena Schnaubelt

„Die Bibel ist nicht antik, auch nicht modern, sie ist ewig."

Martin Luther (1483–1546, deutscher Theologe, Schriftsteller, Reformator)

Die Bibel ist zeitgemäß, vielmehr noch: Sie ist brandaktuell. Obwohl sie schon so alt ist, hat sie an ihrer Bedeutung nichts verloren. Noch immer ist sie das am weitesten verbreitete Buch der Welt. Ihre Inhalte reichen in unser Leben und unseren Alltag mitten hinein. Die Bibel ist faszinierend, spannend, gefüllt mit Abenteuern, voller Wahrheit und Freiheit. In der Bibel steckt Beziehung, bedingungslose Liebe, Hoffnung, Frieden und sie enthält praktische Hilfestellungen für unser Leben. Sie ist Gottes Brief an uns Menschen.

Du teilst meine Begeisterung? Dir sind die biblischen Inhalte wichtig, weil sie eine Bedeutung für deine Lebenswirklichkeit haben? Du möchtest anderen helfen, mehr darüber zu erfahren? Damit ist die erste Voraussetzung für ein gelungenes Programm mit der Bibel erfüllt. Denn wenn du begeistert bist, dann wirst du deine Gruppe von Teenagern ebenfalls für Gottes Botschaft begeistern können. Im Folgenden möchte ich dich dabei unterstützen und dir helfen, die Inhalte ansprechend, herausfordernd, kreativ und zeitgemäß vorzubereiten. Bevor ich damit starte, sollten wir uns mit deiner Zielgruppe beschäftigen.

Kenne deine Crew

Die Identität der Gruppe zeigt sich in ihrer Zusammensetzung. Wer gehört dazu? Wer ist schon lange Teil der Gemeinschaft? Wer ist neu dazugekommen? Wie groß ist deine Gruppe? Jede/r Teilnehmer/in ist einzigartig und somit ist deine Gruppe ebenfalls einmalig. Hier treffen eine Vielzahl von persönlichen Lebensgeschichten, Hintergründen und Lebenswelten aufeinander. Es lassen sich keine allgemeingültigen Aussagen über das Leben von Teenagern machen. Die klassischen Ängste, Sorgen, Freuden und Werte dieser Altersgruppe gibt es nicht. Daher ist es gut und wichtig, dass jede/r Teilnehmer/in im Fokus deiner Betrachtungen steht. Lerne deine Gruppe kennen: ihre Hobbys und

Lebensgestaltung, ihre aktuellen Lebensthemen, ihre Vorstellungen vom Leben. Vielmehr noch: Nimm sie ernst in ihrer Lebenswirklichkeit. Du kannst deine Teilnehmenden nur dann mit biblischen Inhalten erreichen, wenn du sie kennst und du selbst Teil „deiner Gruppe" bist. Dieses Selbstverständnis deiner Rolle hilft, dass deine Teenager sich auf deine Ausarbeitungen einlassen und du sie ansprechen kannst.

1. **Lerne deine Gruppe kennen.**
2. **Beschreibe die Lebenswelten deiner Teilnehmenden.**
3. **Welche Themen beschäftigen sie aktuell?**

Mutig Neues entdecken

> *„Ich glaube, dass die Bibel allein die Antwort auf alle unsere Fragen ist und dass wir nur anhaltend und demütig zu fragen brauchen, um die Antwort von ihr zu bekommen."*
>
> *Dietrich Bonhoeffer (1906–1945, deutscher Theologe und Widerstandskämpfer)*

Die biblische Botschaft ist heute, genauso wie vor Jahrhunderten, relevant für das Leben der Menschen, ganz gleich woher sie kommen, wie alt sie sind und wie viel sie wissen. Das gilt trotz des gesellschaftlichen Wandels und der Veränderungen der sozialen Systeme im Laufe der Geschichte. Denn die persönlichen Lebensfragen und Interaktionen im gegenseitigen Miteinander bleiben beständig erhalten. Die Bibel verliert dadurch nicht ihre Aktualität. Im Gegenteil: Sie gewinnt sie. Es gibt immer wieder Neues in ihr zu entdecken, wenn es gelingt, einen persönlichen Bezug zum/r Leser/in herzustellen. Wie kann das gelingen?

Zur Vorbereitung der Bibelarbeit wird zuerst eine Bibelstelle herausgesucht. Das kann ein einzelner Vers oder ein längerer Textabschnitt sein. Die Bibelstelle bestimmt die weitere Gestaltung und generelle Themenfindung des Programmes. Diese Vorgehensweise dient der abwechslungsreichen Bearbeitung von biblischen Texten. Bekanntes kann vertieft, Unbekanntes entdeckt und Gottes Vielfalt erfahrbar werden. Hier spielt die Zusammensetzung der Gruppe erneut eine wichtige Rolle. Für Teenager, die bisher nur wenige Erfahrungen mit dem christlichen Glauben und der Bibel gemacht haben, eignen sich Texte aus den Evangelien sehr gut, um wichtige Basics über Jesus zu erfahren. Teenager aus gemeindlichem Hintergrund werden mit Texten aus den neutestamentlichen Briefen herausgefordert. Texte aus dem Alten Testament sind sinnvoll, wenn in der

Ausarbeitung der Bezug zum Neuen Testament hergestellt werden kann. Dies gilt umgekehrt genauso. Manche Aussagen aus dem Neuen Testament lassen sich besser erklären und verstehen, wenn der Bezug zum Alten Testament hergestellt wird. So bleibt die Bibel in ihrer Gesamtheit bedeutsam.

Es folgt eine intensive Beschäftigung mit den Inhalten des Textes, dazu gehören auch einige Hintergrundinformationen zum Umfeld, der Zeit, zum Verfasser und seinem Anliegen. Im nächsten Schritt werden schließlich Ergebnisse herausgearbeitet, die Brücken in den Alltag der Teenager und Jugendlichen schlagen sollen.

METHODE

Die 5-W-Methode

(aus: Frank Fischer, Michael Jahnke: Bibelarbeit kreativ. Aussaat Verlag 2005)

1. *Wer erzählt?* Wer berichtet in der ausgewählten Bibelstelle? Sind Informationen über den/die Erzähler/in bekannt? In welcher Situation befindet sich die Person?
2. *Wer kommt im Text vor?* Welche weiteren Handlungsfiguren spielen eine Rolle?
3. *Was wird berichtet?* Handelt es sich um eine positive oder eine negative Begebenheit? Wird ein Beispiel erzählt, handelt es sich um ein Gespräch oder eine Geschichte?
4. *Wie wird es berichtet?* Ist die Schilderung sachlich oder emotional? Handelt es sich um eine bildhafte Darstellung der Geschehnisse? Ist der/die Erzähler/in persönlich betroffen/involviert? Handelt es sich um eine Nacherzählung/Dokumentation/einen Bericht?
5. *Warum wird es berichtet?* Ist die Motivation die Weitergabe einer Lehre? Handelt es sich um eine Erklärung? Oder wird der Leser provoziert/herausgefordert?

METHODE

Die Klartext-Methode

(aus: Frank Fischer, Michael Jahnke: Bibelarbeit kreativ. Aussaat Verlag 2005)

In dieser Methode geht es um die persönlichen Gedanken und Emotionen, die der Text bei den Lesern auslöst:

1. Was ermutigt mich an diesem Text?
2. Was provoziert mich an diesem Text?
3. Was macht mich nachdenklich?
4. Was fordert meine Aktion heraus?
5. Welche Brücke lässt sich vom Text zu meinem Alltag schlagen?

Abschließend wird das Programm unter ein dazugehöriges übergeordnetes Thema gestellt. Wichtig ist an dieser Stelle, noch einmal das Selbstverständnis des/r Gruppenleiters/in zu betonen. Du bist Teil deiner Gruppe. Ihr seid als Gruppe gemeinsam unterwegs, auf der Suche nach Antworten.

MATERIAL

1. Gebet
   „Der erste und grundlegende Akt theologischer Arbeit ist das Gebet."
   Karl Barth (1886–1968, Schweizer, evangelisch-reformierter Theologe)
2. Kommentare zu biblischen Büchern
3. Bibellexikon und andere Handbücher

1. **Welches Ziel verfolgst du mit deiner Bibelarbeit?**
2. **Was motiviert dich?**
3. **Hast du die Bibelstelle intensiv auf ihre Inhalte und Aussagen studiert? Welche Hilfsmittel hast du benutzt?**
4. **Hast du deine Teilnehmenden in den Fokus deiner Bibelarbeit gestellt? Sprichst du ihre Sprache?**
5. **Hast du einen praktischen Bezug zu ihrem Alltag hergestellt?**

Gemeinsam unterwegs

Wie bereits angedeutet, möchte ich in diesem Abschnitt zu einer ansprechenden und begeisternden Vermittlung des Bibeltextes ermutigen.

PHASE 1:

Dem Programm ist ein passendes Thema zugeordnet. Die Bibel bedient eine enorme Vielfalt an Möglichkeiten, sodass unserer Gestaltungsmöglichkeit an dieser Stelle keine Grenzen gesetzt sind.

BEISPIEL

- *Matthäus 14, 25–32, Jesus geht auf dem Wasser:* Mut; Vertrauen; Ängste und Zweifel überwinden.
- *Lukas 15, 11–33, Der verlorene Sohn:* Vergebung; Gnade; Fest feiern.
- *1. Samuel 19, 1–7, David und Jonathan:* Freundschaft.
- *Personen der Bibel:* Vorbilder für unser Leben.

Finde einen ansprechenden Einstieg in dein Programm. Ich mache dir Mut, eine Spannung aufzubauen. Die Gruppe muss nicht vorab wissen, welches Ziel mit dem Einstieg verfolgt wird. Solange der Beginn zum Thema des Abends passt, sind deiner Kreativität keine Grenzen gesetzt. Wie wäre es mit einer Aktivität zur Eröffnung? Beispielsweise

einem Spiel zur Förderung der Interaktionen, Kommunikationsfähigkeit oder dem Vertrauen innerhalb der Gruppe oder Stationen, in denen die unterschiedlichen Sinne angesprochen werden. Auch eine gemeinsame Aufgabe, die erreicht werden muss, kann ein gelungener Einstieg sein. Ganz wichtig dabei: Habt Spaß zusammen!

BEISPIEL

Feiert gemeinsam ein Fest; verkleide dich als Superheld; erlebt kooperative Gruppenspiele zum Thema „Mutig sein"/„Vertrauen"; bringe ein aktuelles Lied aus den Charts passend zum Thema mit; zeige eine passende Filmsequenz als Einstieg; bereite eine Schatzsuche vor ...

PHASE 2:

> *„Und sie lasen aus dem Buch, dem Gesetz Gottes, Abschnitt für Abschnitt und erklärten es, sodass man verstand, was gelesen wurde."*
>
> *Nehemia 8, 8 LÜ17*

Ihr seid gemeinsam unterwegs, um Antworten zu finden. In dieser Phase ist der gegenseitige Austausch von Meinungen und Empfindungen enorm wichtig. Der/die Gruppenleiter/in hat hierbei die Gesprächsleitung inne. Jede/r soll die Chance haben, zu Wort zu kommen und sich einzubringen. Je nach Bibelstelle und Thema gibt es eine Vielzahl von Methoden, die in dieser Phase angewandt werden können. Ziel ist es, dass die Teenager mit hineingenommen werden und die biblischen Inhalte für sie erfahrbar gemacht werden. Hier können unterschiedliche Übersetzungen helfen. Dazu kommen Leitfragen, wie beispielsweise in den oben vorgestellten Methoden der eigenen Vorbereitungsphase dargestellt. Ebenfalls sind weitere Aktivitäten wie Rollenspiele, Live Escape Games oder Diskussionsrunden möglich. Empfindet die Situation gemeinsam nach: Wie muss es den Akteuren/innen des Textes ergangen sein?

METHODE

Bibliolog mit Sculpting

(aus: Florian Karcher, Petra Freudenberger-Lötz, Germo Zimmermann: Selbst Glauben. 60 religionspädagogische Methoden und Konzepte für Gemeinde, Jugendarbeit und Schule. 2017)

Ziel der Methode ist es, einen biblischen Text zu erleben und dadurch die Bedeutung für das eigene Leben zu erkennen. Beim Sculpting bilden die Teilnehmenden eine Skulptur. Dabei können sie beispielsweise eine Rolle verkörpern, eine Handlung nachempfinden oder eine Konstellation darstellen. Die Skulpturen werden schließlich im Plenum präsentiert. Die beobachtenden Teilnehmenden beschreiben und interpretieren, was sie sehen. Anschließend erklärt jeweils jede Gruppe ihre Skulpturen. Dabei haben sie die Möglichkeit, ihre eigenen Gefühle und Gedanken vorzustellen, die die Rollen, Handlungen oder Konstellationen bei ihnen ausgelöst haben.

Lukas 10, 25–37, Der barmherzige Samariter.

BEISPIEL

PHASE 3:

Diese letzte Phase bildet den Abschluss der Bibelarbeit. Es gilt, gemeinsam mit den Teilnehmenden einen lebensweltlichen praktischen Bezug in ihren persönlichen Alltag herzustellen. Die Teenager sollen ihre eigenen Erfahrungen im Alltag machen können. Das Gehörte und Erfahrene hat für ihre Lebensgestaltung eine verändernde Wirkung. Sie lernen zu verstehen und können ihr Umfeld positiv verändern. Die Gruppenleitung hat hier selbst Vorbildfunktion.

Eine Frage, die mit in die Woche gegeben wird; ein Ziel, das es gilt zu erreichen; eine Aktion, die umgesetzt werden soll ...

BEISPIEL

BUCHTIPPS

- Frank Fischer, Michael Jahnke: Bibelarbeit kreaktiv – neu bearbeitet und erweitert. Neukirchener Verlagsgesellschaft 2005
- Annette Reiners: Praktische Erlebnispädagogik Band 1 – Bewährte Sammlung motivierender Interaktionsspiele. Ziel Verlag 2013
- Rüdiger Gilsdorf, Günther Kistner: Kooperative Abenteuerspiele 3 – eine Praxishilfe für Schule, Jugendarbeit und Erwachsenenbildung. Kallmeyer Verlag 2013
- Ingo Müller, Timo Nöh, Simon Sander, Michael Stöhr: Der geheimnisvolle Raum – 7 Live Escape Games zu Bibel. Verlag Haus Altenberg GmbH 2016
- Florian Karcher: Methoden zur Kreativen Bibeldidaktik, in: Florian Karcher, Petra Freudenberger-Lötz, Germo Zimmermann (Hg.): Selbst Glauben – 50 religionspädagogische Methoden und Konzepte für Gemeinde, Jugendarbeit und Schule. Neukirchener Verlagsgesellschaft 2017

2 Mit Teens einen Themenabend vorbereiten

Tobias Faix

Es kann an dieser Stelle keine ausführliche Programmplanung durchgeführt, sondern nur exemplarisch einiges aufgezeigt werden. Zunächst soll es um die groben Phasen eines Themenabends gehen, danach um den inhaltlichen Aufbau und Hilfsmittel, bevor es zur Umsetzung in die Lebenswelt der Teenager geht. Am Ende des Kapitels gibt es eine ausführlichere Literaturliste mit vielen Vertiefungen und Tipps.

Wie schaffe ich es, einen Abend vorzubereiten?

Stundengestaltung: Wie kann ein Abend ablaufen?

Die im Folgenden beschriebenen Abläufe und Hilfsmittel sind nicht stur einzuhalten, sondern im Wesentlichen Erfahrungswerte, die sich in der Praxis bewährt haben. Jede/r muss bei der Auseinandersetzung mit geistigen und geistlichen Themen auch einen eigenen Stil finden, eine eigene Meinung und einen eigenen Charakter mit einbeziehen. Ein Abend im Teenkreis „ergibt" sich nicht einfach (Ausnahmen bestätigen die Regel), er muss geplant und organisiert sein. Nach welchen Regeln und Prinzipien? Wie ein Themenabend in verschiedene Phasen strukturiert sein kann und wie du ihn kreativ und abwechselnd gestalten kannst, das findest du im dritten Teil dieses Buches. Hier geht es jetzt um die inhaltliche Vorbereitung.

Vorbereitung eines Themenabends

Bei einem Themenabend geht es nicht nur um Wissensvermittlung, sondern auch um die persönliche Erfahrung und Auseinandersetzung mit dem Thema. Findet dies nicht statt, haben wir eine reine Lehrveranstaltung, die eher trocken und langweilig wird, was nicht unbedingt das Ziel des Teenagerkreises ist.

Die eigene Auseinandersetzung mit dem Thema

Zuerst ist es wichtig, sich selbst mit dem Thema auseinanderzusetzen. Es empfiehlt sich deshalb, etwa ein bis zwei Wochen vor Beginn des Abends damit zu beginnen, sich persönlich mit dem Thema auseinanderzusetzen, aufzuschreiben, was einem zu dem Thema einfällt, was einem wichtig erscheint, Fragen, die man hat etc. Dieses Blatt kann man dann in den nächsten Tagen ergänzen, wenn einem etwas Neues einfällt.

Stoffsammlung (Team)

Die erste Aufgabe, wenn man sich im Team zur Vorbereitung trifft, ist ein Austausch über die persönliche Einschätzung des Themas und ein Sammeln des bisher erarbeiteten Stoffs. Das heißt, alle Gedanken, Fragen, Ideen etc. werden gesammelt und geordnet. Hier darf alles kommen! Es geht nicht unbedingt um richtig oder falsch, ob man diese Gedanken jetzt gebrauchen kann oder nicht, sondern darum, alles aufs Papier zu bekommen.

Zielgruppe festlegen

Als Nächstes muss man sich klarmachen, für wen man den Abend gestaltet. Wer sitzt vor einem? Sind die meisten gläubig? Wo stehen sie im Glauben? Kommen in letzter Zeit vermehrt Teenager, die mit dem Glauben nichts zu tun haben? Welche Vorbildung haben die Teenager? Aus welchem Milieu kommen sie? Wie bekannt ist das zu bearbeitende Thema? Kennen die Leute sich etwas oder sehr gut damit aus?

Diese Fragen sind äußerst wichtig und können über das Gelingen eines ganzen Abends entscheiden.

Ziele festlegen

Hand in Hand mit der Zielgruppe geht der Zielgedanke. Was für Ziele und Ansprüche haben wir überhaupt an unserem Abend? Was wollen wir erreichen? Wie soll das aussehen? Worauf wollen wir hinaus? Es ist wichtig, dass das Ziel des Abends festgelegt wird, da man sich sonst sehr leicht verzettelt und am Ende wundert, warum alles so schwammig und ungenau ist! Bei den Zielen sind zwei Dinge zu unterscheiden, die am Abend selbst zusammengehören. Zum einen geht es um didaktische Lernziele: Was wollen wir vermitteln? Wie sollen wir es vermitteln? Zum anderen geht es um geistliche Ziele: Was will Gott durch den Abend sagen? Wie können wir Gott die Möglichkeit geben, zu uns zu sprechen? In der Vorbereitung sollte man beiden Zielen nachgehen und sich darüber Gedanken machen, wie sie konkret verwirklicht werden können. Am besten ist, wenn man beide Ziele formuliert und sich während der Vorbereitung diese Ziele immer wieder vor Augen führt.

Thema abstecken

Wenn man die Ziele gesetzt hat, ist es wichtig, den Weg zu finden, die Ziele zu erreichen. Man nimmt sich die Stoffsammlung vor und die Ziele und streicht alles weg, was nicht dorthin führt. Was ist wichtig? Was ist das Ziel? Unnötiges vermeiden! Bei diesem Schritt werden wir unweigerlich auf verschiedene Fragen und Unklarheiten stoßen, die wir aber einfach stehen lassen.

Ausarbeitung des Themas

Jetzt versucht das Team oder der/die Einzelne, das Thema zu systematisieren, in einen gedanklich logischen Ablauf zu stellen und alle Unklarheiten und Fragen herauszuarbeiten. Was verstehe ich / verstehen wir nicht? Was ist unklar? Wo brauche ich Hilfsmittel? Jetzt kommt der mühsamste, aber auch interessanteste und wertvollste Teil der Vorbereitung: Den eben herausgearbeiteten Unklarheiten und Fragen nachgehen. Je ordentlicher und tiefer wir hier arbeiten, desto interessanter und abwechslungsreicher wird später der Abend.

Gebrauch von Hilfsmitteln

Wir haben in Deutschland den großen Vorteil, dass wir umgeben sind von tollen Möglichkeiten, an gute und vertiefende Materialien zu kommen. Das ist ein großer Schatz, den du nutzen solltest. Eine reiche Quelle ist z. B. die Kreisbildstelle der Städte und Gemeinden, Bibliotheken von Kirchen, Städten, Schulen und Hochschulen, wo man oftmals für einen geringen Betrag einen Leihausweis bekommt (Marburg zum Beispiel hat eine Auswahl von 150.000 Büchern und Medien, die man auch online suchen kann für 2,50 Euro bzw. 5 Euro im Jahr). Daneben gibt es mittlerweile auch online jede Menge fundierter und hilfreicher Quellen, einige sollen jetzt vorgestellt werden.

MaTERiAL

Hilfreiche Internetquellen:

- www.bibelserver.com
  Hier findest du fast alle gängigen Bibelübersetzungen und kannst sehr leicht nach Stichworten suchen.
- www.bibelwissenschaft.de
  Für alle, die es genauer wissen wollen. Hier findest du zu fast jedem biblischen Stichwort und jedem Buch der Bibel einen ausführlichen Bericht. Da es ein wissen-

schaftliches Portal ist, ist es manchmal nicht ganz einfach zu lesen, aber meist lohnt es sich, da du einen sehr guten Ein- und Überblick zu deinem Themenstichwort oder dem biblischen Buch bekommst.

- www.bibelwerk.de
  Ein ähnliches Portal, etwas leichter zu verstehen und nicht ganz so ausführlich und aus katholischer Perspektive.

- www.tec-pool.de oder www.praxis-jugendarbeit.de
  Hier haben Experten/innen aus der Teenager- und Jugendarbeit für dich vorgearbeitet und ganze Themen und Themenreihen, die bei ihnen gut geklappt haben, online gestellt. Eine Fundgrube an kleinen und großen Ideen und Konzepten.

Zeitschriften und Artikel:
Es lohnt sich, einzelne Artikel und Zeitschriften zu bestimmten Themen zu sammeln. Es gibt heutzutage in unserer Sparten- und Optionengesellschaft fast zu jedem Thema eine eigene Zeitung, die oft gute Informationen hergibt, zumindest einen guten Überblick über den aktuellen Stand der Dinge vermittelt. Die meisten Bibliotheken haben alle gängigen Zeitschriften der letzten Wochen da.

Experten/innen fragen:
Es gibt Leute, die sich mit bestimmten Themen schon jahrelang beschäftigt haben, diese Leute gilt es zu finden und auszufragen, da man so einen guten Überblick über bestimmte Themen und schwierige Fragen bekommen kann.

Wenn nun alle Fragen geklärt sind, ist es gut, wenn man alles sauber in seinen eigenen Worten formuliert. Dies hilft zum einen, seine eigenen Gedanken und die gesammelten Informationen zusammenzufügen, und zum anderen hilft es am Abend selbst und gibt Sicherheit.

Gliederung erstellen

Es ist hilfreich für denjenigen, der den Abend leitet, wenn er sich eine Gliederung macht. Eine klare Struktur ist nie ein Fehler.

Kreative/didaktische/methodische Elemente einbauen

Nach all dieser theoretischen Arbeit kommt nun die praktische. Es ist von großer Wichtigkeit, wie ein Abend aufgebaut ist und wie der gesammelte Stoff vermittelt wird. Grundsätzlich ist eine Grobeinteilung in:

1. Einleitung (soll zum Thema hinführen, die Aufmerksamkeit erregen, die Teenies abholen),
2. Hauptteil (Thema bearbeiten, zum Mitdenken und Mitmachen anregen) und
3. Schluss (soll die Ergebnisse und den Zielgedanken bündeln)

von großem Vorteil, das heißt aber nicht, dass es immer so gemacht werden muss. Je kreativer und persönlicher die einzelnen Abschnitte sind, desto abwechslungsreicher wird das Programm. Man sollte heute immer beachten, dass viele Teenies nicht mehr sehr lange zuhören können, sodass die einzelnen Phasen nicht zu lange dauern sollten. Außerdem gilt, dass die Leute so viel wie möglich mitbekommen und auch behalten. Es gibt einen „Behaltenskoeffizienten", der sehr aufschlussreich ist:

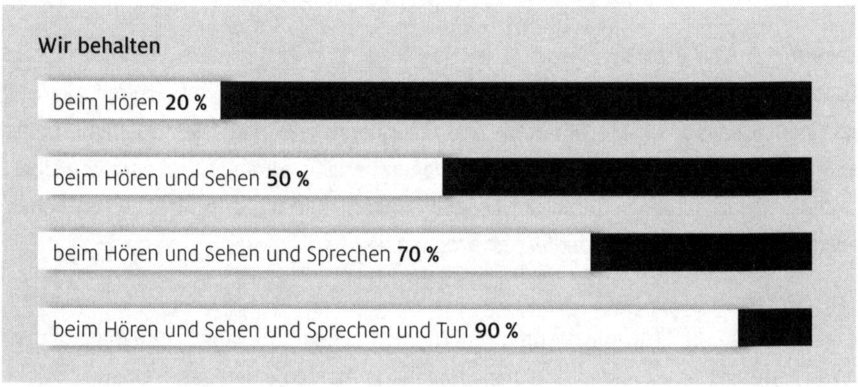

Also gilt es, die Teenies zu animieren und zu motivieren, selbst mitzumachen und mitzudenken! Was würde mich motivieren und interessieren? Es ist oft hilfreich, wenn man von sich selbst ausgeht.

Einleitung:

Die Einleitung sollte zum Thema des Abends hinführen, die Leute neugierig machen und eine positive Spannung aufbauen.

Beispiele (ausführlich in Teil 3 dieses Buchs, ab S. 241):

- persönliches Zeugnis
- ein aktuelles Ereignis/Zeitungsausschnitt
- Geschichte
- Quiz
- Spiel
- antithetischer Beginn (negativer Einstieg)

Hauptteil:
Die Leute sollen das Thema verstehen, vielleicht auch selbst erarbeiten. Illustriere das Thema mit Beispielen, die das Gesagte unterstreichen! Versuche, die Leute ins Gespräch zu bringen über den Text.

Bei Fragen für eine evtl. Gruppenarbeit denke an die erarbeiteten Punkte:
- Sich mit dem Thema vertraut machen!
- Was hat das Thema für eine allgemeine Bedeutung?
- Was bedeutet das Thema heute für mich?

Bei Fragen ist zu beachten: Falls man Fragen schriftlich in die Gruppe gibt, ist es hilfreich, sie auch schriftlich beantworten zu lassen.
- Man sollte darauf achten, dass man keine Ja/Nein-Fragen gebraucht!
- Man braucht nicht den/die Lehrer/in zu spielen, begegne den Teenies auf ihrer Ebene.

Je praktischer die Anwendung, desto besser verstehen es die Teens. Es ist wichtig, dass jede/r selber etwas beiträgt zum Abend, sich mit dem Thema beschäftigt und es vertieft, z. B. durch Anspiele oder Gruppenarbeiten.

Gruppenarbeit:
Es ist sehr hilfreich, wenn jede Gruppe einen Verantwortlichen hat, der sich auf das Thema vorbereitet hat, oder zumindest über Thema und Ziel der Gruppenarbeit mit dem/der Leiter/in des Abends gesprochen hat. Er sollte auch die Gesprächsführung in der Hand haben und darauf achten, dass alle in der Gruppe am Gespräch beteiligt sind. Die Fragen sollten möglichst schriftlich in die Gruppe gegeben werden, damit es keine Kommunikationsschwierigkeiten gibt. Dass Fragen der Gruppe angemessen sein müssen, ist klar.

Ein paar Tipps für Fragen und Fragestellung:
- Merkwürdiges/Besonderes beim Thema entdecken
- Fragen zur Klärung von Zusammenhängen/Unklarheiten
- Identifikation mit bestimmten Themenbereichen aus dem Alltag etc.
- Aktualisierungsfragen
- Von der Gruppe das Thema in Fragen aufschlüsseln lassen
- Die wichtigsten Aussagen des Themas suchen (begründen!!)
- Welche Fragen werden *in mir* wach, wenn ich mich diesem Thema stelle?
- Wo finde ich mich im Thema wieder?
- Ziel der einzelnen Fragen nicht aus den Augen verlieren!

Wichtig ist, was ich mit meinen Fragen erreichen möchte.

Dies sollte man nicht vergessen und auch praktisch das Thema in der Gruppenarbeit vertiefen, dafür gibt es viele verschiedene Möglichkeiten.

Tipps für eine Diskussionsrunde:

Wenn man keine schriftliche Gruppenarbeit, sondern eine offene Diskussionsrunde anbietet, ist es wichtig, dass einer diese Runde leitet. Er ist verantwortlich, dass die Runde am Thema bleibt, keiner die Diskussion sprengt oder an sich reißt. Der/die Gesprächsleiter/in muss Fragen stellen, die herausfordernd sind und die Teens da abholen, wo sie sind.

Neun Leitlinien können dir dabei eine große Hilfe sein:[1]

1. Wenn du eine Frage stellst, sage, warum du fragst und was deine Frage für dich bedeutet.
2. Vertritt dich selbst in deinen Aussagen: sprich per „Ich" und nicht per „Wir" oder per „Man".
3. Sei authentisch in deinen Aussagen. Mach dir bewusst, was du denkst und fühlst, und wähle, was du sagst und tust.
4. Halte dich mit Interpretationen von anderen Aussagen so lange wie möglich zurück. Sprich stattdessen deine persönlichen Gedanken aus.
5. Sei zurückhaltend mit Verallgemeinerungen.
6. Nimm deine Gesprächspartner ernst.
7. Seitengespräche haben Vorrang. Sie stören, sind aber meistens wichtig. (Vielleicht wollt ihr uns erzählen, was ihr miteinander sprecht?)
8. Nur einer zur gleichen Zeit, bitte.
9. Wenn mehr als einer gleichzeitig sprechen will, verständigt euch in Stichworten, über was ihr zu sprechen beabsichtigt.

---

1 *Ruth Cohn zitiert nach Karl Schuster: Einführung in die Fachdidaktik Deutsch, 5. überarbeitete Auflage, Schneider Verlag, Hohengehren, 1995.*

Zusammenfassung:
Zum Schluss ist es wichtig, dass man den Abend zusammenfasst, den Hauptpunkt noch einmal wiederholt und das, was jeder praktisch daraus lernen und mit in den Alltag nehmen soll. Die Teens nehmen normalerweise einen Gedanken mit nach Hause, das sollte der Hauptpunkt des Abends sein!

Wichtig: Der Abend als Einheit
Es ist sehr wichtig, dass der ganze Abend eine Einheit ist und nicht eine Aneinanderreihung von unzusammenhängenden Einzelteilen, die überhaupt nicht zusammenpassen. Darum ist es wichtig, den Abend als Ganzes zu planen, von der Einleitung über das Thema bis hin zu den praktischen Anwendungen.

BUCHTIPPS

- Reinhold Krebs: Aktivgruppen – Jugendliche entfalten Talente und entdecken den Glauben. Neukirchener Verlagsgesellschaft 2006
- Reinhold Krebs: Das Trainee-Programm: Kompetenzen trainieren – Jugendliche gewinnen, Engagement fördern. Neukirchener Verlagsgesellschaft 2006
- Achim Großer: Das Prinzip Sehnsucht. Neukirchener Verlagsgesellschaft 2006
- Achim Großer: Verknüpfen – Jugend- und Konfirmandenarbeit. Freizeit und Gruppenarbeit. Aktivgruppen gründen. Neukirchener Verlagsgesellschaft 2006
- Hans Hirling: Das große Buch der 1000 Spiele. Inkl. CD-ROM: Für Freizeiten, Kinder- und Jugendarbeit. Herder 2006
- Sven-Olaf Lütz, Andreas Quattlender: Erlebnisorientierte Konfirmandenarbeit – Konzeption und Gestaltung. Patmos 2000

Eigene Notizen

3 Erlebnispädagogik in der Teenagerarbeit

Stefan Westhauser

„Es ist Vergewaltigung, junge Menschen in Meinungen hineinzuzwingen, aber es ist Verwahrlosung, ihnen nicht zu Erlebnissen zu verhelfen, durch die sie ihrer verborgenen Kräfte gewahr werden können."

Kurt Hahn (1886–1974), Pädagoge (aus: Kurt Hahn: Erziehung zur Verantwortung. Ernst Klett Verlag 1958)

Alles Erlebnis – oder was?

Teenager in der Erlebnisgesellschaft

Bonn, Hauptbahnhof, Ende November. Ich sitze in der Bahnhofshalle und warte auf meinen Zug. Ich lese ein wenig. Dann fällt mein Blick auf eine Präsentation, die sinngemäß folgende Worte an eine Wand projiziert: „Bahnhof-Restaurierung: Barockes Gebäude in neuem Glanz. Ein echtes Erlebnis!" Ist es nun so weit, dass selbst Mauern erlebnisstiftend sind?

Zumindest der Soziologe Gerhard Schulze würde dies bestätigen. Er fasste seine kultursoziologischen Analysen in dem Buch „Die Erlebnisgesellschaft" zusammen.

Darin beschreibt er die Metamorphose von einer *Überlebensgesellschaft* hin zu einer *Erlebnisgesellschaft*. Früher lautete die existenzielle Frage: Wie kann ich meine Lebensgrundlage sichern? Wie kann ich überleben? Denn es ging für die Mehrheit der Bevölkerung darum, sich und die Familie mit ausreichend Nahrung zu versorgen sowie Kriege und Krankheiten zu überleben. Heute ist die existenzielle Frage eine andere: Wie kann ich mein Leben möglichst erlebnisreich gestalten?

Teenagerarbeit im Spannungsfeld von Sinnstiftung und Erlebnisrationalität

Und diese Frage stellen sich nicht nur Erwachsene. Natürlich wollen auch Teenager das maximale Erlebnis: Sie teilen Erlebnisse auf Facebook, verschenken welche von Jochen Schweitzer, kaufen Axe für das erfrischende Duscherlebnis und mit Nutella gibt's das nussig-süße Erlebnis schon zum Frühstück. Dazu kommen Kino-Erlebnisse, Erlebnis-Funsport und natürlich die unendlichen Erlebniswelten in der Virtual Reality.

Junge Menschen sehnen sich nach Erlebnissen. Das zu verteufeln oder als oberflächlich abzutun, wird lediglich die Wirkung erzielen, dass Teenager wegbleiben. In diesem Kontext setzt Erlebnispädagogik an, bietet sinn- und erlebnisstiftende Räume, ohne sich dem Individual-Hedonismus der Erlebnisgesellschaft zu unterwerfen.

Grundlagen der Erlebnispädagogik

Erlebnispädagogik im Kontext der Erlebnisgesellschaft

> *„Wir sprechen erst dann von Erlebnispädagogik, wenn nachhaltig versucht wird, die Erlebnisse durch Reflexion und Transfer pädagogisch nutzbar zu machen. Klettern, Schlauchbootfahren oder Segeln sind Natursportarten, die viel Freude und Sinn vermitteln. Sie bleiben aber lediglich eine Freizeitbeschäftigung, wenn sie um ihrer selbst willen durchgeführt werden."*
>
> *Prof. Dr. Werner Michl (aus: Werner Michl: Erlebnispädagogik. UTB 2009)*

Dieses Zitat deutet an, welche Möglichkeiten die Erlebnispädagogik hat, Erlebnis und Sinn anzubieten. Die erlebnispädagogischen Aktivitäten machen Spaß und führen zu Erlebnissen. Das bestätigt sich immer wieder. Klettern, Kanufahren, Bogenschießen, eine Übernachtung im Freien, Kochen auf dem Feuer – diese Aktivitäten werden von Teenagern als sehr intensiv und lebendig erlebt.

Die Erlebnispädagogik bleibt aber nicht an dieser Stelle stehen. Denn die Erlebnisse sind nicht das Ziel. Sie sind nur ein Teil in der Entwicklungskette (siehe Abbildung). Vielmehr geht es um die Bildung von Erfahrungen und Erkenntnissen, die eine nachhaltige und positive Wirkung auf das Leben haben.

Erfahrungen und Erkenntnisse entwickeln sich in der Regel nicht automatisch aus den Erlebnissen. Dieser Prozess kann und soll durch gezielte Reflexion gefördert werden.

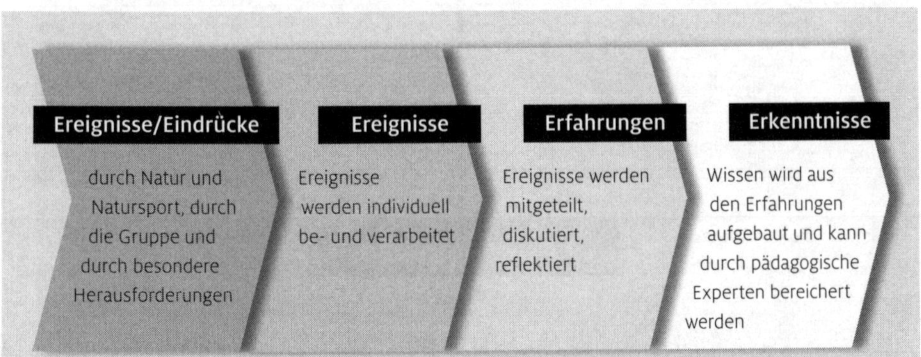

Reflexion und Transfer

Auf einer Teenagerfreizeit in Schottland steht die Besteigung eines Berges auf dem Programm. Gemeinsam starten wir morgens bei tollem Wetter. Je höher wir steigen, desto öfter bleiben Teilnehmende stehen, um zu verschnaufen und hinter vorgehaltener Hand ihren Unmut zu äußern: „Keine Lust, zu anstrengend, langweilig ..." Nach rund drei Stunden erreichen wir den Gipfel und genießen einen fantastischen Ausblick. Als wir uns dann versammeln, ist die Stimmung eine ganz andere. Wir kommen miteinander ins Gespräch und angeregt durch Fragen reflektieren die Teilnehmenden diese Bergbesteigung: „Ich hätte nicht gedacht, dass ich das schaffe!", „Ich bin stolz auf mich", „Dieses Erfolgserlebnis gibt mir Kraft für meine Prüfungen in der Schule".

In der Reflexion bekommt das Erlebnis Tiefe und Bezug zum persönlichen Leben. So fällt es in diesem Beispiel den Teilnehmer/innen leicht, einen Zusammenhang zwischen Anstrengung und Erfolg zu erkennen. Die Handlungsorientierung (das Bergsteigen) sowie das emotionale Erleben (der Erfolg, der tolle Ausblick) verstärken diesen Prozess. Die Reflexion regt die Teilnehmer/innen an, sich das Erlebnis bewusst zu machen und eine subjektive Deutung vorzunehmen. Darüber hinaus zielt die Reflexion auf einen Transfer des Erlebten in den persönlichen Alltag ab. Was das meint, macht die dritte Aussage im obigen Beispiel deutlich: Der/die Teilnehmer/in entdeckt Parallelen zwischen der Herausforderung, einen Berg zu besteigen, und der Herausforderung, eine Prüfung zu bestehen. Die Kraft des Gipfelerlebnisses will er/sie für kommende Prüfungen mitnehmen und nutzen.

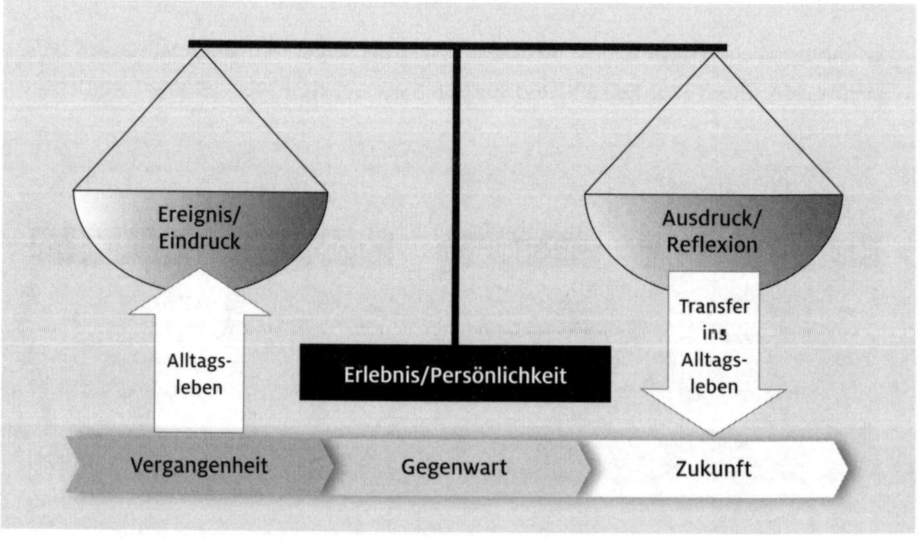

Die Waage der Erlebnispädagogik veranschaulicht diesen Transferprozess: Damit das Erlebte (linke Waagschale) nachhaltig im persönlichen Leben verankert werden kann, braucht es eine angemessene Reflexion (rechte Waagschale). Hat eine der beiden Seiten ein Übergewicht, wird der Transfer erschwert oder gar unmöglich. Für diese Reflexionsprozesse kennt die Erlebnispädagogik im Wesentlichen drei Modelle:

1. The Mountains speak for themselves

Dabei deutet der/die Erlebnispädagoge/in das Erlebnis nicht und es findet keine angeleitete Reflexion statt. Vielmehr soll das Ereignis bzw. Erlebnis für sich selbst sprechen und eine nachhaltige Wirkung auf die Teilnehmer/innen haben.

2. Outward Bound plus

In diesem Modell findet im Anschluss an die erlebnispädagogische Aktivität eine bewusste Reflexion statt. Die Teilnehmer/innen sollen das persönliche Erleben zum Ausdruck bringen und idealerweise Handlungskonsequenzen ziehen.

3. Metaphorisches Modell

In diesem Modell wird versucht, die Aktivitäten so auszuwählen und zu gestalten, dass sie eine hohe Strukturähnlichkeit (Isomorphie) zum Alltag der Teilnehmer/innen haben. Wesentlich dabei ist der Einsatz von Geschichten, Beispielen und Metaphern, um diese Parallelen deutlich zu machen. Damit soll es den Teilnehmer/innen leicht gemacht werden, die Erlebnisse ins persönliche Leben zu „transferieren".

Erlebnispädagogik in der christlichen Teenagerarbeit

Die Erlebnispädagogik mit ihren Methoden knüpft direkt an die Erlebnissehnsucht junger Menschen an. Sie eröffnet Räume für nicht alltägliche Erlebnisse, die Körper, Geist und Seele gleichermaßen ansprechen. Das pädagogische Setting wirkt gegen den reinen Erlebniskonsum und fördert soziales Lernen sowie die Persönlichkeitsentwicklung von Teenagern. Darüber hinaus bietet die Erlebnispädagogik aber auch Chancen, den christlichen Glauben ins Gespräch zu bringen und Prozesse des persönlichen Glaubenswachstums zu fördern.

> *„Die Erlebnispädagogik [...] bringt uns lebensfeindliche Räume wie Berge, Felsen, Höhlen, Schluchten, wildes Wasser. [...] Wer solche Lebensräume aufsucht, sich von den Menschen und der Zivilisation kurzzeitig verabschiedet, kann sich auf Wege und Weisen einlassen, über Sinn und Bedeutung des Lebens nachzudenken, und sich auf die Suche nach Gott begeben."*

Dieser kurze Auszug aus dem säkularen Standardwerk der Erlebnispädagogik „Erleben und Lernen" macht eines deutlich: Erlebnispädagogische Aktivitäten haben großes Potenzial, die Frage nach Gott zu thematisieren. Auch mit Menschen, die den christlichen Glauben nicht teilen. Das Evangelische Jugendwerk in Württemberg (ejw) hat das Konzept einer „Erlebnispädagogik im christlichen Kontext" entwickelt und dieses in den beiden Bänden der Reihe „Sinn gesucht – Gott erfahren" ausführlich dargelegt. Dieser Ansatz unterscheidet zwischen drei Erfahrungsdimensionen, die erlebnispädagogische Aktivitäten eröffnen (können).

1. **Dimension der menschlichen und zwischenmenschlichen Erfahrung**
   Im Vordergrund steht hier das individuelle Verhalten und Empfinden der Teilnehmer/innen. Themen wie Grenzerfahrungen, Konflikte oder Ängste kommen ebenso zur Sprache wie die individuellen Prozesse und Muster innerhalb der Gruppe. Das pädagogische Handeln zielt darauf ab, Lösungen für Probleme zu finden, subjektive Begrenzungen zu erweitern und positive Veränderungen herbeizuführen.

2. **Dimension der spirituellen Erfahrung**
   „Diese zweite Dimension führt uns zu Fragen, die uns im tiefsten Inneren in unserem Mensch-Sein betreffen. Fragen, denen wir im Alltag lieber aus dem Weg gehen." (Uwe Roth)

   In der Reflexion und Begleitung sollen Teenager ermutigt werden, eigene bzw. neue Antworten auf diese Sinnfragen zu formulieren.

3. **Dimension der christlichen Glaubenserfahrung**
   Diese Dimension schließt direkt an die zweite Ebene an. Denn Sinn- und Lebensfragen können nicht nur säkular, sondern auch im Kontext christlichen Glaubens beantwortet werden. Die Teenager werden angeregt, eigene Glaubensüberzeugungen zu reflektieren und sich mit angebotenen Antworten aus christlicher Perspektive auseinanderzusetzen.

Anmerkungen für die praktische Anwendung

- Wesentlich für den Erfolg von erlebnispädagogischen Aktivitäten ist die freiwillige Teilnahme. Sobald Teilnehmer/innen Zwang oder Druck erleben, reagieren sie mit Ablehnung oder innerer Verweigerung und ein Lernen findet nicht statt.
- Das Teenageralter ist eine herausfordernde Lebensphase, gerade weil sich der Körper stark verändert. Erlebnispädagogische Aktivitäten setzen aber meist einen

gewissen körperlichen Einsatz voraus. Das führt nicht selten dazu, dass Teenager anfangs zurückhaltend sind. Daher ist es wichtig, ihnen die Unsicherheit zu nehmen und sie behutsam und motivierend an die Aktionen heranzuführen.

- Die Mitarbeiter/innen müssen mit den inhaltlichen und sicherheitstechnischen Aspekten der Aktivitäten vertraut sein und sich ggf. entsprechend weiterbilden. Ein ausreichendes Maß an Sicherheit muss gewährleistet sein.
- Das volle Potenzial der Erlebnispädagogik entfaltet sich erst mit der gezielten Reflexion. Darauf soll auf keinen Fall verzichtet werden.
- Die Wirkung von erlebnispädagogischen Aktivitäten ist umso stärker, je mehr man die Gruppe und die Teilnehmer/innen selbst machen lässt. Die Mitarbeiter/innen sollten daher so wenig wie möglich eingreifen bzw. Lösungen vorgeben.

Beispiele für den Einsatz von Erlebnispädagogik in der Teenagerarbeit

- Team- und Kooperationsaufgaben lassen sich gut im Rahmen von Gruppenstunden einsetzen. Bei diesen Übungen geht es in erster Linie darum, dass die Gruppe gemeinsam eine Herausforderung bewältigt. Dabei werden schnell Rollenbilder, Gruppenwerte oder Verhaltensweisen sichtbar, die dann Gegenstand der Reflexion und Weiterarbeit sein können.
- Teenagerfreizeiten bieten Raum für längere und intensivere Aktivitäten. Eine Trekkingtour, Canyoning, ein Kanutrip oder eine Outdoor-Übernachtung kann mit eigenen Mitarbeiter/innen oder mit professioneller Unterstützung durch den Reiseanbieter realisiert werden.
- Aktionstage oder offene Programmangebote können erlebnispädagogisch ausgerichtet werden. City Bound (Erlebnispädagogik in der Stadt), GPS-Rallyes, Outdoor-Cooking oder eine Kletteraktion können für Teenager attraktiv gestaltet werden.
- Die bewusste Verknüpfung von biblischen Texten mit erlebnispädagogischen Aktivitäten bietet Teenagern neue Zugänge zur Bibel. Damit werden die Inhalte nicht nur kognitiv, sondern auch auf der Emotions- und Handlungsebene verarbeitet.

BUCHTIPPS

- AK EP ejw (Arbeitskreis Erlebnispädagogik im Evangelischen Jugendwerk in Württemberg ejw) (Hg.): Sinn gesucht – Gott erfahren. Erlebnispädagogik im christlichen Kontext. Neukirchener Verlagsgesellschaft 2005
- Bernd Heckmair, Werner Michl: Erleben und Lernen. Einführung in die Erlebnispädagogik. Reinhardt 2008
- Jörg Lohrer, Rainer Oberländer, Jörg Wiedmayer (Hg.): Sinn gesucht – Gott erfahren 2. Erlebnispädagogik im christlichen Kontext. buch+musik 2012
- Werner Michl: Erlebnispädagogik. Reinhardt 2009
- Gerhard Schulze: Die Erlebnisgesellschaft. Kultursoziologie der Gegenwart. Campus Verlag 2005
- André Hagemeier (Hg.): Gemeinsam draußen Gott erfahren. 23 erlebnispädagogische Andachtsimpulse. Neukirchener Verlagsgesellschaft 2014
- Florian Karcher, Germo Zimmermann (Hg.): Handbuch missionarische Jugendarbeit. Neukirchener Verlagsgesellschaft 2016

Eigene Notizen

4 Chancen und Gefahren von sozialen Medien (WhatsApp, Snapchat & Co.)

Annkathrin Klüter, Phillip Angelina, Michael Baderschneider,
Christian Schlotterbeck, Tobias Faix

Der Alltag von Jugendlichen wird heute zu großen Teilen durch die sogenannten „neuen Medien" bestimmt. Indem der Zugang vor allem durch Smartphones möglich ist, sind sie ständig und überall online. Egal wie man selbst zu diesen Medien steht oder wie intensiv man sie nutzt, sie sind in der Lebenswelt von Jugendlichen fest verankert und können dadurch ein Hilfsmittel für die Jugendarbeit sein. Es soll aber direkt am Anfang gesagt werden, dass die Nutzung neuer sowie sozialer Medien authentisch und adäquat geschehen soll. Ihr Pool ist mittlerweile ein sehr großer: Die bekannten Medien wie Facebook, WhatsApp und Instagram werden durch unzählige weitere wie Snapchat, Tinder und Jodel erweitert. So gibt es vielfältige Plattformen, die Teenies und Jugendliche nutzen, um sich selbst darzustellen, miteinander zu kommunizieren und Fotos mit Filtern hochzuladen, bei denen das #-Zeichen zur Kenntlichmachung eines Hashtags[1] natürlich nicht fehlen darf.

Nicht alle diese Medien eignen sich für die Teenie- und Jugendarbeit, aber einige können eine gute Plattform bieten, um mit Jugendlichen zu kommunizieren und sie in ihrer Lebenswelt zu erreichen. Allerdings muss das Bewusstsein vorausgesetzt sein, dass es nicht ausreicht, sich bei diesen Medien anzumelden und einen Account (Profil) zu besitzen, sondern dass regelmäßige Pflege notwendig ist. Zudem soll noch gesagt werden, dass Jugendliche vor allem im Bereich „was gerade in ist" uns Erwachsenen meist ein bis zwei Schritte voraus sind, was sie zu Expert/innen macht, von denen wir lernen können. Sie machen sich hier transparent und stellen sich mit ihren Gefühlen und Gedanken dar. Das ermöglicht einen Einblick in die aktuellen Bedürfnisse und Lebensthemen der Jugendlichen, sollte aber nicht zum intensiven „Stalking" der Jugendlichen genutzt werden. Grundsätzlich ist es wichtig, die Privatsphäre der Jugendlichen ernst zu nehmen und nicht als Jugendleiter/in auf allen Kanälen zu senden.

1 *Zusammengesetzt aus hash (Englisch: Doppelkreuz #) und tag (Englisch: Markierung), wird in sozialen Netzwerken genutzt, um Schlagworte sichtbar und die Suche innerhalb des Netzwerks möglich zu machen. Bsp.: #Jugendarbeit #Freunde #guterAbend.*

Facebook

Für viele Jugendliche ist Facebook nicht mehr sonderlich attraktiv und viele ihrer Onlineaktivitäten spielen sich in anderen Netzwerken ab. Nichtsdestotrotz nutzen viele Teenies und Jugendliche Facebook, jedoch nicht, um lange Aufsätze zu lesen, die in manchen Statusmeldungen veröffentlicht werden. Dadurch ergibt sich ein Aspekt der Unattraktivität dieses Netzwerkes: Es ist ziemlich überladen. Ein anderer Aspekt ist, dass viele Eltern Facebook nutzen, weshalb Jugendliche ihre Medienpräsenz verlagern.

Trotzdem kann eine Facebook-Seite von dem Teenkreis oder der Jugendgruppe als toller Ersatz für eine Website genutzt werden, weil sie sogar interaktiv ist. Es können Fotos und Videos von Veranstaltungen oder sogar von den Teenies selbst hochgeladen werden, somit fungiert die Seite als eine gute Werbeplattform. Es ist jedoch sinnvoll, einen oder zwei verantwortliche Administratoren/innen einzusetzen, hier ist auch die Möglichkeit gegeben, Teilnehmer/innen zu involvieren.

Facebook bietet außerdem die Möglichkeit, Veranstaltungen zu erstellen und die Jugendgruppe gezielt einzuladen. Wenn man eine Veranstaltung auf Facebook einrichtet, ist es meist von Vorteil, die Personen einzeln anzuschreiben und nicht bloß alle einzuladen, da dies zu gefühlt 99 Prozent nicht beachtet wird. Allerdings ist hier auch das richtige Maß entscheidend. Es ist nicht notwendig, zu jeder Gruppenstunde Jugendliche einzuladen und jeden Einzelnen gezielt anzuschreiben, da das zu einem Nachrichten-Overkill führen könnte, der von den Jugendlichen als Spam eingestuft werden könnte. Veranstaltungen wie z. B. Sommerfeste bieten die Möglichkeit, Jugendliche zu involvieren. So kann in der Jugendgruppe zu der jeweiligen Veranstaltung (im „Real-Life“) eingeladen werden, verknüpft mit der Einladung, Freunde und Freundinnen zu der Facebookveranstaltung einzuladen, um so die Jugendlichen zu einem Teil des Projektes zu machen.

Teenies und Jugendliche reagieren vor allem auf kurze Statusupdates („Heute Abend gibt's 'ne Wasserschlacht. Wer ist am Start?“), coole Fotos oder lustige Videos (z. B. von dieser Wasserschlacht). Ein späterer Unterpunkt setzt sich gezielt damit auseinander, was rechtlich beachtet werden muss.

WhatsApp

WhatsApp hat sich inzwischen zu einem SMS-Ersatz entwickelt, viele Menschen nutzen dieses Programm als ihre primäre Messaging-App. Es ist ein einfacher Weg, um mit jungen Menschen zu kommunizieren und diese kommunizieren häufig mehr über WhatsApp als von Angesicht zu Angesicht. Es gibt auch andere Messengerdienste (z. B. Threema oder Viber), hier empfiehlt sich ein offenes Auge dafür, was von der eigenen Zielgruppe primär genutzt wird. Aufgrund der großflächigen Verbreitung wird an dieser Stelle WhatsApp vorgestellt.

Ein Nutzen ist die Arbeit mit WhatsApp als Gatekeaper. Viele Jugendliche sind nicht in der Lage, ihre Anliegen im direkten Gespräch zu artikulieren, und suchen daher Kontakt in Bezug auf schwierige Lebensthemen via Messenger. Lebensweltorientierung kann in diesem Fall also bedeuten, Jugendliche mit ihren Problemen da abzuholen, wo diese sie ohnehin äußern. Allerdings empfiehlt es sich, hier wirklich nur eine Gesprächseröffnung stattfinden zu lassen, die durch ein seelsorgerisches Gespräch von Angesicht zu Angesicht vertieft werden kann. Auch hier sind das richtige Gespür und die eigene Einschätzung der jeweiligen Situation gefragt.

Eine weitere Möglichkeit der Nutzung bietet die Gruppenchat-Funktion. Diese kann auf zwei Ebenen genutzt werden. Zum einen kann es sinnvoll sein, einen Gruppenchat für die gesamte Gruppe ins Leben zu rufen, in der Anliegen oder organisatorische Hinweise schnell kommuniziert werden können. Das kann zum Beispiel so aussehen, dass morgens noch einmal geschrieben wird: „Denkt an das Grillen heute Abend. Wer bringt einen Salat mit?" Hierdurch kann die Jugendgruppe auf schnellem, unkompliziertem Wege in der chaotischen Lebensplanung vieler Jugendlichen ihren Platz finden.

Auf zweiter Ebene kann eine Gruppe für das Mitarbeiterteam eingerichtet werden. Hier bietet sich auf jeden Fall eine gute Plattform, um Jugendliche ins Mitarbeiterteam zu integrieren und zur Partizipation anzuregen. Für junge Mitarbeiter/innen wird es so einfacher, sich auf die Mitarbeit einzulassen, da sie normalerweise eher selten E-Mails checken. Vor allem für kurzfristige Hilfe kann man Jugendliche gut über WhatsApp erreichen.

Eine Herausforderung in der Arbeit mit WhatsApp ist die persönliche Abgrenzung. WhatsApp bietet die Möglichkeit 24/7 erreichbar zu sein, was weder in hauptamtlicher noch nebenamtlicher Position auf Dauer gesund ist. Hier könnte eine Lösung sein, Chats zu bestimmten Uhrzeiten stumm zu stellen oder bewusst mal nicht zu reagieren. Sollte die Erwartungshaltung dahin gehen, dass dauerhafte Präsenz gefordert wird, empfiehlt es sich, mit den Jugendlichen darüber zu sprechen, dass man gern erreichbar und ansprechbar ist, aber eben nicht zu jeder Zeit.

Snapchat

Das momentan wohl wichtigste soziale Medium für Teenager ist Snapchat. Ein Messager Dienst mit über 100 Millionen Nutzern – vor allem Teenager. Es werden dabei vor allem Bilder, Kurzfilme und Nachrichten (meist gesprochen) gesnapt. Teenager posten den ganzen Tag alle für sie wichtigen und/oder erwähnenswerten

Ereignisse, wie Essen, Freunde treffen, Musik hören oder bestimmte Ereignisse. So wissen die „Freunde", die ihnen folgen, immer über den momentanen Status des eigenen Lebens bescheid. Wie oft der gepostet wird, ist sehr unterschiedlich, aber durchschnittlich etwa 30 bis 40 Snaps pro Tag (und ebenso viele bekommt man meist). Dabei unterteilt sich das gepostete in zwei Kategorien: a) meine Story und b) einfach so. Alles ist dabei schnelllebig: Wird der Post gelesen, ist er auch schon weg, heißt, gelöscht. Spätestens nach 24 h verschwindet er auch auf der „Story". Es zählt nur der Augenblick, Vergangenes ist vergangen und der Speicher des eigenen Smartphones wird auch nicht belastet. Dabei wird Treue mit Flammen ausgezeichnet: So entsteht immer eine Rangfolge der „besten Freunde", mit denen man am meisten snapt.

In der Teenagerarbeit kann zum Beispiel die „Story Teenabend" eingeführt werden und die Teens snapen ihre Eindrücke und viele ihrer Freunde bekommen so einen vielleicht ersten Eindruck vom Teenkreis.

Instagram

Instagram ist ein soziales Netzwerk, das in der Zielgruppe Facebook größtenteils den Rang abgelaufen hat. Wieder steht die Selbstdarstellung im Mittelpunkt. Es können Fotos gemacht, bearbeitet und mit einem Kommentar versehen geteilt werden. Es geht dabei nicht um wortlastige Beiträge, sondern vor allem um ein Bild, das schnell zur Kenntnis genommen werden kann, „geliked" oder kommentiert wird.

In der Jugendarbeit könnte ein Jugendkreis-Account erstellt werden, auf dem man z. B. Bilder mit Einladungen, von Veranstaltungen oder einen ermutigenden Bibelvers teilen kann. Sollten Instagram und Facebook für die Jugendarbeit genutzt werden, können die Accounts auch miteinander verknüpft werden. Es wird möglich, dieselben Beiträge auf beiden Plattformen zu veröffentlichen. Hierbei ist zu beachten, dass nur ein Bild gepostet werden sollte, um die Jugendlichen nicht zu überschwemmen. Ziel hiervon kann sein, den Jugendlichen auch im Alltag immer wieder kurz die Jugendgruppe in Erinnerung zu rufen und so im Gedächtnis zu bleiben.

Eine weitere Funktion ist der „Repost". Es können Bilder der Jugendlichen, die während einer Veranstaltung entstanden sind, mit dem eigenen Profil erneut veröffentlicht werden, wodurch ein interaktives Element entsteht.

Besonders bei Instagram spielt der Hashtag eine wichtige Rolle, in der Regel wird jedes Bild mit mehreren Hashtags versehen. Das kann bei eigenen Fotos genutzt werden, hier darf aber auch größer gedacht werden. So kann für größere Veranstaltungen, wie einen Jugendgottesdienst oder eine Themenreihe ein Hashtag entwickelt werden, der von den Jugendlichen genutzt werden kann, die Fotos hiervon posten. Das könnte so aussehen, dass man einen Jugendgottesdienst zum Thema „Awesome God“ mit dem Hashtag #awesomegod bewirbt und die Jugendlichen einlädt, Bilder von dem Abend mit eben diesem Hashtag zu veröffentlichen. Hierdurch lassen sich auch Bilder für eventuelle Reposts schneller finden.

YouTube

Die Internetplattform YouTube ist längst mehr als eine willkürliche Ansammlung von Amateurvideos. Zahlreiche YouTube-Stars verdienen ihr Geld mit hochprofessionellen Videos, die sie regelmäßig in ihren Channels hochladen. Die Plattform tritt bei Jugendlichen in starke Konkurrenz zum herkömmlichen Programmfernsehen, wenn sie ihm nicht schon den Rang abgelaufen hat. Es wird ein großer Teil der Freizeit damit verbracht, die neuesten Videos anzuschauen, die die Stars bei YouTube hochgeladen haben. Diese erreichen ein Millionenpublikum und üben einen großen Einfluss auf ihre jungen Fans aus.

In Anbetracht dieser Entwicklung sollte man sich gut überlegen, ob es sinnvoll ist, einen YouTube-Channel für die eigene Jugendarbeit einzurichten, da dafür die Videos tatsächlich mit einem gewissen Standard produziert werden sollten. Wenn in der eigenen Gruppe aber in dieser Hinsicht begabte und interessierte Jugendliche vorhanden sind, kann das eine Möglichkeit sein, diese zu integrieren und ihnen die Verantwortung für die Pflege eines Kanals zu übertragen.

Abgesehen davon kann es aber sinnvoll sein, sich mit den Kanälen, die die Jugendlichen regelmäßig konsumieren, auseinanderzusetzen, da hier oft deutlich wird, was konkrete Themen der Altersgruppe sind. Diese könnten dann thematisch oder in Einzelgesprächen aufgegriffen werden. Es kann aber auch schon hilfreich sein, einfach nur ein Gefühl für diese Plattform zu entwickeln, um zu verstehen, was die Jugendlichen beschäftigt.

Pinterest

Pinterest ist eine Plattform, in der die Benutzer Pinnwände zu verschiedenen Inhalten zusammenstellen und unter Schlagworten Beiträge aus dem kompletten Internet sammeln können. In der Jugendarbeit kann diese Plattform vor allem in der Vorbereitung hilfreich sein. In der Suchfunktion können Schlagwörter eingegeben werden, Pinterest zeigt dann Artikel oder Beiträge, die andere Nutzer zu diesem Thema gepinnt haben. Grade in Amerika gibt es zahlreiche Pinnwände zu Bereichen der Jugendarbeit, daher kann es sinnvoll sein, englische Schlagworte zu suchen. Gibt man also „youth group games“ ein, erscheinen zahlreiche Beiträge mit möglichen Spielevorschlägen, die

der Nutzer dann unter einer eigenen Pinnwand „Spielemöglichkeiten" abspeichern kann. Man wird z. B. auch im Bereich von Bibelarbeiten oder Ideen fündig. Auf der Startseite bekommt der Nutzer dann auch Pins angezeigt, die zu den eigenen Pinnwänden passen könnten. Wenn man sich mit der Plattform ein bisschen beschäftigt, kann man irgendwann über einen ganzen Pool verfügen, aus dem in der Vorbereitung entsprechende Ideen herausgesucht werden können.

Im Leitungsteam könnten auch gemeinsame Pinnwände entstehen, z. B. „Ideen Sommerfreizeit" oder „Dekoration Weihnachtsfeier".

Rechtliches

Wenn diese neuen Medien für die Öffentlichkeitsarbeit genutzt werden, sind einige rechtliche Grundlagen zu beachten. Besonders vor dem Posten von Bildern sollte klargestellt sein, dass man über die Bildrechte verfügt. Grundsätzlich obliegen diese dem Urheber selbst, was bedeutet, dass er bestimmen darf, wie die Bilder wann veröffentlicht werden. Bei der Fülle an Bildern, die im Internet kursieren, ist es nicht einfach herauszufinden, wer diese Rechte jetzt wirklich besitzt. Um auf der sicheren Seite zu sein, sollte man also nur Bilder oder Grafiken benutzten, deren Rechte man definitiv besitzt. Außerdem bleibt noch zu erwähnen, dass mit dem Upload auf die Plattformen Instagram und ähnliche Netzwerk die Bildrechte übertragen werden.

Neben den Bildrechten gibt es außerdem das Recht am eigenen Bild. Jeder Mensch darf selbst entscheiden, wann und wie Bilder von ihm veröffentlicht werden. Möchte man daher Bilder von Kindern oder Jugendlichen veröffentlichen, ist vorher das Einverständnis der Eltern (am besten schriftlich) einzuholen, bei Volljährigen die des Abgebildeten selbst. Ausnahmen stellen die Veröffentlichung von Gruppenfotos bei gesellschaftlichen Veranstaltungen dar, solange keine Person besonders aus der Gruppe heraussticht. So darf zum Beispiel ein Foto von den Besuchern und Besucherinnen eines Jugendgottesdienstes veröffentlicht werden, ohne explizit Einverständniserklärungen einzuholen. Es dürfen auch Fotos veröffentlicht werden, bei denen abgelichtete Personen offensichtlich kein Hauptmotiv sind. Da Jugendliche selbst ihre Bildrechte beim Hochladen auf Instagram abgeben, dürfen diese Bilder aber ohne Einverständnis über die „Repost"-Funktion geteilt werden. Um negative Auswirkungen auf die Beziehung zu den Jugendlichen zu verhindern, bietet es sich trotzdem an zu fragen.

Was für Bilder gilt, ist so ähnlich auch auf Sprüche, Slogans oder (Lied-)Texte anzuwenden, hier sollte zumindest die Quelle oder der Autor angegeben werden. Eine ausführliche Auseinandersetzung mit den rechtlichen Hintergründen gibt es im ersten Teil des Buches von Stefan Niewöhner (S. 66).

5 Projekte professionell mit Teenagern entwickeln und umsetzen

Vassili Konstantinidis

Die Durchführung von Projekten gewinnt immer mehr an Bedeutung. Durch intensive, eigenständige Auseinandersetzung mit einem Thema wird Lernen auf verschiedenen Ebenen möglich. Projektarbeiten bieten Teenagern die Möglichkeit, verstärkt Eigeninitiative, Engagement, Teamarbeit und Kreativität für konkrete Aufgabenstellungen zu nutzen.

Ein Projekt definiert sich als ein Vorhaben, das im Wesentlichen durch Einmaligkeit der Bedingungen in ihrer Gesamtheit gekennzeichnet ist. Das heißt, dass dieses Projekt mit genau denselben Bedingungen (Finanzen, Ort, Teamkonstellation, Programminhalt etc.) nie wieder auftritt.

Projekte sind nicht nur einmalig in der Umsetzung, sondern auch einmalig in den Erinnerungen. Teenager erinnern sich gerne an Projekte zurück, die sie mitgestalten konnten. Der Prozess und das Ziel stehen im Fokus der Projekte und motivieren Teenager mitzumachen. Die Partizipation von Teenagern spielt eine enorm große Rolle, denn hier erfahren sie, dass sie gebraucht werden und dass sie ein Teil des Ganzen sind. Die Erfahrungsberichte der partizipatorischen Jugendarbeit TEN SING des CVJM unterstreichen diese intrinsischen Motivationsfaktoren.

In Wirtschaft, Wissenschaft und öffentlicher Verwaltung wird zunehmend die Erfahrung gemacht, dass durch Projektarbeit häufig bessere, schnellere sowie kreativere Ergebnisse erzielt werden und die Mitarbeitendenmotivation steigt. Diese Erfahrungen sind auch aus pädagogischer Sicht relevant. Projekte können als innovative Methoden gesehen werden, die die Teenager zu Handlungs- und Verantwortungsbereitschaft und selbstständigem Lernen anleiten. Es müssen daher das Erkennen von Problemen, die effiziente Informationsverarbeitung, das Strukturieren von Themen und die Entwicklung von Lösungsstrategien im Vordergrund stehen. Teenager sollen Zusammenhänge begreifen lernen und ihre Umwelt gestalten können. Hierzu müssen sie zur Teamarbeit befähigt werden und sich ein Methodenrepertoire für die Welt von morgen zulegen.

Folgende Erfahrungshorizonte können in der Arbeit mit Projekten angesprochen werden: zielorientiertes Handeln, Probleme erkennen und angehen, Aufgaben strukturieren, die Umwelt mitgestalten, Teamarbeit fördern, unterschiedliche Methoden kennenlernen, in Gremien arbeiten, Verantwortung übernehmen und vieles andere mehr. Somit fördern Projekte nicht nur den Projekterfolg, sondern auch die Persönlichkeitsbildung der Teenager.

Wichtig ist dabei, dass die Teenager gut begleitet werden. Ein wertschätzender und ehrlicher Umgang mit ihnen ist genauso wichtig wie das Einbringen der eigenen Gelassenheit und Ausdauer. Mit Teenagern Projekte durchzuführen, bedeutet Zeitaufwand, da sie erstens evtl. langsamer sind und zweitens alles neben der Schule und anderen Hobbys erledigen.

Im Folgenden werden die vier Phasen eines Projektes mit unterschiedlichen Tools aufgelistet. Alle Tools kann man mit Teenagern umsetzen. In der Umsetzung sollte man sich die Teenager genau vor Augen halten und manche Tools anpassen oder evtl. überspringen. Wenn die Zeit vorhanden ist, ist die Empfehlung, alle Schritte umzusetzen. Ein Projekt funktioniert aber auch, wenn manche Tools nicht umgesetzt werden.

Projektinitialisierung

Situationsanalyse

Mit der Situationsanalyse wird der Istzustand angeschaut und analysiert. Folgende Fragen finden hier ihren Platz und sollten beantwortet werden: Was ist die Ausgangssituation? Gibt es irgendwelche Probleme? Wieso soll ausgerechnet in diesem Bereich ein Projekt entstehen? Welche Ideen gibt es? Was könnten Projektinhalte sein? Wie hoch ist die Wichtigkeit dieses Projekts? Könnte man mit anderen Bereichen/Projekten zusammenarbeiten? Wer profitiert am Ende von der Projektidee? Es handelt sich um eine Art Brainstorming.

METHODE

Mindmap auf einem Endlospapier. „Situationsanalyse" in die Mitte des Papiers schreiben und darum herum die oben stehenden Fragen beantworten und verschriftlichen, sodass man eine visuelle Übersicht über die Situationsanalyse hat.

MaTERiAL

Endlospapierrolle und verschiedenfarbige Eddings

Zieldefinition

Die Zieldefinition sollte dazu dienen, konkrete Ziele herauszukristallisieren. Fragestellungen könnten sein: Welche Ziele sollen erreicht werden? Wozu sollen die Ziele dienen? Wie werden die Ziele umgesetzt? Wie kann man die Ziele messen? Was gehört nicht zu den Zielen dieses Projekts?

Wichtig dabei ist, dass die Ziele so konkret wie möglich sind. Die SMART-Methode hilft, die Ziele klar zu definieren.

METHODE

Ziele verschriftlichen und anhand der SMART-Methode überprüfen.

S = spezifisch – Das Ziel so konkret wie möglich angeben.
M = messbar – Woran kann ich den Erfolg später messen?
A = attraktiv – Keine Negativformulierungen!
R = realistisch – Realistische Ziele stecken.
T = terminiert – Bis wann sollte dieses Ziel erreicht werden?

Anschließend auf einer Flipchart zusammentragen.

MaTERiAL

Flipchart, Flipchart-Papier, Eddings

Risikoanalyse

Mit einer Risikoanalyse spielt man die typischen „Was machen wir, wenn ...“-Situationen durch. Welche unsicheren Ereignisse oder Situationen könnten eine negative Auswirkung auf das Projekt haben? Die Risikoanalyse besteht aus drei Schritten:

1. Risiko identifizieren und benennen,
2. Risiko bewerten,
3. Entsprechende Gegenmaßnahmen vorbereiten.

Wichtig ist, den Teenagern zu verdeutlichen, dass dies eine Vorbereitung darauf ist, die Risiken zu minimieren, da es hier ansonsten leicht zu Entmutigung oder Demotivation kommen kann.

METHODE

Risikobewertung

Schaubild für das Projekt erstellen:

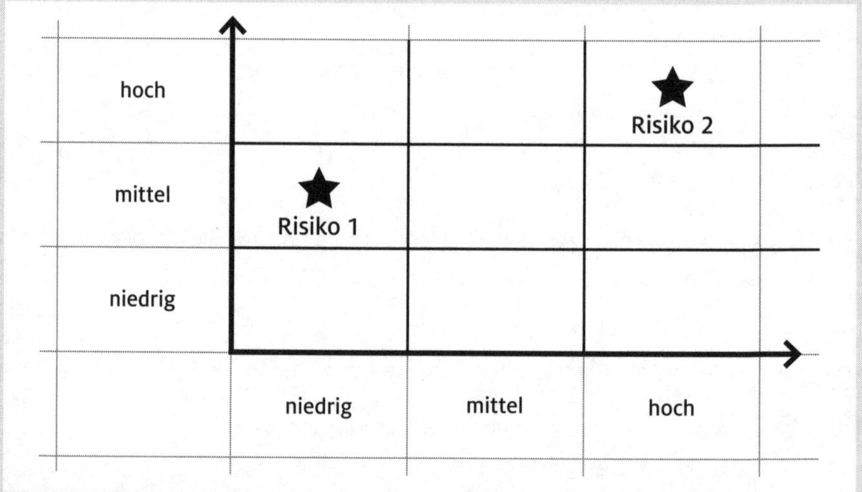

1. Welche Risiken gibt es?
2. Risiken als „Punkt" in das Schaubild einzeichnen.
   (Wie groß ist die Wahrscheinlichkeit, dass dieses Risiko eintritt? Wir hoch könnte der Schaden durch dieses Risiko sein?)

METHODE

Tabellarisches Auflisten

1. Welches Risiko?
2. Wie hoch ist die Wahrscheinlichkeit, dass dies eintritt?
3. Wie hoch wäre der Schaden?
4. Was könnte eine Gegenmaßnahme sein? (präventiv)
5. Was könnte eine Gegenmaßnahme sein? (korrektiv)
6. Wer im Team hat dieses Risiko und die Maßnahmen im Blick?

Stakeholder

Wichtig ist es außerdem, sich mit Personen auseinanderzusetzen, die Einfluss auf das Projekt haben bzw. dieses sogar finanziell oder anderweitig unterstützen. Diese nennt man Stakeholder. Mit einer Auseinandersetzung im Vorfeld beugt man manchen Konflikten vor.

METHODE

Tabellarisches Auflisten

1. Wer sind die betroffenen Personenkreise?
2. Wie sind sie davon betroffen?
3. Was sind ihre Interessen?
4. Wie viel Einfluss haben sie auf das Projekt?
5. Welche Konflikte können im Prozess auftreten?
6. Welche Strategie wird angewandt, um die Konflikte proaktiv anzugehen oder evtl. zu vermeiden?

Aufwands- und Kostenschätzung

Ein weiterer wichtiger Aspekt in der Projektinitialisierung ist die Aufwands- und Kostenschätzung. Erfahrungswerte aus ähnlichen Projekten helfen hier weiter. Ansonsten empfiehlt sich die 3-Experten-Methode.

METHODE

3-Experten

Drei Personen aus dem Team schätzen unabhängig voneinander den Aufwand und/oder die Kosten einer Teilaufgabe. Jede Person soll bei der Teilaufgabe je ein optimistisches, realistisches und pessimistisches Ergebnis notieren. Stimmen die Ergebnisse der drei Personen ungefähr überein, können diese genutzt werden. Stimmen sie nicht überein, sind die Ergebnisse Grundlage für ein Gespräch zur Einschätzung des Aufwands und der Kosten.

Projektorganisation

Die Projektorganisation hat den Fokus auf den Strukturen im Team bzw. im Projekt und darauf, welches Teammitglied welche Rolle/Aufgabe im Team hat. Die strukturellen Fragen sind: Gibt es einen bzw. eine Leiter/in? Gibt es ein Leitungsteam? Oder sind alle verantwortlichen Personen in einem Team? Gibt es Unterteams? In der Teamkonstellation könnte man sich folgende Fragen stellen: Welche Gaben brauchen wir? Brauchen wir spezielle Personen für spezielle Aufgaben? Kann jeder mitmachen oder fragen wir Personen an? Wer sollte evtl. aus politischen Gründen im Team dabei sein? Welche Charaktereigenschaft bräuchten wir im Team?

METHODE

Persönlichkeitstests

Manchmal können Persönlichkeitstests wie der „DISG"-Test oder der „BIG Five"-Test helfen, ein kompetentes Team zusammenzustellen.

Projektauftrag

Der Projektauftrag sollte am Ende der Projektinitialisierungsphase geschrieben werden. Dieser fasst das Wesentliche noch einmal zusammen und bündelt es übersichtlich in einem Dokument.

METHODE

Tabellarisches Auflisten

1. Was ist die Ausgangssituation?
2. Wer ist der bzw. die Auftraggeber/in?
3. Wer gestaltet und verantwortet das Projekt mit?
4. Wer leitet das Projekt?
5. Was ist der Entscheidungsrahmen?
6. Wer ist im Projektteam dabei?
7. Was sind die Projektziele?
8. Welche Zielgruppe soll das Projekt erreichen?
9. Wie hoch ist das Budget?
10. Wann startet das Projekt?
11. Wann endet das Projekt?

Kick-off

Ein Kick-off ist das erste Treffen des Projektteams. Hier werden die Rahmenbedingungen vorgestellt, Erwartungen abgefragt, Aufgaben verteilt, Teambuilding-Aktionen umgesetzt und mit der Projektplanung begonnen. Zu empfehlen ist bei größeren Projekten ein Kick-off-Meeting von 24 Stunden mit einer Übernachtung. Bei so einem Meeting kann man sich für den Beginn viel Zeit nehmen.

Projektplanung

Projektstrukturplan

Ein Projektstrukturplan ist hilfreich, um große Aufgaben in kleine Teilaufgaben zu gliedern. Daraus können eine bessere Übersicht und klare Aufgabenpakete entstehen. Diese sind hilfreich, um sie auf mehreren Schultern zu verteilen. Ein Projektstrukturplan kann unterschiedlich gegliedert werden:

Personen: Person A, B und C haben folgende Aufgabenpakete ...
Aufgaben: Catering, Übernachtung, Transport, Programm ...
Phasen: Vorbereitung, Durchführung, Nachbearbeitung

METHODE

Mindmap auf einem Endlospapier (Brainstorming)

MATERIAL

1. Endlospapierrolle
2. Verschiedenfarbige Eddings

METHODE

Organigramm (Schaubild, das in Form einer Pfeilgrafik eine Struktur aufzeigt) auf einer Flipchart (für die endgültige Struktur)

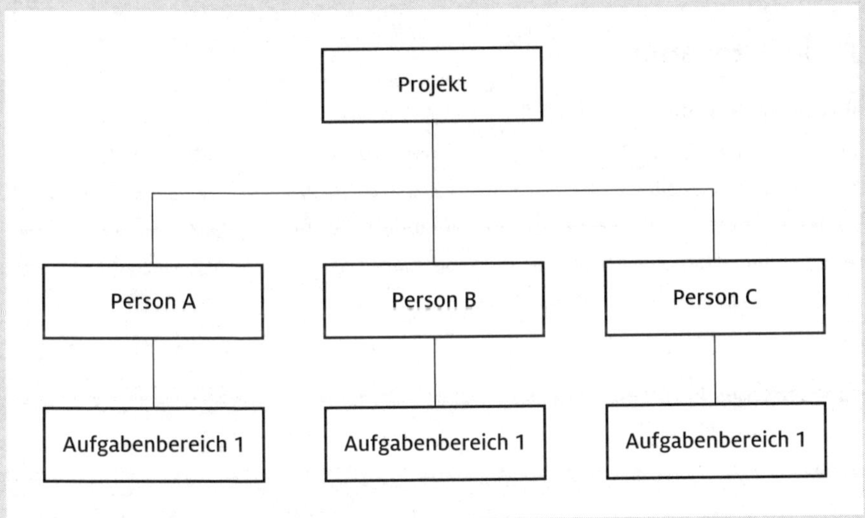

MATERIAL

1. Flipchart
2. Flipchart-Papier
3. Eddings

Terminplanung

Je größer das Team, desto schwieriger eine Terminplanung. Deshalb ist es weise, rechtzeitig im Voraus Termine zu vereinbaren. Eine (Halb-)Jahresplanung ist hier zu empfehlen. Termine, die nicht „face to face" vereinbart werden können, können leicht über Portale wie Doodle (www.doodle.com) online vereinbart werden.

Meilensteinplan

Projektstrukturplan und Terminplan können nun in einen Meilensteinplan (Meilensteine: wichtige und entscheidende Etappen/Ereignisse von besonderer Bedeutung, auf dem Weg hin zu einem klar definierten Ziel) umgesetzt werden. Dieser kann zum Beispiel mit Excel erstellt werden. Fragen, die hierbei wichtig sind: Wie kann man das Projekt unterteilen? Welche Meilensteine und Eckpunkte gibt es? Bis wann muss was erreicht werden? Welche Aufgaben hängen voneinander ab? Wo muss man Puffer einbauen? Was muss parallel passieren?

Der Meilensteinplan kann grob oder auch fein erstellt werden. Empfehlenswert ist eine Feinplanung, um nichts zu vergessen.

Projektsteuerung

Projektverfolgung

Bei der Projektverfolgung ist es wichtig, die Ziele, den Projektstrukturplan und das Spannungsfeld Qualität-Kosten-Zeit im Blick zu haben. Eventuell. muss man hier ab und zu den Kurs korrigieren oder Prioritäten verändern. Wichtig ist, dass man sich als Team einen guten Überblick verschafft, was bis wann zu erledigen ist. Dazu helfen eine To-do-Liste oder ein Maßnahmenplan.

METHODE

Tabellarisches Auflisten

1. Was (Aufgabe),
2. wird von wem (Person),
3. mit wem (Person),
4. bis wann (Zeit) erledigt?

Teammeetings

Um einen guten Informationsfluss zu garantieren, sind regelmäßige Teammeetings wichtig. Hierzu sollte rechtzeitig eingeladen werden. Das Medium der Einladung sollte an die Teenager angepasst werden. Es kann gut sein, dass eine WhatsApp-Gruppe sinnvoller ist als ein E-Mail-Verteiler. Bei den Meetings wäre ein Statusbericht der einzelnen Personen/Aufgaben sinnvoll, um nichts untergehen zu lassen. Eine gute Gliederung ist das A und O eines Meetings, ebenso eine gute Vorbereitung der Moderation. Hilfreich ist, im Voraus zu überlegen, welche Punkte Informationspunkte sind und bei welchen Punkten die Teenager wie mitgestalten bzw. entscheiden können. Protokolle werden oft unterbewertet, sind aber für die Informationssicherung sehr wichtig. Ein rotierendes

Protokoll bereitet Teenager außerdem auf Gremienarbeit vor. Die verantwortliche Person sollte die Wertschätzung der Teammitglieder im Blick haben. Manchmal reicht es schon, Getränke und etwas zum Knabbern hinzustellen.

Controlling, Ursachenanalyse und Feedbackschleifen

Nun gibt es Situationen, die nicht so funktionieren, wie man sich das gedacht bzw. erhofft hat. Deshalb ist es wichtig, schon im Vorfeld ein Controlling einzubauen, um mögliche Hindernisse zu zweit durchzudenken und das Risiko zu minimieren. Kommt es doch anders, als man denkt, kann eine gemeinsame Ursachenanalyse helfen. Präventiv können bei jedem Teammeeting zu bestimmten Themen/Aufgaben Feedbackschleifen (Themen/Aufgaben immer wieder reflektieren) eingebaut werden. So minimiert man das Risiko und die Teenager können sich während des Prozesses weiter aktiv beteiligen.

Projektabschluss

Öffentlichkeitsarbeit

Die Öffentlichkeitsarbeit gehört nicht nur in den Prozess des Projektes, sondern auch zum Abschluss. Evtl. sind ein Bericht und ein paar Bilder für eine interne Zeitschrift hilfreich, um die Arbeit nach außen (noch einmal) zu präsentieren. Hier kann man auch die örtliche Zeitung anschreiben.

Feiern

Erfolgreiche Projekte müssen gefeiert werden. Nach Abschluss des Projektes sollte es noch ein Treffen der Projektgruppe geben, um das Projekt zu reflektieren und evtl. Erfahrungen aufzuschreiben, um diese für weitere Projekte zu sichern, aber auch um die Arbeit, die ehrenamtlich investiert wurde, zu feiern. Es gehört zur Wertschätzung, am Ende des Projektes dem Team zu danken und ihm zu signalisieren, dass es Großartiges geleistet hat. Zum Feiern gehören Getränke und etwas zu essen. Eventuell ist vom Budget her noch ein Geschenk für die Teammitglieder möglich.

Wichtig ist, dass an diesem Tag tatsächlich ein Abschluss zustande kommt und man das Projekt und die Teamkonstellation auflöst. Aus gruppendynamischer Sicht ist es enorm wichtig, die Gruppe „aufzulösen" und sich „zu verabschieden".

BUCHTIPP

Nicolai Andler: Tools für Projektmanagement, Workshops und Consulting – Kompendium der wichtigsten Techniken und Methoden. Publicis Publishing 2015

6 Ethische Fragen mit Teens durchdenken

Petra Brunner

„In 100 Metern links abbiegen. In 50 Metern links abbiegen. Jetzt links abbiegen", tönt es aus dem Navigationssystem. Um den Weg ans Ziel zu finden, können wir auf die genauen Anweisungen des Routenplaners hören. Oder aber wir nutzen Karte und Kompass und können so selbst den geeignetsten Weg aussuchen.

Bei ethischen Fragen mit Jugendlichen geht es nicht darum, Jugendlichen „den" detaillierten, richtigen, christlichen Weg vorzugeben, so wie die kleinteilige Vorgabe des Navigationssystems. Damit Jugendliche ihren Weg in ein ethisch verantwortliches Leben finden können, brauchen sie Karte, Kompass und einen Orientierungssinn. D. h. bezogen auf ethische Fragen brauchen sie theologische Orientierung, Urteilsfähigkeit und Mut bzw. Selbstvertrauen, um einen guten Weg zu finden. Wenn es in der Teenagerarbeit gelingt, Jugendliche dazu anzuleiten, sich in einem schwierigen Territorium zu orientieren, die unterschiedlichen Wege abzuschätzen und einen für sie verantwortbaren Weg zu finden, dann sind sie für ihren Lebensweg und alle kommenden ethischen Fragen gut ausgerüstet.

Ethik[1] auf dem Weg zum guten Leben

Der christliche Glaube setzt sich nicht nur mit dem noch kommenden Leben nach dem Tod auseinander, sondern auch mit dem Leben, das wir jetzt führen. Die Zusage, dass das Reich Gottes bereits angefangen hat, ist die Perspektive für unser Leben jetzt. Gutes, gelingendes Leben für den einzelnen Menschen, die soziale Gemeinschaft und die ganze Schöpfung sind das Anliegen Gottes. Dazu beziehen sich Christinnen und Christen auf die Bibel und die christliche Tradition und suchen dort Orientierung für ihr Handeln. Ethische Orientierung wird immer dann nötig, wenn ein ethisches Problem oder eine Konfliktsituation auftritt und wir unsicher über den nächsten Schritt sind.

1 *Ethik ist das Nachdenken über Moral/Ethos, d. h. über die Handlungsregeln und auch über deren zugrunde liegende soziale Strukturen für ein gutes Leben.*

Welche ethische Konflikte fallen dir ein, wenn du an dein eigenes Leben denkst? Wie hast du diese Konflikte gelöst?

Ethische Fragen im Leben von Teens – zwischen Orientierung und Abgrenzung

Jeder Mensch steht aus evangelischer Sichtweise immer selbst und unvertretbar vor Gott. Das gibt dem Menschen eine besondere Verantwortung: Er bzw. sie ist unvertretbar. Das gilt dann eben auch für alle ethischen Fragen. Jeder Teenager ist konkret in die Verantwortung gestellt, sein eigenes Leben selbst zu gestalten. Dazu braucht es eine kreative Spannung zwischen Orientierung und Abgrenzung. Die Ambivalenz zwischen Orientierung und Abgrenzung ist sowohl allgemein menschlich als auch theologisch zu verstehen.

Die Spannung zwischen Orientierung und Abgrenzung als allgemein menschliche Dimension

Es gehört zur Sozialisation eines jungen Menschen, zwischen den von außen vorgeschlagenen Lebenswegen, Rollen etc. jeweils orientierende Anleitung zu finden und dabei zugleich die eigenen Bedürfnisse gegenüber gesellschaftlicher Vereinnahmung abzugrenzen. (Dies zeigt sich am Beispiel der Rollenerwartungen, die an junge Frauen und Männer herangetragen werden. Geschlechterrollen bieten zugleich Orientierung, können aber auch als extrem einengend erfahren werden.) Bezogen auf die Ethik können wir zwischen der orientierenden Anleitung ethischer Handlungsleitlinien oder gar fester ethischer Werte und dem eigenen ethischen Verständnis, welches sich gegen Vereinnahmung wehrt, unterscheiden.

Wie hast du die Spannung zwischen Anleitung durch Autoritätspersonen/Vorbilder/etc. und deinen eigenen Bedürfnissen als junger Mensch erlebt?

Die Spannung zwischen Orientierung und Abgrenzung als christlich-theologische Dimension

Das genannte Spannungsverhältnis besteht auch aus theologischer Perspektive. Alle Christen/innen gehören zur weltweiten Gemeinschaft der Glaubenden (allgemeine christliche Kirche); zusammen findet diese Gruppe Orientierung an Bibel, Bekenntnis oder auch dem Handeln von christlichen Vorbildern. Aus evangelischer Perspektive ist jeder einzelne Mensch in ein individuelles Gottesverhältnis gestellt und damit seinem eigenen Gewissen nach vor Gott verantwortlich. Eigenes ethisches Handeln muss dabei ggf. von vereinnahmenden Vorgaben einer bestimmten christlichen Tradition oder

Auslegungsart der Bibel abgegrenzt werden. Jugendliche müssen also in der Spannung zwischen christlicher Orientierung (Bibel, Tradition, Vorbilder) und dem eigenen Gewissen mit dem je eigenen Bibelverständnis ihren Weg finden.

Wie erlebst du diese Spannung zwischen eigener Verantwortung vor Gott und der leitenden Orientierung von Gemeinde, Bibel, Bekenntnis ...? Würdest du die Spannung gerne zu einer Seite hin auflösen? Wenn ja, warum?

Die Aufgabe von Mitarbeitenden in der Jugendarbeit ist, diese Spannung aufrechtzuerhalten und nicht zu einer Seite hin aufzulösen. D. h. weder ethische Beliebigkeit noch rigorose ethische Normierung leiten die Jugendlichen an, sich verantwortlich auf den Weg zum guten Leben zu begeben. In der Arbeit mit Jugendlichen sind Orientierung und Raum für Diskussion und Abgrenzung nötig, damit die Teens ihren eigenen Weg finden können.

Über eigene Wege erzählen, Routen vorschlagen, Wegweiser zeigen – Orientierung ermöglichen

Mitarbeitende in der Teenagerarbeit haben die wichtige Aufgabe, Jugendlichen von eigenen Lebenswegen zu erzählen, mögliche Routen mit ihnen auszukundschaften und sie mit den unterschiedlichen Wegweisern vertraut zu machen. Häufig geht es in der Jugendarbeit nicht um die Lösung eines konkreten ethischen Problemfalls, sondern vielmehr um das Kennenlernen und Ausprobieren der eigenen ethischen Urteilsfähigkeit.

Wegweiser Bibel

In der Bibel finden sich unterschiedliche Wegweiser für ethisches Handeln. Es gibt Einzelweisungen (z. B. 1. Tim 5, 23: Timotheus soll Wein trinken), die Gesetzestexte der Bibel (z. B. 2. Mose 20: Die Zehn Gebote) und Grundorientierungen (z. B. 1. Mose 1–3: Alle Menschen sind Gottes Geschöpfe und Gott liebt das Leben).

Es gibt kaum konkrete ethische Handlungsanweisungen in der Bibel, die uns den genauen Weg in einer ethischen Problemsituation vorgeben. Vielmehr müssen wir den Wegweiser Bibel und die dort gezeigten Grundorientierungen für das Leben auf die konkrete Situation beziehen. Indem die konkrete Situation mit dem biblischen Zeugnis in ein produktives Gespräch kommt, kann sich der nächste Schritt zeigen.

Wegweiser Gemeinschaft, Tradition und Vorbilder
In der christlichen Gemeinde sind wir mit anderen Menschen durch die Zeiten verbunden. Durch das Kennenlernen ihrer Lebenswege und eigenen Lebensgeschichten können Jugendliche Orientierung für ihren Weg bekommen. Die Tradition der eigenen christlichen Gemeinschaft (Glaubensbekenntnis, Gemeindevision etc.) hilft auch bei der Ausrichtung auf dem Weg.

Jugendliche in ihrem eigenen Weg ernst nehmen und ermutigen – Abgrenzung ermöglichen

Mitarbeitende in der Teenagerarbeit müssen Jugendliche radikal ernst nehmen und sie ermutigen, die Verantwortung für ihr Leben selbst zu übernehmen. Mitarbeitende müssen unbedingt der Versuchung widerstehen, Jugendlichen den vermeintlich „besten Weg" zu sagen oder ihnen gar jeden einzelnen Schritt vorzugeben. Erwachsene sollen die Jugendlichen anleiten, die unterschiedlichen Handlungswege möglichst aus verschiedenen Richtungen zu bedenken und dann mutige Entscheidungen zu treffen. Die Zusage, dass Gott uns auf unseren Wegen nicht alleine lässt, schenkt Mut für Entscheidungen.

Folgende sieben Punkte (nach Heinz-Eduard Tödt) sollen dabei helfen, das ethische Problem zu erfassen und einen verantwortlichen Handlungsweg zu finden:

1. Wahrnehmen, Beobachten und Beschreiben des ethischen Problems: Was genau ist das Problem? Wie stellt sich das Problem im Gesamtzusammenhang des Lebens dar?
2. Analyse der Situation und des Gesamtkontextes: Wo und wie betrifft mich das Problem? Welche Folge- und Nebenwirkungen gibt es? Wer ist noch betroffen? Wer hat Verantwortung?
3. Finden von verschiedenen Handlungsmöglichkeiten: Wie könnte man sich verhalten? Welche Handlungsweise ist für das konkrete Problem am geeignetsten? Welche Handlungsweise ist unter der jeweiligen ethischen Orientierung am geeignetsten? Welche Handlungsmöglichkeit kann ich vor meinem Gewissen vertreten?

4. Ethische Normen (Wegweiser) auswählen und überprüfen, welche Bedeutung sie in Bezug auf das ethische Problem und die Handlungsmöglichkeiten haben. Abwägung und Entscheidung für eine vorläufige Handlungsmöglichkeit.
5. Überprüfen der eigenen Handlungsmöglichkeiten durch die Kommunikation mit anderen. Kann ich Freunden/innen/Mitarbeitenden mein ethisches Handeln verständlich machen?
6. Die ethische Entscheidung wurde als eigenständiger Weg des Jugendlichen mit dem eigenen Kopf und Willen getroffen. (Die eigene ethische Fehlbarkeit gehört zum Menschsein.)
7. Überprüfen des eigenen Handelns nach einiger Zeit: Habe ich einen geeigneten Weg gewählt? Welche neuen Hindernisse sind aufgetaucht? Bei Sackgassen hilft eine Neuausrichtung mit erfahrenen Mitarbeitenden und Gottes Zusage der Vergebung.

Jugendliche mit Karte, Kompass und Orientierungssinn ausrüsten – konkrete Abgrenzung und Orientierung ermöglichen

In der Jugendarbeit begegnet uns eine schier endlose Zahl möglicher ethischer Fragen: Sollen wir Fairtrade-Kaffee für das Jugendcafé kaufen? Dürfen wir T-Shirts für die Freizeit bei Primark holen? Darf man rauchen? Darf man sich betrinken? Wann darf man miteinander schlafen? Was ist mit der Pille danach? Etc.

Ethische Fragen können daher aus einer konkreten Problemsituation der Gruppe, aus einem allgemeinen Interesse für ein Thema oder auch in einer individuellen Problemsituation entstehen. Dabei ist jeweils die Haltung der Mitarbeitenden entscheidend, die Orientierung und Abgrenzung ermöglichen und die Jugendlichen als mündige Christen/innen bzw. Menschen ernst nehmen. Manche ethische Fragen können nur im seelsorglichen Zweiergespräch bearbeitet werden, andere ethische Themen eignen sich durchaus auch für die Auseinandersetzung in der Gruppe. Folgende Ideen zeigen, in welchen Zusammenhängen ethische Probleme thematisiert werden können:

METHODE

Film und Gespräch

- Zeitgemäßen Film, Kurzfilm oder Serienausschnitt auswählen; dazu eignet sich eigentlich alles, wo eine oder mehrere Personen in (ethischen) Konfliktsituationen stecken.
- Beispiele aus dem letzten Jahr: Snowden, Nebel im August, Breaking Bad etc.
- Gemeinsam den Film sehen.
- Ampel-Statements: Den Jugendlichen werden kontroverse Zitate von unterschiedlichen Personen aus dem Film genannt und sie zeigen mittels roter, grüner und weißer Karten ihre Ablehnung, Zustimmung oder Unentschiedenheit an.
- (Alternative) Vollidioten-Charts: Die Gruppe bringt gemeinsam unterschiedliche Personen aus dem Film in eine Hitliste der größten Idioten. Wer hat sich unpassend oder schlecht verhalten? Warum?
- Gemeinsames Gespräch: Mit welchen Argumenten haben die Personen sich jeweils so verhalten? Sind die Argumente für euch nachvollziehbar?
- Zweiergespräche: Wie hättest du dich verhalten? Und mit welchen Argumenten?
- Abschlussrunde im Plenum: Einzelne Personen können erzählen, wie sie sich verhalten hätten.
- (In weiteren Einheiten wird auf die Quellen ethischer Urteilsbildung und auch den Prozess eingegangen.)
- Geschichten aus Filmen oder Literatur zeigen ethische Problemlagen. Zusammen mit der Gruppe kann erörtert werden: Was ist das ethische Problem? Wer ist betroffen? Welche Handlungsmöglichkeiten gibt es? (Schritte 1 bis 4 nach Tödt)
- Ethisches Problem (T-Shirt-Kauf bei Primark für die Jugendfreizeit) aus sachlicher und biblisch-theologischer Perspektive mit der Gruppe erarbeiten.
- Biografisches Erzählen von Mitarbeitenden über eigenes Erleben von ethischen Konflikten und das Finden des gelungenen Wegs, aber auch Scheitern.
- Jugendliche in ethischen Problemlagen ansprechen und ein offenes Gespräch anbieten.
- Seelsorgerliche Begleitung.

Auf dem gemeinsamen Weg mit Teenagern hin zum guten Leben kommt es tatsächlich weniger auf die „korrekte“ Lösung ethischer Problemsituationen an, sondern es geht um das Einnehmen einer Grundhaltung, die die Jugendlichen als Verantwortliche anerkennt und stärkt.

1 Beten mit Teens

Ingo Müller

Beobachtung

Gebet, das Reden mit Gott, ist so elementar, und doch können es viele Teenager schlichtweg nicht mehr. Sie wissen nicht, wie es geht. Niemand hat es ihnen vorgemacht oder gezeigt. Ihnen fehlen die Vorerfahrung, Vorbilder und die Möglichkeit, ihr Gebetsleben zu entwickeln. Dazu kommt, dass es gerade nicht trendy ist, Geduld und Disziplin zu haben, aber natürlich kommt es beim Gebet auch auf diese beiden unbeliebten Begleiterscheinungen an. Nicht jedes Gebet wird sofort erhört und der Alltag der Teens quillt quasi über vor Ablenkungen, die ihnen die Ruhe und Zeit fürs Beten streitig machen. Das ist die aktuelle Herausforderung, mit der die Teenager leben.

Vorbilder

In erster Linie können wir von Jesus lernen. Er war nicht nur ein Mensch wie wir, sondern selbst auch Gott. Trotzdem hatte er es nötig und wollte mit seinem Vater im Himmel reden und Zeit mit ihm verbringen. Wenn wir die Evangelien in der Bibel lesen, begegnen uns immer wieder Szenen, in denen Jesus sich eine Auszeit gönnt. Er geht auf den Berg, sucht die Einsamkeit und redet mit Gott. Er betet. Denn Beten ist nichts anderes als eine lebendige Beziehung und dazu gehört ein Dialog. Von Jesus lernen können wir, dass er seine Beziehung zu Gott lebt, pflegt, Kraft durch das Gebet tankt und sich zurüsten lässt. Im Garten Getsemane, kurz vor seiner Verhaftung, wird sein Gebet gar nicht wirklich erhört, aber seine Haltung verändert sich. Er gibt seine Zukunft in Gottes Hand und bekommt dadurch die Kraft und Freiheit, seinen Weg zu gehen.

Jesus wirft Gott seine Probleme, Ängste, Nöte und Sorgen hin. Er sagt ihm alles, auch die unangenehmen Dinge.

Jesus weiß, am Ende soll alles so geschehen, wie Gott es für richtig hält. Daher beendet er sein Gebet mit den Worten: *Aber nicht wie ich will, sondern wie du willst, soll es geschehen.*

Jesus pflegt aber nicht nur seine Beziehung, weil er gerade ein Problem hat. Nein, er betet, weil es für ihn wichtig und Normalität ist.

Das ist es für uns oft nicht. In der Normalität reden wir mit Eltern, Freunden/innen, Bekannten, Lehrern/innen, aber nicht mit Gott. Damit dies für Teens wieder zu ihrer Normalität gehört, benötigen sie auch persönliche Vorbilder.

Da sich die Mitarbeitenden in der Teenagerarbeit ihrem Vorbildcharakter gar nicht entziehen können, ist es wichtig, dass sie ihnen ihren Glauben zeugnishaft vorleben. Dazu gehört das Zweifeln und Staunen. Jedoch geht das Vorbildsein noch weiter. Die Frage ist auch: Wie beten die Mitarbeitenden? Was? Wofür? Wann? Wo? All das sind Fragen, von denen die Teens nur profitieren können. *Die Mitarbeitenden sind Vorbilder im Glauben und dadurch auch mit ihrem Gebetsleben, ob sie eines haben oder nicht.*

Umfrage in der Gemeinde
Plant doch mal eine Umfrage in der Gemeinde mit möglichst vielen Menschen. Wann beten sie am häufigsten? Was beten sie? Wo beten sie meistens?

Leichter Einstieg

Dadurch, dass nicht mehr alle Teens einfach drauflos beten, benötigen wir einen leichten Einstieg. Durch das Überwinden kleiner Hürden können sie erste Erfahrungen im Gebet machen, auch im laut vor anderen Beten. Gerade dort gibt es viel Unsicherheit, Scheu und Angst. Was sage ich? Was denken die anderen? Was denken die Mitarbeitenden? Eine Haltung des Vertrauens, Zutrauens und ein geschützter Rahmen sind dafür unerlässlich.

Exemplarisch möchte ich zwei mögliche Tools für einen leichten Einstieg beschreiben:

METHODE

Popcorn-Gebet aus: Hörst du mich – 82 Methoden zum kreativen Gebet.
Stellt euch auf Gottes Gegenwart ein. Nun formulieren alle ihr Anliegen einfach und ohne feste Reihenfolge in jeweils nur einem kurzen Satz. Dadurch wird hintereinander ohne Pause kreuz und quer gebetet. Die kurzen Gebete ploppen dabei auf wie Popcorn in der Mikrowelle.

MATERIAL

Let's Pray

Wer Gott nicht immer mit derselben Leier und auf die gleiche Weise kommen will oder kaum eigene Worte findet, für den kann ich Let's Pray empfehlen – eine Ideenkiste voller Gebetsideen. Es geht darum, so mit Gott zu reden, dass es Spaß macht, Tiefgang hat, Überraschungen mit sich bringt – und auch er zu Wort kommt! Let's Pray will spielerisch das Reden mit Gott inspirieren.

Gerade hierbei habe ich schon geniale Gebete von Teens gehört, denen ich persönlich das gar nicht zugetraut hätte.

Neu lernen und Gewohnheiten bilden

Neben vielem anderen, sollte es ein Ziel der Teenagerarbeit sein, die Teens für ihren Alltag fit zu machen und ihren Glauben zu stärken. Beten sollte dabei eine große Rolle spielen und schon als Ritual und Normalität in der Teenagerarbeit wahrgenommen werden. Das bedeutet ja nicht, dass es langweilig und leblos sein muss. Es gehört aber einfach dazu. Gebet ist ein fester Bestandteil der Teenagerarbeit und fällt auch bei wenig Zeit oder Stress nicht unter den Tisch.

Dazu gehört eine Art und Weise, das Gebet zu praktizieren, die nicht nur in ein Gruppensetting passt, sondern auch von den Teenagern in der Schule, im Sportverein und auch zu Hause praktiziert werden kann. Ziel sollte es sein, die Teens für ein Gebetsleben in ihrem Alltag zuzurüsten und ihnen dafür die nötigen Handwerkssachen beizubringen. In der Teenagerarbeit prägen und befähigen die Mitarbeitenden also für den eigenen Alltag. Denn darauf kommt es an. In der Gruppenstunde am Freitag können viele Jugendliche glauben und beten, sonntags im Gottesdienst gelingt dies auch noch ganz gut. Das Entscheidende ist aber der Alltag, in dem die Teens eigene Worte, einen eigenen Stil und eine eigene Beziehung zu ihrem lebendigen Gott leben und mit ihm reden. Wie, wo, wann und wofür auch immer.

Um nicht an der Zielgruppe vorbeizubeten, ist es wichtig, sich ihre Lebenskultur und Lebensräume anzusehen, sich darauf einzulassen und darin einzutauchen. Wir können und dürfen die Teens selbst daran beteiligen und ihnen zumuten und zutrauen, Gott genauso nah zu sein wie die tollsten Mitarbeitenden. Die Teens selbst sind Experten für ihr Leben und Gott spricht mit ihnen nicht nur in der dritten Person über ihr Leben. Die meisten Teenager lechzen quasi nach Erlebnis- und Erfahrungsräumen. Sie wollen Dinge erleben und neue Erfahrungen machen. Auch das können wir ideal nutzen und sie dadurch in einen Dialog mit Gott einladen.

Vielfalt

Jeder Mensch ist unterschiedlich und daher wird auch sein Gebetsleben nicht dem seiner bzw. ihrer besten Freunde/innen gleichen. Das ist Chance und Herausforderung zugleich. Der persönliche Glaube, wozu das Gebet zählt, ist eine sehr individuelle Sache und daher nicht einfach zu kopieren. Gleichzeitig dürfen wir nicht in die Falle tappen und unser Gebetsleben in der Masse aufweichen, sodass es sich am Ende auflöst. Wir können wählen und die Vielfalt ausleben.

In welchem Setting beten wir? Ich bin überzeugt, dass es wichtig ist, dass wir in möglichst vielen Settings beten:

1. im Gottesdienst,
2. in der Gruppe/Kleingruppe (Teenkreis, Hauskreis, Zweierschaft, Mentoring ...),
3. in Freundschaften und Familie,
4. allein für uns.

Auch das Gebet als solches bietet viele Facetten. Je nachdem, wie wir uns gerade fühlen, können wir einzelne Seiten stärker ausüben. Jedoch ist es auch wichtig, hier nicht in eine Einseitigkeit abzudriften, sondern möglichst viele Facetten in der Teenagerarbeit und im privaten Gebetsleben vorkommen zu lassen.

1. Lob
2. Bitte
3. Fürbitte
4. Klage
5. Dank
6. Buße

Darüber hinaus besteht ein Dialog nicht nur aus dem eigenen Reden, sondern auch aus einem Hören und Redenlassen.

1. Selbst reden
2. Hören, also Gott reden lassen
3. Schweigen

In der Teenagerarbeit können wir mittlerweile auf einen Fundus an Methoden zurückgreifen, um das Gebet in der Gruppe und auch darüber hinaus abwechslungsreich zu gestalten. Ich möchte hier einige Kategorien nennen und gelegentlich ein Beispiel aus dem Buch „Hörst du mich?“ einpflegen.

METHODE

1. Methoden für Stift und Zettel
   z. B. Gebetstagebuch:
   Schreibe einfach drauflos und notiere, was du Gott sagen willst. Wenn du das eine Zeit lang regelmäßig gemacht hast, kannst du das Tagebuch durchblättern und sehen, was du mit Gott besprochen hast, was dich bewegt hat und wie sich die Dinge entwickelt haben. Oft kannst du darin Gottes Handschrift und Wirken entdecken.

2. Methoden für alle Sinne (Musik, Betrachtungen, Körper, Atem)

3. Methoden mit vorhandenen Texten

4. Methoden mit einem festen Ablauf/Liturgie:
   z. B. Fünffingergebet:
   Du betest (allein oder in der Gruppe), indem du deine fünf Finger zu Hilfe nimmst. Jeder Finger steht dabei für eine Frage:
   Daumen: Was gefällt dir in deinem Leben? Wofür bist du Gott dankbar?
   Zeigefinger: Worauf hat Gott dich aufmerksam gemacht? Was willst du bekennen?
   Mittelfinger: Was stinkt dir in deinem Leben? Worüber willst du klagen?
   Ringfinger: Wo hast du Gottes Treue in deinem Leben erlebt? Wofür willst du ihn loben?
   Kleiner Finger: Was kommt in deinem Leben zu kurz? Worum willst du Gott bitten?

5. Methoden, die ideal für den Alltag sind:
   z. B. Zehnsekundengebet:
   Sprich bei allen Tätigkeiten, die du an diesem Tag beginnst, ein kurzes Zehnsekundengebet. Zum Beispiel ein Dankgebet, wenn du dir einen Kaffee einschenkst, oder ein kurzes Bittgebet, wenn du das Haus verlässt. Bete über den Tag verteilt immer wieder solche kurzen Zehnsekundengebete.

6. Methoden für besondere Anliegen
   z. B. Adressbuch-Gebet:
   Schalte dein Handy oder Smartphone ein und öffne deine Kontaktliste/Freundesliste. Bitte Gott, dich auf die Menschen aufmerksam zu machen, für die du beten sollst. Blättere deine Kontakte langsam durch und stelle dir zu jedem Namen die konkrete Person vor. Sicher wirst du beim einen oder anderen Namen länger hängen bleiben – dann nimm das als Anlass, um für diese Person zu beten.

7. Methoden für die Gebetsgemeinschaft

8. Methoden für Stationen

   z. B. Dank-Bar:

   Besorge leere Flaschen, Zettel, Kleber und Stifte. Löse die Etiketten der Flaschen ab. Beschrifte sie mit Lebensbereichen der Teens (Schule, Freunde, Familie, Gottesbeziehung, Körper ...). Stelle die Flaschen gut sichtbar im Raum auf. Alle überlegen, wofür sie dankbar sind, und schreiben es auf einen Zettel. Wenn ihr möchtet, könnt ihr die Zettel laut vorlesen. Steckt sie anschließend in die passende Flasche. Gebt der Dank-Bar ein paar Wochen lang einen festen Platz in eurem Raum.

Natürlich gibt es auch verschiedene Veranstaltungsmodelle, die für die Teenagerarbeit interessant sind:

1. Prayday: Gebetstag für die Schule (http://prayday.smd.org)
2. 24/7-Gebetswoche (http://24-7prayer.de)
3. Gestaltung eines Gebetsgartens/Gebetswegs
4. Besuch eines Gebetshauses
5. Gebetsfrühstück
6. Buß- und Bettag (Anfahrtspunkte in der Stadt, aussteigen und beten)

BUCHTIPPS

Ingo Müller: Let's Pray – kreativ zusammen beten. Neukirchener Verlagsgesellschaft 2014

Katja Flohrer, Ingo Müller, Daniel Rempe (Hg.): Hörst du mich? Gott zum Mitreden – 82 Methoden zum kreativen Gebet. Neukirchener Verlagsgesellschaft, Brunnen, Buch+Musik 2014

Stephan Münch (Hg.): Einfach Beten – Gott im Alltag begegnen. Born-Verlag 2016

Christoph Müller, Katharina Renken (Hg.): pray station – 99 Gebetsstationen. Buch+Musik 2016

2 Predigen mit Teenagern

Katharina Haubold

Ich aber sprach: „Ach, Herr HERR, ich tauge nicht zu predigen; denn ich bin zu jung." Der Herr sprach aber zu mir: „Sage nicht ‚Ich bin zu jung', sondern du sollst gehen, wohin ich dich sende und predigen alles, was ich dir gebiete."

(Jeremia 1, 6f., LÜ17)

Teenager sind nicht zu jung

Teenager haben etwas zu sagen. Sie machen Erfahrungen im Leben und mit Gott, stellen Fragen, suchen und finden Antworten und setzen sich mit ihren Lebensthemen auseinander. Gott begegnet ihnen und beruft – und seine Berufung kennt keine Altersbegrenzung. Dabei muss Berufung nicht der „Brief vom Himmel" sein. Sie kann dadurch geschehen, dass Mitarbeitende „ihre" Teenager und deren Gaben wahrnehmen, sie herausfordern und ihnen Raum geben, Begabungen zu entdecken und zu entfalten. Dabei wird das Thema „Predigen" in der Arbeit mit Teenagern oft ausgeklammert. Erwachsene werden ausgebildet, um für Teenager und Jugendliche zu predigen. Aber auch die Teenager selbst können befähigt werden, ihre Gedanken und Erkenntnisse zu biblischen Texten und theologischen Themen weiterzugeben. Es kann eine große Bereicherung sein, nicht nur Erwachsene und professionell Ausgebildete im Gottesdienst zu Wort kommen zu lassen – und seien es zunächst besondere Gottesdienste, wie z. B. Jugendgottesdienste. Viele Teenager fühlen sich in Predigten nicht ernst genommen. Ihre Themen und Lebenswelten kommen nicht vor, ihre Fragen finden keinen Platz und die Sprache, die verwendet wird, ist für sie oft unverständlich. Dabei setzen sie sich durchaus mit dem Glauben auseinander und zeigen ein großes Interesse an Spiritualität. Nehmen wir uns als Mitarbeitende zu Herzen, dass die neue Generation vor allem ernst genommen werden möchte, sollten wir das auf allen Ebenen der Arbeit mit ihnen durchbuchstabieren. Das bedeutet, sie ihrer Entwicklung, ihrer Begabung, ihres Interesses und ihrer Meinung entsprechend einzubeziehen und ihnen zu ermöglichen, selbst auch inhaltlich (mit)zugestalten. Und das nicht nur um ihretwillen, sondern auch um unseretwillen und aller anderen – denn Gott könnte uns etwas zu sagen haben – durch Teenager. Dabei lassen wir uns auf ein spannendes Unterfangen ein. Teenager an

Predigten zu beteiligen und sie zum Predigen zu befähigen, konfrontiert uns Mitarbeitende mit unterschiedlichen Herausforderungen: Unsere Rolle verschiebt sich von Impulsgebenden zu Ermöglichenden, von Antwortgebenden zu Hinterfragten, von Voraus-Seienden zu Mit-auf-dem-Weg-Seienden. Diese Rollenverschiebungen sind entscheidend, um Teenager und ihr Erleben mit Gott genauso wertvoll zu erachten wie unser eigenes. Wir beschreiten neue, kreative Wege mit den Teenagern, um ihnen zu helfen, z. B. eigene Worte und Bilder für die „semantische Leerstelle" (wie es Tobias Faix im Kapitel „Die Generation Y verstehen" sagt) in Bezug auf Glauben zu finden. Wir lassen den Gedanken zu, dass Predigten nicht immer zwanzigminütige Monologe sein müssen, und erfinden mit den Teenagern andere Formen, um die gute Nachricht erlebbar, spürbar und begreifbar zu machen. Wir orientieren uns neu an dem Gott, der Kinder in den Mittelpunkt stellte, mit Geschichten Bilder des Himmels malte und je nach Kontext und Zielgruppe sehr unterschiedliche Wege fand, um Gottes Liebe zu verkündigen.

Deshalb sind Kontext und Zielgruppe entscheidend.

Mit wem bist du unterwegs?

Wenn du mit Teenagern predigst, musst du zwei Zielgruppen bedenken.

Deine erste Zielgruppe sind die Teenager, die du zum Predigen befähigen willst. Dabei kann es um die Beteiligung einer ganzen Gruppe (z. B. Jugendkreis) an der Predigt in einem Gottesdienst gehen. Es kann aber auch um eine einzelne Person gehen, in der du Potenzial entdeckst, das sich zum Predigen eignet. Teenager, die gerne vor anderen reden, die Geschichten fesselnd erzählen können, die inhaltliche Auseinandersetzung mögen oder eine gute Präsenz haben, bringen gute Voraussetzungen zum Predigen mit.

Deine Aufgabe ist es, diese Teenager, so gut du kannst, dabei zu unterstützen, eigene Zugänge zu Themen und Bibeltexten und eigene Formen für das Weitergeben der Inhalte zu entwickeln. Deshalb ist es wichtig, dass du dich im Vorfeld gut auf diejenigen einlässt, mit denen du diesen Weg gehen willst. Es ist hilfreich, folgende Fragen im Hinblick auf diese erste Zielgruppe zu klären:

1. **Was zeichnet sie aus?**
2. **Was beschäftigt sie?**
3. **Wie setzen sie sich mit Gott und dem Leben auseinander?**
4. **Was sind ihre Zugänge zu biblischen Texten?**
5. **Welche Methoden können ihnen helfen, Themen und Texte zu erschließen?**

Die eigenen Erfahrungen

Teenager haben meist eigene Erfahrungen, was die Predigt angeht. Diese Erfahrungen kannst du nutzen, um mit ihnen an einer „guten" Predigt zu arbeiten.

METHODE

Als gemeinsamer Einstieg mit Teenagern eignet sich ein Austausch zu folgenden Fragen:

- Eine Predigt ist super, wenn ...
- Ein Prediger gefällt mir, wenn ...

Halte die Ergebnisse auf einem Flipchart fest, sodass ihr sie immer wieder als Maßstab für eure Predigt nehmen könnt. Überlegt dann gemeinsam, wie erreicht werden kann, was ihr als Kriterien benannt habt, und ergänzt das in einer anderen Farbe. Diskutiert die Frage, was ihr unter einer Predigt versteht.

Das homiletische Dreieck

Hier kann es hilfreich sein, das sogenannte homiletische Dreieck (Homiletik nennt man in der Theologie die Lehre vom Predigen) zu ergänzen. Eine Predigt ist ein Geschehen mit drei Beteiligten: dem bzw. der Predigenden, dem bzw. der Hörenden und dem biblischen Text.

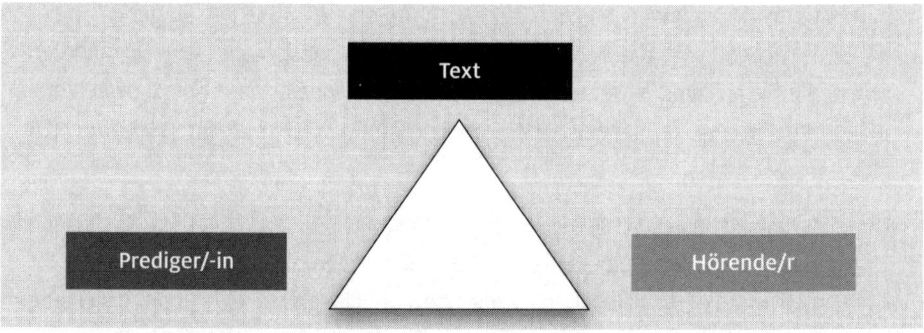

Mit diesem Hilfswerkzeug kann immer wieder überprüft werden, ob Predigten Gefahr laufen, eine zu starke Schlagseite zu bekommen. Nicht jede Predigt muss alle drei Bereiche gleichermaßen abdecken. Aber eine Predigt, in der der bzw. die Predigende nichts von sich selbst preisgibt, kann unauthentisch wirken. Auf der anderen Seite gibt es Predigten, nach denen man zwar die Lebensgeschichte des bzw. der Predigenden kennt, vom Bibeltext aber wenig gehört hat. Der Bibeltext soll die inhaltliche Ausrichtung vorgeben. Gleichzeitig kann eine Predigt, die zu stark beim Text bleibt, steif und lebensfern sein. Dass sich Hörende einbezogen fühlen, hängt oft davon ab, wie sehr sie von Predigenden mit ihren Fragen, inneren Widerständen und ihren Lebenswelten ernst genommen werden. In Predigten muss auf diese Resonanzen der Hörenden eingegangen werden.

In der Erarbeitung einer Predigt ist es deshalb wichtig, sich mit den Teenagern Gedanken um diese drei Komponenten zu machen, damit das Ergebnis „rund" wird.

Gott hat etwas zu sagen

Auch wenn Predigen ein Handwerkszeug ist, das man lernen und sich mit Methoden erschließen kann, gehen wir davon aus, dass Gott selbst darin wirkt. Wir hoffen, dass er durch die biblischen Texte zu uns und den Hörenden spricht. Deshalb ist es wichtig, sich im Prozess immer wieder Zeit dafür zu nehmen, auf ihn zu hören und ihn um gute Gedanken und Ideen zu bitten.

METHODE

Hinhören

Leite immer wieder bewusste Zeiten der Stille ein. Du oder ein Teenager bittet Gott zu Anfang, euch gute Gedanken zu schenken. Mit einem „Amen" wird diese Zeit beendet. Achtet während dieser Zeit auf eure Gedanken und Ideen. Tauscht euch darüber aus.

Drei Fragen

Gemeinsam mit den Teenagern gilt es, drei Fragen zu bewegen:

1. Wem wollen wir etwas sagen? (→ Wer sind unsere Hörenden?)
2. Was wollen wir ihnen sagen? (→ Was ist unser Inhalt?)
3. Wie wollen wir es ihnen sagen? (→ Welche Form wählen wir für die Predigt?)

Wem wollen wir etwas sagen?

Es macht einen Unterschied, ob man Konfirmanden, Flüchtlinge, Gottesdiensterfahrene oder Lehrer/innen vor Augen hat, wenn man eine Predigt ausarbeitet. Die Zielgruppe zu kennen, ist ein Schlüssel, um ein Thema zu wählen, das die Menschen betrifft, um Beispiele zu finden, die verständlich sind, und um Fragen aufzugreifen, die wirklich im Raum stehen. Natürlich können sehr unterschiedliche Menschen an einem Gottesdienst teilnehmen und es soll auch nicht darum gehen, Schubladen zu pflegen. Aber ein intensives Nachdenken über die Zuhörenden nimmt sie ernst und liefert oft schon Ideen für eine lebensnahe Verkündigung. Dabei kann folgende Übung helfen:

METHODE

Stellt euch eine/n Gottesdienstbesucher/in möglichst konkret vor.
Und beantwortet folgende Fragen:

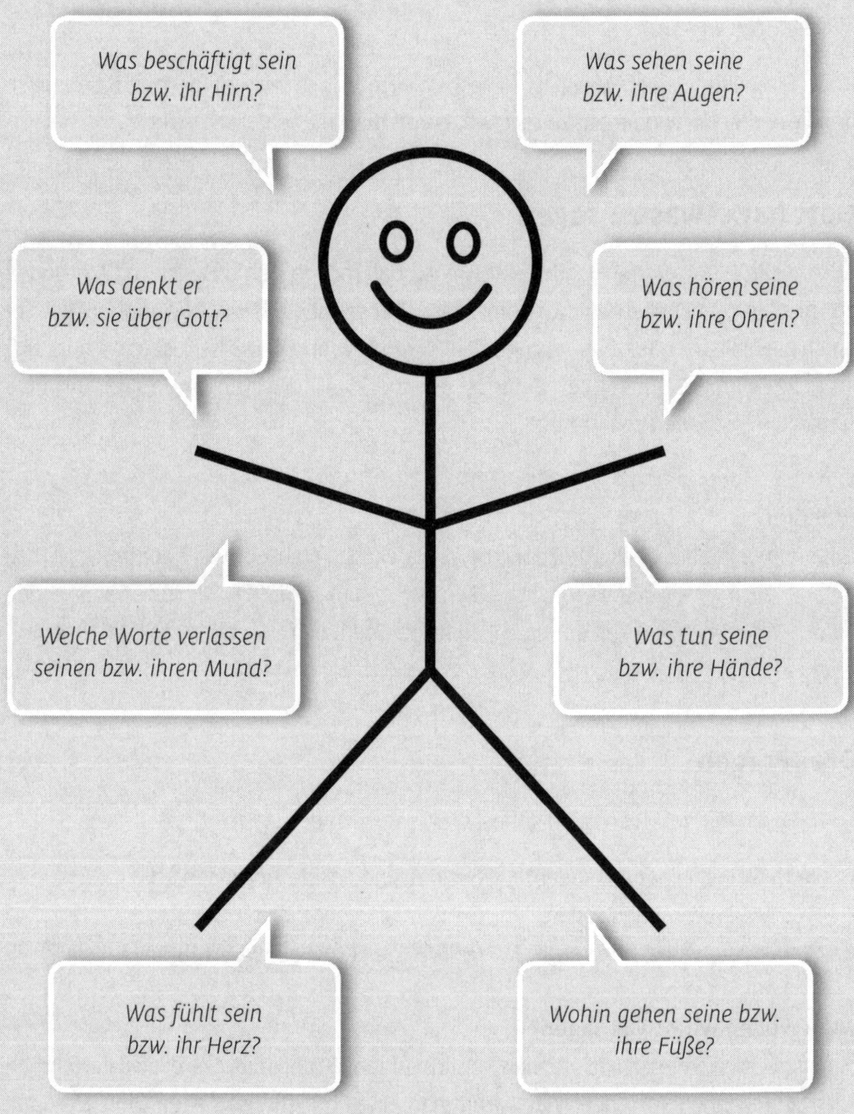

Je konkreter die Antworten auf diese Fragen sind, desto besser begreifen die Teenager die Lebenswelt der Zuhörenden. Vielleicht fallen ihnen aktuelle Lieder und Filme ein und die Antworten verraten etwas über die Lebensthemen und Sehnsüchte usw.

Überlegt mit den Teenagern bei allen Gedanken, die ihr euch nun inhaltlich macht, immer wieder: Was würde „unser/e Gottesdienstbesucher/in" dazu sagen/fragen/denken?

Was wollen wir sagen?

Manchmal sind die Themen und Texte in Gottesdiensten schon vorgegeben. Falls nicht, überlege mit den Teenagern, was sie und „eure/n Gottesdienstbesucher/in" beschäftigt. Bibeltexte zu bestimmten Themen können z. B. über eine Konkordanz, Bibel-Apps oder eine Stichwortsuche im Internet gefunden werden.

1. Augen auf

Auch wenn die Teenager schon ein bestimmtes Thema im Kopf haben, ist es wichtig, sich ganz auf den Text einzulassen. Du kannst ihn z. B. mit einer Bibellese-Methode gemeinsam mit den Teenagern lesen. Dabei soll erst mal „nur" wahrgenommen werden, was der Bibeltext aussagt. Zum gemeinsamem Entdecken von biblischen Texten gibt es viele Möglichkeiten. Einige findest du im Material angegeben.

METHODE

Eine hilfreiche Methode nach dem ersten Entdecken des Textes ist es, sich ihn als Comic oder in Filmszenen vorzustellen, vielleicht sogar aufzumalen. So überlegt ihr möglichst konkret, was in den einzelnen Abschnitten passiert, wie die Beteiligten sich fühlen etc.

2. Faktencheck

Auch wenn Bibeltexte bis heute etwas zu sagen haben, sind sie in ganz konkreten Situationen entstanden. Es geht darum, diesen Inhalt neu begreifbar zu machen. Um ihn und die Bedeutung des Textes zu erfassen, ist es deshalb wichtig, ihn nicht sofort auf unser Leben zu beziehen. Kläre deshalb mit den Teenagern zunächst folgende Fragen:

- Was war der historische Hintergrund? In welcher Situation schrieb der Autor diesen Text? Wer waren die damaligen Adressaten?
- Was bedeuten wichtige Wörter im Zusammenhang des Textes?
- Was ist der Kernpunkt dieses Textes?

Je nachdem, wie gerne deine Teenager mit Texten arbeiten, ist es hilfreich, ihnen diesen Schritt zu erleichtern. Du kannst vorarbeiten und ausgewählte Ergebnisse präsentieren. Vermeide aber, ihnen Antworten „vorzusetzen".

3. Klartext

Fasse nun mit den Teenagern die Ergebnisse aus dem Faktencheck zusammen. Beantworte die Frage: Was wollte der bzw. die damalige Autor/in den damaligen Adressaten sagen?

Frage die Teenager nun, was das für euch, „euren Zuhörer" und euer Thema bedeutet. Beantworte die Frage: Was wollen wir unseren Zuhörenden sagen? Das ist euer Klartextsatz.

MATERIAL

- Daniel Rempe: Liest du mich – 41 Methoden zum Bibellesen mit Gruppen. Neukirchener Aussaat 2012
- Christopher May: Farbe bekennen. Ejw Service 2015
- Slant. Born Verlag 2012
- www.basisbibel.de/Basisbibel-App
- www.bibelserver.de
- Studienbibeln (z. B. Begegnung fürs Leben)
- Wuppertaler Studienbibel

Wie wollen wir es sagen?

Viele Jugendliche werden mit dem Stichwort „Predigt" einen Monolog assoziieren. In diesem Schritt ist es wichtig, Kreativität und eigene Ideen zu fördern und freizusetzen. Es geht nicht darum, den Text nachzuerzählen, sondern den Inhalt neu verständlich zu machen.

METHODE

Ideen, Ideen, Ideen

Starte mit einer Kreativphase. Schreibt euren Klartextsatz in die Mitte eines großen Plakates und sprudelt mit den Teenagern Ideen zu den nebenstehenden Kategorien: Lass sie dann bewusst „eure/n Hörende/n" dazu nehmen und in einer anderen Farbe ergänzen, was ihm bzw. ihr zu diesen Kategorien einfallen würde.

1. Rausschmeißen

Überlegt nun, welche der gesammelten Beispiele, Bilder, Videos etc. am besten auf den Punkt bringen, was ihr sagen wollt. Hier ist es wichtig auszusortieren. Es geht darum, wenige, gut geeignete Veranschaulichungen auszuwählen.

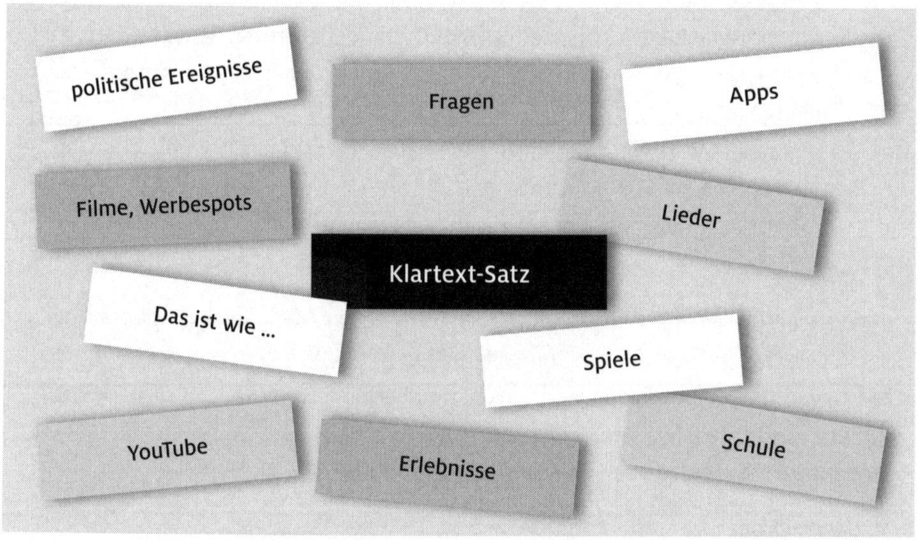

2. In Form bringen

Jetzt geht es an den konkreten Predigtaufbau. Wie können die Zuhörenden mit ins Thema und durch eure Gedanken genommen werden? Exemplarisch kannst du den Teenagern verschiedene Ideen vorstellen:

Soll es ein Monolog werden? Könnt ihr verschiedene Stationen kreieren, die die Zuhörenden nacheinander erkunden? Habt ihr viele Beteiligte, die ihre Sichtweise auf das Thema von unterschiedlichen Stellen der Kirche vortragen? Spielt ihr Clips und Lieder ab? Zeigt ihr ein Experiment? Erzählt ihr den Bibeltext verfremdet nach?

Lass eurer Kreativität keine Grenzen setzen, aber frag die Teenager immer wieder:

Dient es dazu, dass die Zuhörenden verstehen, was wir ihnen sagen wollen?

Egal, welche konkrete Form es annimmt, Folgendes ist in jedem Fall zu beachten:

- Wird klar, was die Hauptaussage ist? Hier können gezielte Wiederholungen helfen.
- Kommen die Zuhörenden vor mit ihren Anfragen und Widerständen gegen das, was ihr sagen wollt? Nehmt ihr ernst, dass andere dazu anders denken können? Hat das seinen Platz in der Predigt – z. B. indem ihr darauf eingeht oder eigene Anfragen und Widerstände deutlich macht?
- Gibt es Bezüge zum Alltag? Wird deutlich, was diese Botschaft mit dem Leben der Zuhörenden zu tun hat?

- Es geht um eine Rede, nicht eine „Lese". Hilf den Teenagern, die Texte so zu formulieren, wie sie auch normalerweise sprechen würden. Dabei helfen ein paar Regeln:
  - Formuliert kurze Sätze mit wenigen Nebensätzen.
  - Vermeidet Verallgemeinerungen („Wir haben alle schon mal erlebt, dass ...").
  - Redet von „ich" und nicht von „man".
  - Vermeidet Ironie, rhetorische Fragen und Fremdwörter.

3. Get ready

Probiere mit den Teenagern aus, in welcher Form sie ein Predigtmanuskript brauchen, um die Predigt gut vorzutragen. Vielleicht hilft es, den Inhalt auf Stichpunkte zu reduzieren, um frei reden zu können. Vielleicht sind Karteikarten besser als DIN-A4-Zettel. Achte in jedem Fall darauf, dass die Schrift groß genug ist und die Seiten nummeriert sind. Nutze Markierungen als Orientierungshilfen im Text.

4. Generalprobe

Übe unbedingt mit den Teenagern an Ort und Stelle – das gibt Sicherheit, deckt Unklarheiten und Stolpersteine auf. Präge eine Kultur, in der viel gelobt und ermutigt, aber auch konstruktiv kritisiert wird. Bei der Probe kann ein besonderes Augenmerk darauf liegen, dass die Teenager einen sicheren Stand haben und Gestik und Mimik gezielt einsetzen, aber auch darauf, dass sie laut, deutlich und langsam sprechen. Außerdem kann hier geübt werden, Blickkontakt zu den Zuhörenden herzustellen, um nicht „über ihre Köpfe hinweg" zu reden.

5. Go

Überlege gemeinsam mit den Teenagern, was ihnen direkt vor der Predigt Sicherheit geben kann. Vielleicht eine gemeinsame Gebetsrunde? Ein Stück Schokolade als Nervennahrung? Ein Segenszuspruch? Es kann für die Zukunft ein großer Schatz sein, hier Rituale einzuführen.

Und jetzt go: Lass Teenager predigen – sie haben etwas zu sagen.

3 Wie Teens geistlich wachsen können

Johanna Weddigen

Die Teenagerzeit ist insbesondere durch eins geprägt: Wachstum! Körperlich, charakterlich und auch geistlich. Es lohnt sich daher, sich darüber Gedanken zu machen, wohin und wie die uns anvertrauten Jugendlichen wachsen. Im geistlichen Wachstum geht es darum, Gott besser kennenzulernen und in der Beziehung zu ihm zu wachsen mit allen Herausforderungen, die dies mit sich bringt.

Vom „Maybe" zum „Definitely"

Als Verantwortliche in der Jugendarbeit ist es unsere Aufgabe, die Jugendlichen in dieser Zeit zu begleiten, ihnen die Chance zu geben, Zweifel zu äußern, Fragen zu stellen und Gewissheiten zu erlangen. Die „Generation Maybe" (siehe hierzu auch das Kapitel von Tobias Faix: Die neue Generation verstehen) hält sich gerne verschiedene Optionen offen. Heute steht die Jugendarbeit daher vor der großen Herausforderung, den Teens eine Entscheidungshilfe zu sein und ihnen zu zeigen, dass es sich manchmal lohnt, sich festzulegen. Die „Generation Maybe" braucht ein „Definitely", das ihnen Halt gibt, und das kann sich im Glauben finden. Doch aus einem „Maybe" wird nicht einfach so ein „Definitely". Teens brauchen die Erfahrung, dass es lohnt, sich festzulegen, und diese Erfahrungen zu sammeln, braucht Zeit. Es ist ein Prozess und Teil des geistlichen Wachstums. Die Begriffe Prozess und Teil deuten schon an, dass geistliches Wachstum verschiedene Phasen durchläuft. Die Willow Creek Community Church Chicago hat sich mit genau dieser Frage seit 2004 intensiv beschäftigt. Sie wollten herausfinden, wie Menschen geistlich wachsen und was man tun kann, um dies zu fördern. In ihrer Reveal-Studie wurden über 280.000 Christen aus 1.200 Gemeinden zum Thema geistliches Wachstum befragt. Ein Kernergebnis ist, dass es unterschiedliche Förderung des geistlichen Wachstums benötigt, da es verschiedene Phasen des Glaubens gibt.

Es erscheint nachvollziehbar, dass jemand, der gerade frisch zum Glauben gekommen ist, eine andere Förderung benötigt als jemand, der schon länger glaubt und vielleicht auch schon die ersten Höhen und Tiefen erlebt hat. Die Studie unterscheidet die Phasen:

1. Den Glauben entdecken
2. Im Glauben wachsen
3. Enge Beziehung zu Christus
4. Christus als Lebensmittelpunkt

Alle vier Phasen definieren sich über die Distanz oder Nähe der jeweiligen Beziehung zu Christus. Um zum „Definitely" zu kommen, ist nach dieser Studie eine Beziehung zu Gott nötig, die aber sehr unterschiedlich aussehen kann. Es wäre daher zu vereinfacht zu sagen: „Halte diese drei Schritte ein und alle Jugendlichen werden geistlich wachsen." Beziehungen sind immer etwas Individuelles. Sei als Leiter oder Leiterin daher vielmehr ihr/e geistliche/r Trainer/in und entwickle mit ihnen zusammen ihr individuelles Trainingsprogramm. Hilf dem bzw. der Jugendlichen wahrzunehmen, wo er oder sie im geistlichen Wachstum steht und wie du dabei helfen kannst. Entwickle mit ihm bzw. ihr gemeinsam die Frage: „Wo stehe ich und was ist für mich als Nächstes dran?"

Es kann deine Kapazitäten sprengen, dies als alleinige/r Teenagerleiter oder Teenagerleiterin in einer Gruppe zu verwirklichen. Es ist daher ratsam, über das Thema „Coaching" oder „Mentoring" nachzudenken, was neben dem Gruppenangebot eine individuelle Begleitung ermöglicht.

In welcher Phase des Glaubens befinden sich die Teenager in deiner Gruppe? Wie kann individuelle Förderung im geistlichen Wachstum umgesetzt werden?

Herausforderungen sind Anstöße zum Wachstum

„Ich kann das!"

Dieser Satz beschreibt das Gefühl der Generation Y. Sie trauen sich etwas zu und wollen auch, dass ihnen etwas zugetraut wird. Diese Generation möchte gefordert werden und das auch im Glauben. Möchte man, dass die Teens im Glauben wachsen, muss man sie den Glauben ausprobieren lassen. Glaube darf keine Theorie bleiben, sondern muss von den Jugendlichen selbst getestet und erlebt werden.

Eine Form der Förderung ist die aktive Mitarbeit in der Gemeinde. Hier können die Teens praktisch mit anpacken, Aufgaben übernehmen und sich ausprobieren. Was in

der Reveal-Studie jedoch überraschte, war, dass an der Aktivität in der Gemeinde nicht automatisch das geistliche Wachstum abgelesen werden kann. Der Dienst in einer Gemeinde kann zur Routine werden. Um zu wachsen, sind jedoch Herausforderungen nötig. Erst sie machen Wachstum notwendig. Gott hat die Menschen in der Bibel immer wieder herausgefordert. Er lässt die Menschen nicht in ihrer Komfortzone, sondern sendet Mose trotz seiner Sprachdefizite zum Pharao, Jona zur Verkündigung des Untergangs der Stadt nach Ninive, Petrus soll mal eben auf dem Wasser gehen und Esther ihr Leben für ihr Volk riskieren. Doch letztendlich sind dies die Momente, in denen sie Gottes Führung, seine Unterstützung, seine Sicherheit und Liebe erfahren konnten. Es nützt also nichts, den Teens ein möglichst bequemes Umfeld in der Gemeinde zu bauen. Sie sollen sich dort sicher fühlen, aber nicht stagnieren.

Es kann herausfordernd sein, grundlegende Themen zu hinterfragen, von denen man sicher ist, sie verstanden zu haben. Insbesondere christlich sozialisierte Jugendliche kommen in der Teenagerzeit an den Punkt, sich zu fragen, ob das mit dem Glauben alles so klar ist, wie es in der Kindheit dargestellt wurde. Vermehrt müssen sie feststellen, dass andere Jugendliche über den Glauben so ganz anders denken. Auch für diejenigen, die in ihrer Kindheit nie etwas von Gott gehört haben, ist diese Zeit eine Herausforderung. Sie hören im Konfirmandenunterricht oder in der Schule von einem Glauben, der ihnen fremd ist, und sollen sich hierzu eine Meinung bilden. Es gibt zum geistlichen Wachstum diverse Kurse, die in Gemeinden kursieren. Kann man das Leben mit Gott in einem Kurs erlernen? Ich glaube, nein. Ich glaube, dass man Gott nicht erlernen, aber ihn erfahren kann. Und wenn man sich die Kurse genauer anguckt, geht es auch genau darum. Wenn wir uns der Frage widmen, wie Teens geistlich wachsen können, ist die eigentliche Frage, welche Räume wir ihnen bieten können, Gott persönlich kennenzulernen. Ein Glaubensgrundkurs kann ein solcher Raum sein. Es gibt diverse Kurse für die unterschiedlichen Zielgruppen. Ein Kurs, der sich für Jugendliche gut eignet, ist Jugendalpha. Geistliches Wachstum geschieht hier durch die Gemeinschaft beim Essen, die Inputs mit der Alpha-Jugend-Filmserie oder einen Livevortrag und den anschließenden Austausch in Kleingruppen. Wichtig ist es, die Teilnehmenden mit ihren Fragen, Sorgen und ihrer Kritik ernst zu nehmen. Lass die Jugendlichen zu

Wort kommen und sich gegenseitig herausfordern. Es ist wichtig, die Jugendlichen ernst zu nehmen und offen zu sein, auch von ihnen zu lernen und selbst an ihnen im Glauben zu wachsen. Im Glauben wachsen bedeutet auch sprachfähig zu werden. Nur weil man davon überzeugt ist, dass es den Heiligen Geist gibt und man sein Wirken auch schon erlebt hat, heißt es noch nicht, dass man dies auch formulieren und an andere Menschen weitergeben kann. Daher ist dieses Programm für die verschiedenen Phasen des geistlichen Wachstums hilfreich.

Beim Wachstum ist es wichtig, nicht das Ziel aus den Augen zu verlieren. Es geht darum, Gott näher kennenzulernen und in Beziehung zu ihm zu leben. Doch wie sieht dies ganz praktisch aus? Das zu vermitteln, ist gar nicht so einfach, und so können Vorbilder helfen, dies zu verdeutlichen. Bei aller Individualität braucht auch diese Generation Vorbilder, an denen sich orientiert werden kann. Nicht umsonst erleben die YouTube-Stars und Blogger einen Boom. Die Mentoren und Mentorinnen und natürlich du als Jugendleiter oder Jugendleiterin können solche Vorbilder sein. Abgesehen davon, ein Vorbild im Alltag zu sein, kann es aber auch helfen zu zeigen, wie christliche Prominente ihren Glauben leben.

BEISPIEL

Bear Grylls ist ein durch DMAX bekannter Abenteurer, der u.a. als erster Mensch mit einem Schlauchboot über den Atlantik gefahren ist, ist insbesondere bei männlichen Jugendlichen sehr beliebt. In seiner Show nimmt er diverse Prominente mit in die Wildnis und erzählt auch von seinem Glauben. Es ist beeindruckend zu sehen, wie Barack Obama und er, zwei anerkannte Männer, gemeinsam beten. Nutze solche Vorbilder, die bereits ihr „Definitely" formuliert haben.

MATERIAL

Jugendalpha (http://alphakurs.de/alpha-jugend/)
Bear Grylls und Obama (https://www.youtube.com/watch?v=ncA8sDMUHJM)

Wachstum bringt Unabhängigkeit

In der Reveal-Studie wurde zudem herausgefunden, dass die Rolle der geistlichen Gemeinschaft abnimmt, wenn Menschen sich geistlich weiterentwickeln. Allein die Gemeinschaft mit anderen Christen reicht für geistliches Wachstum nicht aus. Dafür ist die Gemeinschaft mit Gott nötig. Nur so kann er wirklich kennengelernt werden. Die Bibel macht deutlich, dass Beten (1. Thessalonicher 5, 17), regelmäßiges Bibellesen (Matthäus 4, 4), die Umsetzung des Gelesenen (Römer 12) und Vertrauen (Psalm 37, 5–7) zum geistlichen Wachstum gehören. Die Jugendlichen müssen dahingehend unterstützt werden, ihren Weg zum geistlichen Leben auch außerhalb der Gemeinschaft zu finden. Auch der Glaube braucht eine gewisse Unabhängigkeit. Das bedeutet nicht, dass die Gemeinschaft überflüssig wird, aber sie allein bestimmt nicht die Beziehung zu Gott.

Teenager schauen an die 85-mal täglich auf ihr Smartphone. Das Smartphone ist absolut präsent im Alltag. Wie gut wäre es, wenn Gott so präsent wäre. Mittlerweile gibt es Apps, die genau das fördern. BibleBoost, wo wöchentliche Videopodcasts helfen, die Bibel zu lesen und zu verstehen, oder die Bibel App, in der täglich Verse und Inputs aufs Smartphone geschickt werden und so helfen, den Glauben im Alltag präsent zu machen, können dies unterstützen.

MaTERiAL

BibleBoost (https://play.google.com/store)
Die BibelApp (https://www.bible.com/de)

Eine große Versuchung in der Jugendarbeit ist es, an der Teilnehmendenzahl das geistliche Wachstum messen zu wollen. In Wahrheit sagt diese Zahl jedoch nichts über das geistliche Wachstum aus, höchstens darüber, ob anderen dein Programm gefällt. Beim geistlichen Wachstum kommt es jedoch auf Qualität statt Quantität an. Jesus als Hirte geht dem einzelnen Schaf nach und verliert seinen Fokus auf die Masse der Herde trotzdem nicht (Lukas 15, 3–7). Es kommt darauf an, Räume zu schaffen, den einzelnen Jugendlichen ein/e gute/r geistliche/r Trainer/in zu sein, sie auf ihrem Weg, Gott kennenzulernen, zu begleiten und sie so wachsen zu sehen.

Führt deine derzeitige Arbeitsform dazu, dass die Teens sich geistlich weiterentwickeln?

BUCHTIPPS

- Greg L. Hawkins, Cally Parkinson: Prüfen – Aufrüttelnde Erkenntnisse der REVEAL-Studie. Gerth Medien 2009
- Tobias Faix, Anke Wiedekind: Mentoring – Das Praxisbuch. Geistliche Begleitung in Glaube und Leben. Neukirchener Verlagsgesellschaft 2017

4 Neue Wege in Konfirmandenarbeit und Biblischem Unterricht

Benjamin Schneider

Begeistert

Ich bin begeistert. Von Jesus, von jungen Teens und von dem Potenzial, welches entsteht, wenn beide aufeinandertreffen. Am stärksten erlebe ich das als Jugendreferent gerade in unserem Konfi- und BU-Kurs. Nach dem letzten Kurs lagen sich die Teens tatsächlich weinend in den Armen, da die gemeinsame Zeit schon rum war.

Wir wissen nicht, wie viel hier an unserem Konzept des Kurses liegt. Doch die Begeisterung über diesen Kurs ist in den letzten Jahrgängen sehr ähnlich gewesen. Deshalb lohnt es sich, dich an diesem Konzept teilhaben zu lassen.

Hier kommen die Eckdaten im Überblick:

1. Alter: 13 Jahre bei Abschluss des Kurses
2. Infoabend: mit Eltern und Teens zu Beginn
3. Warm-up-Abend
4. Gebet durch Gemeinde
5. Kernzeit: 10 Samstage von 9.30 bis 15.30 Uhr
6. Wochenendfreizeit: im ersten Drittel des Kurses von Donnerstag bis Sonntag
7. Gemeindefreizeit: als diakonischer Einsatz im Kinderprogramm
8. Abschlussreflexion: Grillabend mit den Eltern
9. Abschlussgottesdienst: Zeugniszeit der Teens
10. „Konfi-Card“: Erlebnisheft zum Kennenlernen der Gemeinde

Natürlich können sowohl die zehn Punkte als Konzept gesehen werden als auch einzelne Punkte herausgenommen werden, um sie in die eigene Arbeit zu integrieren.

Alter

Bei uns kann mitmachen, wer zum Ende des Kurses 13 Jahre alt ist. Damit sind wir früher dran als die üblichen Konfi- und BU-Kurse. Dies ist in der Erfahrung gegründet, dass Teens in diesem Alter noch nicht so sehr mit Fragen über ihren Körper, die eigene Imagepflege und das andere Geschlecht beschäftigt sind. Sie begegnen uns auch in Glaubensfragen offener als mit 13 oder schon 14 Jahren.

Zudem erleben wir, dass die Teilnahme am Kindergottesdienst mit 12 Jahren zunehmend schwieriger wird. Somit bildet der Konfi-/BU-Kurs bei uns die Scharnierfunktion zwischen Kindergottesdienst und Teen- bzw. Jugendarbeit. Denn die Teenagerarbeit beginnt bei uns bewusst erst mit 13 Jahren.

Informationsfluss

Wir laden Eltern und Teens zu einem Infoabend ein. Dort werden sie mit einem Eis und Softdrinks begrüßt. Wir stellen das Material, die Kosten und den zeitlichen sowie inhaltlichen Umfang vor. Das Ganze dauert inklusive Rückfragen maximal 60 Minuten. Am Ende des Kurses laden wir alle Eltern (ohne Teens) zu einer Auswertung ein. Diese findet im Rahmen eines Grillabends statt, mit Bring'n'Share-Menü. Wir fragen die Eltern nach ihren Erfahrungen und geben Raum für Rückfragen. Wir stellen zudem das weiterführende Jugendprogramm der Gemeinde vor und laden die Eltern ein, ihre Teens darin zu bestärken, dass sie daran teilnehmen.

Die Kosten für den Kurs betragen ca. 300 Euro. Davon sind 240 Euro Freizeitkosten und 60 Euro für Material.

Warm-up-Abend

Bevor der eigentliche Kurs beginnt, gestalten wir einen Warm-up-Abend mit den Teilnehmer/innen. Der Hauptfokus liegt hier auf Spielen und gegenseitigem Kennenlernen. Aber wir kommen auch ganz ehrlich und offen darüber ins Gespräch, was sie vom Kurs erwarten und warum sie ihn machen. Die Aussagen bleiben unkommentiert stehen. Natürlich gibt es auch hier etwas Leckeres zu essen.

Das Material

Wir haben mit „Glauben entdecken“ vom SCM-Verlag gute Erfahrungen gemacht. Doch gleichzeitig gehen wir sehr frei mit den vorgeschlagenen Einheiten um. Das bedeutet: Wir picken uns ganz dreist das Beste raus und lassen Unpassendes einfach aus. Wenn nötig gestalten wir eigenständig Einheiten, Präsentationen, Hörspiele oder Arbeitsblätter und verfolgen nicht den Anspruch, alle Arbeitsblätter des Materials am Ende durchgearbeitet zu haben.

Das Material geht chronologisch an der Bibel entlang und ist eigentlich für zwei Jahre ausgelegt. Doch wir kürzen es dementsprechend auf die wichtigsten Einheiten herunter.

Wir teilen außerdem jedem eine komplett in Weiß eingeschlagene Gute-Nachricht-Bibel aus, die man selbstständig bemalen und gestalten kann (Kosten: ca. 10 Euro).

Gebet durch Gemeinde

Beim ersten Treffen mit den Teens machen wir jeweils ein Porträtfoto. Diese Fotos werden im Gottesdienstraum aufgehängt. In einem Gottesdienst zu Beginn des Kurses stellen wir alle Teilnehmer/innen vor, und laden die Gemeinde ein, für die Teens zu beten.

METHODE

Tipp
Vervielfältige die Porträtfotos der TN und MAs auf kleines Format. Durch Laminieren und das Aufkleben von Magnetfolie wird aus dem Porträtfoto ein magnetischer Sticker. Dieser wird im Vorstellungsgottesdienst verteilt, sodass die Teens „mit nach Hause“ genommen werden können und die Gemeinde ans Gebet erinnert wird.

Die Samstage

Wir machen seit mehreren Jahren durchweg positive Erfahrungen mit dem Samstagskonzept. Das bedeutet bei uns zehn Samstage in neun Monaten von jeweils 9.30 bis 15.30 Uhr im Zeitraum September bis Mitte Juni. Die Samstage starten und enden jeweils mit einer kleinen Liturgie. Diese enthält (freie und vorgefertigte) Gebete, Bibelverse, drei frei wählbare Lieder und auch stille Zeiten, um an diesem Tag gemeinsam anzukommen. Die Liturgie bildet das Deckblatt zu einer Auswahl an Liedtexten, die in der Materialmappe abgeheftet wird.

Danach legen wir spielerisch die Sitzordnung fest, die darüber entscheidet, wer an dem Tag neben wem sitzt. Dieses kleine pädagogische Element ist enorm wichtig, um die Gruppe stärker miteinander zu vernetzen. Vor der ersten gemeinsamen Einheit gibt es noch ein kleines Actionspiel. Am Vormittag gestalten wir meistens zwei thematische Einheiten. Dazwischen gibt es eine Pause, ein Spiel zur Auflockerung und ein Lied, das inhaltlich zum nächsten Thema überleitet.

Alle freuen sich nun aufs Mittagessen, das von einem Elternteil der Gruppe gekocht und auch gesponsert wird.

Nach dem Mittagessen wird erst einmal wieder etwas gespielt, um für den Nachmittag fit zu sein. Meistens haben wir nachmittags mit einem Aufmerksamkeitsloch zu kämpfen, sodass die beiden nun folgenden Einheiten interaktiver gestaltet werden müssen. Um 15.15 Uhr räumen wir gemeinsam den Raum auf. Zum Abschlussfeedback und dem zweiten Teil der Liturgie kommen wir wieder im Raum der Stille zusammen.

Die Wochenendfreizeit im Januar

Im Januar (also nach etwa vier Samstagen) fahren wir von Donnerstag bis Sonntag auf eine Wochenendfreizeit. Auf Antrag der Eltern bekommen die Schüler/innen normalerweise problemlos einen Tag frei. Dieses Wochenende ist super geeignet, um die Gruppe noch näher zusammenzubringen. Wir nutzen es besonders auch dafür, sensible Themen anzusprechen: „Identität – Wer bin ich?“, „Liebe und Sexualität“, „Gewalt und Mobbing“, „Familie und Gemeinde“, „Heiliger Geist“. Das Wochenende bietet für diese Themen einen besonderen Schutzraum, in dem Offenheit und Ehrlichkeit möglich werden. An den Vormittagen wird gemeinsam gearbeitet, und nachmittags finden Workshops und Geländespiele statt. Die Abende sind unterschiedlich gefüllt. Zum einen stehen Spiel und Spaß ganz oben. Zum anderen gestalten wir am letzten Abend einen Gebets- und Lobpreisabend, wo wir Gott in besonderer Weise einladen, durch seinen Heiligen Geist an uns zu wirken, zu uns zu sprechen, und uns neu zu erfüllen. Der Raum ist durch Gebets- und Reaktionsstationen interaktiv gestaltet. Die Mitarbeiter/innen werden dazu vorher in Fragen zu Gebet und Seelsorge geschult. Es ist bewegend, welche Erfahrungen die Teens hier oft zum ersten Mal mit Gott machen. Er hat diesen letzten Abend immer wieder stark benutzt, um den Teens in besonderer Weise zu begegnen und ihr Herz zu berühren.

Den Abschluss des Wochenendes bildet ein Gottesdienst zum Thema „Sonntag, Gottesdienst, Sabbat heiligen – warum eigentlich?"

METHODE

Tipp

Nimm dir ein zweiköpfiges Team mit auf die Freizeit, welches die Küche verantwortet. So hast du mehr Freiheiten in der Programmgestaltung und brauchst nicht noch Koch- und Vorbereitungsteams für die Mahlzeiten. Wenn diese beiden zudem gerne mit Teens abhängen, hast du für Workshops und den Gebetsabend direkt noch zwei wertvolle Mitarbeiter gewonnen.

Kinderprogramm auf der Gemeindefreizeit

Jedes Jahr macht unsere Gemeinde eine Freizeit in Cuxhaven auf dem Dünenhof. Und in der Regel sind auch jedes Jahr viele Familien mit ihren Kindern dabei. Wir haben diesen Umstand zur Tugend gemacht: Die Konfis und BU'ler machen während dieser Freizeit ihren diakonischen Einsatz und werden Teil des Mitarbeiterteams im Kinderbereich. Konkret heißt das: Die Teens werden von uns angeleitet, das Kinderprogramm durchzuführen. Vorher erstellen wir ein Programmgerüst (Thema, Materialliste, Aufgaben, kreative Elemente). Dies wird am gemeinsamen Unterrichtssamstag vor der Freizeit unseren Konfis und BU'lern vorgestellt. Wir haben normalerweise ein durchgehendes biblisches Thema auf der Freizeit, welches auch die Erwachsenen in ihrem Programm erleben. Um dieses Thema herum bauen wir eine Rahmenhandlung. Auf diese Rahmenhandlung hin wird die Deko gestaltet. Außerdem haben wir weitere Aufgaben eingeteilt: Theater, Technik, Kinderworshop, Input geben, Spielmoderation etc.

METHODE

Idee zum Kinderprogramm

Stell dir vor, die gesamte Gemeindefreizeit hat das Thema „Die erste Gemeinde". Dieses Thema wird an fünf Vormittagen behandelt. Wir gestalten nun eine Detektivgeschichte als Rahmenhandlung. Alle Kinder werden zu Detektiven, bekommen entsprechende Utensilien, und müssen in den Tagen spannende Fälle lösen – bspw. durch Geheimschrift das Evangelium weitergeben oder Christ/innen in Gefängnissen besuchen und ermutigen. Passend dazu gibt es eine geheime Detektivhöhle, gestaltet mit Schwarzlichtfarben und verdunkelten Fenstern. Dort kommen wir immer wieder zusammen und erhalten von Paulus neue Aufträge für den Tag. Trau den Teens ruhig auch besondere Aufgaben wie bspw. einen Input zu. Wir machen tolle Erfahrungen damit, wenn sie sich einfach mal ausprobieren dürfen. Nimm sie dabei an der Hand und gib ihnen wertvolle Tipps.

Erlebnisheft

Das Erlebnisheft enthält zum einen sechs Texte, die die Teens bis zum Abschluss des Kurses auswendig lernen sollen (Psalm 23, das Apostolische Glaubensbekenntnis, das Vaterunser, die Einsetzungsworte zum Abendmahl, den Missionsbefehl und das Doppelgebot der Liebe). Zudem gibt es „Erlebnisfelder quer durch die Gemeinde“. Wir haben sie so gestaltet, dass die Teens in ihrer Zeit an insgesamt 20 Gottesdiensten teilnehmen (sechs davon auch gerne in anderen Gemeinden), sechsmal Gruppen der Gemeinde besuchen (bspw. Jugendarbeit, Hauskreis, Sportangebote etc.) und 12-mal in der Gemeinde an einer Stelle helfen (bspw. Kindergottesdienst, Begrüßungsdienst, Spülen nach dem Mittagessen, Kollekte einsammeln, dem/der Hausmeister/in helfen etc.). Die Erfahrungen tauschen wir dann immer wieder an den Samstagen aus. Tatsächlich sind die Teens oft sehr überrascht, dass Helfen und Dienen wirklich Spaß machen kann.

Abschlussgottesdienst

Der Abschlussgottesdienst ist für die ganze Gemeinde ein großes Fest, gefüllt mit kreativen Inhalten, Worship und Anbetung und mit den Zeugnissen der Teens. Sie berichten dort über ihre Erfahrungen in der Konfi-/BU-Zeit und mit Gott. Dies geschieht entweder direkt auf der Bühne oder durch vorher produzierte Videoclips. Unsere Jugendarbeit „TeenZone“ spricht hier noch einmal eine herzliche Einladung aus, ab sofort mit dabei zu sein.

METHODE

Idee zum Abschlussgottesdienst

Wir feiern in diesem Gottesdienst gemeinsam Abendmahl. Die Teens verteilen es an verschiedenen Stationen im Gottesdienstraum. Am Samstag vor dem Abschluss ist das Abendmahl auch Thema im Unterricht. Sie bekommen von uns den theologischen Hintergrund vermittelt und dürfen sich im Ausgeben schon einmal ausprobieren. Im Gottesdienst selbst stehen sie jeweils mit einem/r Mitarbeiter/in gemeinsam an einer Station.

5 Teenager in Gemeinde und Gottesdienst integrieren

Lena Niekler

Das Miteinander von Jung und Alt über alle Generationsgrenzen hinweg gehört von Anfang an zur christlichen Gemeinde. Sie ist ein Ort der Vielfalt, an dem Menschen jedes Alters willkommen sind und in ihrer Unterschiedlichkeit eine gemeinsame (geistliche) Heimat finden.

Im Gemeindealltag ist vielerorts leider wenig von diesem „Zuhause für alle" zu erkennen: Vor allem traditionelle Gottesdienste werden von Teenagern oft als lästige Pflicht wahrgenommen oder gar nicht erst besucht. Die Orgelmusik, die liturgische Sprache und die Inhalte der Predigt sind vielen jungen Menschen fremd. Der Gottesdienst ist für sie häufig ein Ausdruck von Langeweile – und darum schlichtweg nicht relevant.

Welche Teenager besuchen den Gottesdienst deiner Gemeinde? Was ist ihre Motivation?

Junge Menschen darin zu unterstützen, ihren Platz in der vielfältigen Gemeinschaft einer Gemeinde zu finden und zu gestalten, ist in der heutigen Zeit eine zentrale Herausforderung für Gemeinden. Denn vor allem Teenager, die in ihrer Familie die Bedeutung von Gemeindeleben und Gottesdienstbesuch nicht vermittelt bekommen, werden ohne das Zutun anderer kaum Heimat in einer Gemeinde finden.

Brücken bauen zum Gottesdienst

Der Gottesdienst ist gewissermaßen das Herzstück des Gemeindelebens: Woche für Woche sind alle Gemeindemitglieder eingeladen, zusammenzukommen und Gott wie einander zu begegnen. Teenager in eine Gemeinde zu integrieren, heißt daher vor allem, ihnen die Teilhabe am gottesdienstlichen Leben zu ermöglichen.

Beziehungen fördern Beteiligung

Teenager werden nur dann gerne am Gottesdienst teilnehmen, wenn ihnen dort auch Menschen begegnen, die ihnen aufgeschlossen gegenübertreten und Interesse an ihnen und ihrer Lebenswelt zeigen. Eine wichtige Rolle kommt daher den Mitarbeitenden zu, die ihnen aus der Teenagerarbeit vertraut sind. Die dort geknüpften

Beziehungen können eine Brücke sein, die ihnen Wege in eine von Alter, sozialer Lage und persönlichen Interessen unabhängige Gemeinschaft öffnet. Mitarbeitende, die sich in der Arbeit mit Teenagern engagieren, haben eine Vorbildrolle in Bezug auf den Gottesdienstbesuch.

Wie integriert sind die Mitarbeitenden der Teenagerarbeit in deiner Gemeinde? Sind sie im Gottesdienst präsent?

Wenn Teenager „ihre" Mitarbeiterinnen und Mitarbeiter auch im Gottesdienst treffen können, gibt ihnen das Sicherheit. Gerade für Teenager, die nicht über ihre eigene Familie mit der Gemeinde verbunden sind, stellen die Mitarbeitenden wichtige Bezugspersonen dar. Sie können Brückenbauer/innen sein, indem sie sich mit Teenagern zum Gottesdienst verabreden und diesen gemeinsam mit ihnen besuchen. Im Umkehrschluss bedeutet das aber auch: Wenn Mitarbeitende selbst nicht am gottesdienstlichen Leben einer Gemeinde teilhaben, werden sie nur schwer die Relevanz desselben an junge Menschen vermitteln können.

Ein erster Schritt besteht also darin, dass die Teenager und ihre Bezugspersonen Gemeinde gemeinsam erleben. Genauso wichtig ist es, dass die übrigen Gemeindemitglieder Kontakte zu den Teenagern knüpfen. Denn Teenager sind nicht die „Störfaktoren", die im Gottesdienst laut sind – und Erwachsene sind nicht die „Spielverderber", die die jungen Wilden ermahnen. Wo Jung und Alt sich in der Gemeinde gegenseitig kennenlernen, können Vorurteile abgebaut werden und ein echtes Miteinander kann entstehen. Es geht also auch darum, Begegnungen zwischen den verschiedenen Altersgruppen zu initiieren.

METHODE

Special Guests im Teenagerkreis
Ladet als Teenagerarbeit jemanden aus dem Kirchenvorstand/der Gemeindeleitung in eure Gruppe ein. Neben dem Mitmachen beim Programm und gegenseitigen Kennenlernen können dem Gast in einem Interview Fragen gestellt werden: Was bedeutet Gemeinde für dich? Warum engagierst du dich in der Gemeinde? Was wünschst du dir von uns Teens?

Eine Gemeinde, in der ein bereicherndes Miteinander der Generationen gelebt wird, bemüht sich schließlich auch darum, dass Jung und Alt voneinander lernen. Eine Chance bieten hier auch Patenschaften. Ältere Gemeindemitglieder übernehmen dabei die Rolle eines bzw. einer Wegbegleiters/in für junge Menschen.

METHODE

Gebetspaten für Teenager
Gemeindemitglieder erklären sich bereit, jeweils einen jungen Menschen aus der Teenagerarbeit im Gebet zu begleiten. Auf Wunsch können auch konkrete Anliegen von den Teenagern weitergegeben werden.

Neben Gebetspatenschaften ist auch eine Begleitung im Sinne von Mentoring im Gemeindekontext denkbar. Teenager mit Menschen aus der Gemeinde in Kontakt zu bringen, birgt dabei ein großes Potenzial für alle Beteiligten. In der Gemeinde begegnen junge Menschen Erwachsenen, von deren Lebenserfahrung sie profitieren können und die ihnen bei der Herausforderung des Erwachsen-Werdens zur Seite stehen. Erwachsene Gemeindemitglieder werden aber ebenso neue Impulse bekommen, wenn sie sich mit den Fragen und Themen der Jugend auseinandersetzen.

Lebensnahe Verkündigung und Gottesdienstgestaltung
Beziehungen allein werden nicht dazu führen, dass Teenager sich im Gottesdienst zu Hause fühlen. Die Gestaltung des Gottesdienstes ist entscheidend: Finden Teenager sich hier wieder? Werden auch ihre Themen und ihre Art, Glauben zu leben, berücksichtigt?

Der Gemeindegottesdienst muss nicht zum Jugendgottesdienst umgestaltet werden, damit Teenager sich willkommen fühlen. Es geht darum, dass verschiedene Generationen aufeinander zugehen und ein gottesdienstliches Leben gestalten, mit dem alle Beteiligten sich identifizieren können. Der Wunsch, Teenager stärker in das Gemeindeleben einzubinden, erfordert daher von allen Beteiligten die Bereitschaft, sich auf Neues einzulassen. Vielleicht ist es möglich, dass neben Chorälen auch ein oder zwei Lieder im Gottesdienst gesungen werden, die den Teenagern vertraut sind. Englischsprachige Lieder müssen dabei nicht zum Stein des Anstoßes werden – es gibt viele moderne deutschsprachige Lieder, die von allen Gemeindemitgliedern einfach erlernt werden können.

In der Predigt gilt es auch, die jugendlichen Zuhörer zu bedenken. Wo ein Bibeltext und die Situation der Hörer miteinander ins Gespräch gebracht werden, sollten Verkündigende sich auch mit der Lebenswelt von Teenagern auseinandersetzen. Ihre Fragen und ihre Herausforderungen sind genauso bedenkenswert wie die der Erwachsenen, wenn Gemeinde für alle Generationen eine geistliche Heimat sein will.

BEISPIEL

Gemeinsam Bibellesen zur Predigtvorbereitung

Was sind überhaupt die Fragen der jungen Menschen? Verkündigende, die an dieser Stelle unsicher sind, sollten von Zeit zu Zeit die Teenagerarbeit ihrer Gemeinde besuchen. Im Zuge der Predigtvorbereitung wird der Bibeltext gemeinsam gelesen. In einem interaktiven Teil tauscht man sich aus und alle stellen Fragen zum Bibeltext, die wiederum in die Vorbereitung der Predigt einfließen.

Teenager wollen sich und ihre Themen ernst genommen wissen – darum fragt man sie am besten selbst, was sie denken und was ihre Fragen sind. Gemeinde leben heißt auch, die Erfahrungen von Teenagern wertzuschätzen und ihnen Raum zu geben.

Teenager als Gemeindegestalter aktiv beteiligen

Wenn Teenager sich in der Gemeinde zu Hause fühlen sollen, dann müssen sie mehr sein als Besucher im Gottesdienst. Sie müssen zu Mitgestaltern/innen und Ideengebern/innen werden. Um das zu ermöglichen, sollten junge Menschen an den vielfältigen Aufgaben des Gemeindelebens beteiligt werden.

Wo können Teenager in deiner Gemeinde Verantwortung übernehmen?

Viele junge Menschen engagieren sich ehrenamtlich in der Kinder- und Jugendarbeit ihrer Gemeinde. Dort arbeiten sie mit anderen Mitarbeitenden in einem Team zusammen und erleben, dass Gemeinde mehr ist als die Gruppe der Gleichaltrigen. Auch im Gottesdienst können Teenager Verantwortung übernehmen. Wichtig ist dabei: Gemeinde ist ein Raum zum Entdecken der eigenen Begabungen. Mitarbeitende müssen dazu signalisieren: Du darfst dich hier ausprobieren, du darfst lernen und du darfst auch Fehler machen.

Einige Ideen, wie die Beteiligung von Teenagern konkret aussehen kann:

- Es gibt in deiner Gemeinde bestimmt Teenager, die ein Musikinstrument spielen und/oder gut singen können. Wie wäre es, wenn sie in einem *Musikteam* mit anderen Gemeindemitgliedern die Lieder im Gottesdienst begleiten?
- Einen abwechslungsreichen Einstieg in das Thema des Gottesdienstes oder in die Predigt bieten kurze *Theaterszenen*. Hier können Teenager zeigen, was an schauspielerischem Talent in ihnen steckt. Oder es wird sogar eine von den Teenagern ausgedachte Szene gespielt.
- Wortkünstler gibt es unter den jungen Menschen in deiner Gemeinde bestimmt auch: *Fürbitten und Schriftlesungen* können auch von Teenagern übernommen werden.

- Manchmal fällt es leichter, von eigenen *Erfahrungen* zu erzählen. Sowohl persönliche Glaubenszeugnisse als auch Berichte von besonderen Aktionen und Veranstaltungen, die die Teenager besucht haben, sind eine Bereicherung für die ganze Gemeinde.
- Beteiligung kann auch heißen, das *Kaffeetrinken nach dem Gottesdienst* vorzubereiten. Wenn die Teenager vorher selbst Kekse gebacken haben, wird es doppelt so gut schmecken.

Damit Teenager Gemeinde mitgestalten, brauchen sie Unterstützung. Deine Aufgabe als Mitarbeiterin oder Mitarbeiter ist folgende: Ermutige die Teenager in deiner Gemeinde, ihre Gaben zu entdecken und sich einzubringen. Leite sie an, damit sie wissen, was von ihnen erwartet wird. Gib ihnen Feedback, damit sie sich weiterentwickeln können. Von alleine werden sich nur die wenigsten aktiv am Gemeindeleben beteiligen – sie brauchen Mitarbeitende, die mit ihnen gemeinsam Gemeinde gestalten wollen!

Die Eigenständigkeit der Teenagerarbeit bewahren

Sei nicht entmutigt, wenn der Gottesdienst deiner Gemeinde trotz all deiner Initiative nicht sofort von jungen Menschen überfüllt ist. Teenagern auch im Gottesdienst ein Heimatgefühl zu vermitteln, braucht Zeit – und Heimat wird für sie zuallererst die Gruppe der Gleichaltrigen bleiben. Denn Teenagerarbeit hat die Tendenz dazu, eine „Gemeinde in der Gemeinde" zu sein. Für viele junge Menschen ist die Gruppe der Gleichaltrigen eben der Ort, an dem sie sich angenommen und „zu Hause" fühlen. Der Ort, der für sie auch eine geistliche Heimat darstellt und den sie ganz frei gestalten dürfen. Teenager brauchen diesen eigenen Ort – ihren Ort.

Mitarbeitende sind daher herausgefordert, Brücken in die Gemeinde zu bauen, aber ebenso auch die Gemeinschaft innerhalb der Teenagerarbeit zu prägen und mit den jungen Menschen gemeinsam zu gestalten. Teenager brauchen die Sicherheit der vertrauten Gruppe und müssen zugleich lernen, auch ihren Platz im Miteinander der Generationen zu finden. Wo beides zusammenkommt, gibt man Teenagern eine Heimat in der Gemeinde.

BUCHTIPPS

- Daniel Platte, Oliver Last: Zehn Ziele der Jugendarbeit. Kapitel 8: Gemeinsam Gemeinde leben. Christliche Verlagsgesellschaft Dillenburg 2014
- Material zum Thema „Jugend und Gemeinde":
  www.cj-lernen.de/blog/tag/jugend-und-gemeinde/

6 Teenagerarbeit neu gründen

Björn Wagner

„Alle Organisationen sind daraufhin ausgerichtet, die Ergebnisse zu erzielen, die sie derzeit erzielen. Wenn man andere Ergebnisse haben will, dann muss man an der Art und Weise, wie man derzeit arbeitet, etwas ändern.“

Tom Northup (auf Twitter)

Eindrucksvolle Bilder liefen da über die Leinwand: von Hunderten Jugendlichen, Kindern, Eltern und auch ein paar Senioren. So müssen solche Feste sein, dachte ich. Voller Leben, voller Lachen, voller Leute. Die Veranstaltungshalle platzte aus allen Nähten: 1.500 Teilnehmer. Doch die Aufnahmen waren alt, ein Rückblick auf die vergangenen 60 Jahre. Jetzt schaute ich mich um: Jahre später waren es noch ca. 350 Senioren, die kaum die Hälfte der Halle füllten, einige Rollatoren parkten am Rand der Stuhlreihen. Wenige Menschen in der Halle waren unter 40 Jahren. Und trotzdem: Sie haben mich beeindruckt. Sie haben gemeinsam beschlossen, das ihnen vertraute Fest nicht mehr zu veranstalten. Es war das letzte Fest dieser Art. Stattdessen wollten sie etwas Neues wagen, ein anderes Format, eine andere Veranstaltung. Neben dem Abschied und auch etwas Traurigkeit gab es auch ein anderes Moment im Raum: Pioniergeist.

Immer öfter wird man in der Teenager- und Jugendarbeit vor der Herausforderung stehen, Pionier zu sein. Neues zu wagen, Neues zu gründen. Alte Konzepte oder Modelle haben im wahrsten Sinne des Wortes ausgedient. Was braucht es dazu und wie kann Pionieren[1] gelingen?

Pioniere zielgerichtet: als Teil von Gottes Mission

Wichtig ist gleich zu Anfang die *Ausrichtung:* Wenn man Neues aufbauen will, dann muss klar sein, wohin es geht. Das Ziel einer christlichen Teenager- und Jugendarbeit kann auch nur im Gleichklang mit der Mission Gottes und nicht getrennt von ihr gedacht und ergründet werden. Gott ist unterwegs zu den Menschen, am konkretesten wird das

1 *Ich finde das Wort „pionieren“ zwar nicht im Duden, aber für unsere Zwecke hier ist es ein schönes Verb. Ich pioniere, du pionierst, wir pionieren. Ich schreibe als jemand, der in unterschiedlichen Gründungsteams schon zum vierten Mal gegründet hat.*

in der Sendung Jesu Christi. Er ist die Personifikation der Mission Gottes und seines Wirkens in der Welt. Rüdiger Gebhardt schlägt im „Handbuch missionarische Jugendarbeit" (Florian Karcher / Germo Zimmermann: Handbuch missionarische Jugendarbeit. Neukirchener Verlagsgesellschaft 2016) als Definition Folgendes vor:

„Mission ist die Sendung Gottes zur Bezeugung des Evangeliums in Wort und Tat. Sie geschieht in der Hoffnung, dass Menschen (bzw. Jugendlichen) gedient, Glauben geweckt, Leben verwandelt und darin Gott geehrt wird."

Mir sind dabei vor allem die Balance zwischen „Wort und Tat" wichtig, weil sie Gründungsarbeit davor schützen „nur" eine weitere Evangelisationsmethode zu sein und sich ein Beispiel an Jesus selbst nehmen. Ein oberflächlicher Blick in das Johannesevangelium reicht bereits aus, um zu verstehen, dass bei Jesus Wort und Tat zusammengehört. Evangelisation und Dienst am Nächsten.

In diesem Begriff und in der Begründung von Mission in der Mission Gottes selbst finden wir das Fundament, welches Einseitigkeiten verhindert und Richtung Vielfalt geht: Dienst am Menschen, (Auf-)Wecken von Glauben, Verwandlung des Lebens und das Lob Gottes. Hier schlägt das Herz des Evangeliums und dieser Pulsschlag sollte auch der Antrieb für jedes Pionieren, jede Gründungsarbeit sein.

Pioniere nie allein: die (Auf-)Gabe der anderen

Bevor die Aufgabe der Pionierarbeit er- oder gar abschreckt: *Pionieren ist ein Mannschaftssport*. Will sagen, dass das Team der Erfolgsfaktor ist. Die erste Aufgabe eines Pioniers muss darin bestehen, andere *Sehnsüchtige* zu finden und sich mit ihnen auf den Weg zu machen. Da ist es eine gute Idee, Orte ins Leben zu rufen, die Pioniere anziehen: ThinkTanks & MakeTanks, Zukunftswerkstätten oder Open Spaces ziehen die Quer- und Neudenker, die Kreativen und die Aufbrecher an und können durch ihre partizipativen Formate schon erste gemeinsame Gedanken hervorbringen und festigen.

Am Beispiel Zukunftswerkstatt kann man das gut festmachen. Ein halber Tag, vielleicht umrahmt von einer geistlich-spirituellen Einheit zu Beginn und einer Lesung/einem Poetry Slam/einem Konzert am Schluss. Zwischendrin bearbeitet man in Zeitslots Fragen, etwa: Was sind die Nöte des Kontexts? Welche Ressourcen können wir an den Start bringen? Wie kann das Evangelium Gestalt gewinnen? Gibt es bessere Fragen?

Wer sollte im Team sein? Wer nicht? Was muss alles schon feststehen, bevor wir beginnen? Was braucht noch nicht festzustehen?

Diese Fragen kann man – im Worldcafé-Style – auf den Tischen ablegen und wechseln oder an Moderationswänden befestigen. Jeder im Raum ist Experte für irgendetwas und kann etwas beitragen. Diese Beiträge ergeben so Startpunkt und Fundament aus der Gemeinschaft heraus.

Auch hier lohnt sich wieder ein Blick ins Neue Testament (z. B. Epheser 4) – in den fünf beschriebenen Rollen (Apostel, Evangelist, Prophet, Hirte, Lehrer) kann man leicht unterschiedliche Grundhaltungen von Teammitgliedern identifizieren: der Apostel als „Ur-Pionier", der den Aufbruch sucht, die Evangelistin, die kommunikationsstark und extrovertiert auftreten kann und für die Botschaft steht, der Prophet, der mit Passion Gottes Anliegen verkündet, die Hirtin, die nach dem Wohlergehen der Herde schaut und auch der Lehrer, der sich um die richtige Lehre sorgt. Ich habe in den letzten Jahren einige Teams kennengelernt, die auch altersmäßig gemischt waren: Der Twentysomething gründet mit einer Rentnerin. Das kann auch in der Arbeit mit Teenagern eine spannende und heilsame Mischung sein, denn die Vielfalt der Menschen, die gemeinsam unterwegs sein wollen, macht es aus. Hier liegen ein großes Kreativpotenzial und eine Kultur der beständigen Erneuerung schon am Anfang. Wenn man ein Pionierteam zusammenstellt, dann ist es notwendig, gleich zu Beginn eine partizipative Leitungskultur zu schaffen. Das bedingt auch eine Metaebene der Kommunikation: eine Streit- und Konfliktkultur, eine Kommunikation über das Team selbst und nicht nur über die Aufgabe muss möglich sein, damit man auch unter dem Stress einer Gründungsarbeit gut, zielgerichtet und konstruktiv zusammenarbeiten kann. Ein Pionierteam ist unabdinglich und ist ein Geschenk, eine Gabe, doch zugleich auch ein Arbeitsbereich, eine Aufgabe. Aber es lohnt sich, hier zu investieren.

MATERIAL

Informationen zu den Innovationsformaten:

- Open Spaces: http://openspaceworld.org/wp2/what-is/deut/
- Florian Rustler: Denkwerkzeuge der Kreativität und Innovation – Das kleine Handbuch der Innovationsmethoden. Midas Management Verlag 2014

Informationen zu Leitung in Vielfalt:

- Dagmar Begemann/Dominik Sikinger/Daniel Ehniss: Ermöglichende Strukturen. In: Daniel Ehniss: Beziehungsweise Leben. Ehniss/Wagner 2009
- Tim Catchim/Alan Hirsch: The Permanent Revolution – Grand Rapids: Baker 2012.
- Ruth Seeliger: Das Dschungelbuch der Führung: Ein Navigationssystem für Führungskräfte. Carl-Auer Verlag 2016.

Pioniere konkret: die Gabe des Kontextes

„Einige Christen kennen sich besser mit ihren Fingern auf dem Touchscreen aus als mit beiden Beinen fest auf dem Boden. Herr, gib mir einen Glauben, der auf seinen Füßen steht."

Leonard Sweet (auf Twitter)

Hat man eine gemeinsame Basis und ein Pionierteam zusammen, dann steht als Nächstes der wichtigste Schritt an: konkret werden. Für mich war hier die Menschwerdung Jesu das Vorbild: nicht blutleer als Konzeption oder ewiger Plan, sondern konkret, (an-)fassbar, nahbar und in einem definierten Rahmen. Die Rahmenbedingungen von Jesu Wirken können klarer und definierter nicht sein. Er selbst sagt, dass er für die Israeliten gekommen ist (z.B. Matthäus 15, 24), er sucht immer wieder die gleichen Orte auf (in Galiläa z.B. Kapernaum, in Judäa Jerusalem), er wird konkret.

Gerade in der Teenagerarbeit ist die Kenntnis des Kontextes wichtig, weil die Mobilität von Teenagern viel eingeschränkter ist, als von jungen Erwachsenen – sie sind auf öffentliche Verkehrsmittel oder das Fahrrad angewiesen. Sie sind im wahrsten Sinne eher lokal „verortet". Das ist Segen und Aufgabe: die Milieus vor Ort kennenzulernen, sich die „Sprache" des kulturellen Kontexts anzueignen und auch die Herausforderungen klar vor Augen zu haben.

BEISPIEL

Ein schönes Beispiel für eine Arbeit im Kontext ist die blu:boks in Berlin. Das Team um Carsten Stier und Torsten Hebel hat seine Hausaufgaben gemacht. Vor allem das Hilfsmittel der Kontextanalyse ist wichtig:
Sich den Kontext – also das Viertel, den Kiez, den Stadtteil oder auch das Dorf – genau anzuschauen, bringt enorm viel. Ob wir wollen oder nicht, die Umgebung hat Einfluss auf das Projekt und dessen Planung. Darum ist ein genaues Hinschauen, bevor man gründet, unerlässlich. Man will ja nicht an den Menschen und ihrer Lebenswelt vorbei gründen, sondern vielmehr genau für und mit ihnen gründen. Das gilt auch schon für kleine Projekte.

Das bedeutet für blu:boks Fragen wie:

- Welche Formen von Teenager-/Jugendarbeit gibt es bereits?

- Wie ist es um die finanzielle Lage der Familien bestellt? Bezieht die Familie Unterstützungsgelder vom Staat?
- Wie viele Teens kommen aus Familien mit Migrationshintergrund?
- Wie sehen die Familienverhältnisse (Patchwork, Einkindfamilien) aus?

MaTERiAL

- Marc Calmbach, Silke Borgstedt, Inga Borchard, Peter Martin Thomas, Berthold Bodo Flaig: Wie ticken Jugendliche 2016? Lebenswelten von Jugendlichen im Alter von 14 bis 17 Jahren in Deutschland. Springer 2016
- Tobias Faix, Johannes Reimer: Die Welt verstehen – Kontextanalyse als Sehhilfe für die Gemeinde. Francke 2012
- Carsten Stier: Die Selbstwertmanufaktur. blu:boks BERLIN: ein sozial-kulturelles Projekt zur Förderung von Kindern und Jugendlichen – das Konzept für eigene Projekte. buch+musik 2016

Pioniere mit Plan: die Gabe der Ordnung

Man braucht nicht lange zu suchen, bis man im Internet auf Sätze wie den folgenden stößt: „Nichts ist mehr vorhersagbar, alles ist im Fluss, wir befinden uns in einer nicht mehr planbaren Situation." Trotzdem sind für den Aufbau einer neuen Arbeit grundlegende Eckpfeiler eines Ordnungssystems unerlässlich. In der Literatur wird man dazu im Bereich des Projektmanagements fündig: eine Gründung wie ein Projekt zu beschreiben, mit Kick-off, Teamfindung, Konzeptions- und Realisationsphase und auch einer Evaluation am Ende, helfen zu einer Klarheit, die für alle Beteiligten hilfreich ist. Die Handwerkszeuge, die in der Literatur angeboten werden, sind oft einfach zu erlernen und helfen z. B. durch das Erreichen unterschiedlicher Meilensteine, eine Kommunikation über die Gründung nach innen (an das Team, die Verantwortlichen) und nach außen (die Geldgeber, externe Jugendstrukturen, Eltern) vorzunehmen. Außerdem sind oftmals ein Projektplan und Statusberichte von externen Finanzierungsgebern nötig, damit Finanzmittel zur Verfügung gestellt werden. Die Beschäftigung mit diesem Thema kann eine Gründungsarbeit enorm weiterbringen, vor allem, wenn gute Konzepte da sind, aber die Frage nach dem nächsten Schritt unklar erscheint.

MaTERiAL

Informationen zum Projektmanagement:

- www.projektmanagementhandbuch.de
- https://www.agantty.com/
- Hans Litke/Ilonka Kuno: Projektmanagement. Haufe Verlag 2006.

Pioniere mit Mut: die Gabe des Glaubens

> *„Etwas zu wagen bedeutet, vorübergehend den festen Halt zu verlieren. Nichts zu wagen bedeutet, sich selbst zu verlieren."*
>
> *Sören Kierkegaard*

Pionieren ist eine Aufgabe, die Mut erfordert. In dem Zitat wird es deutlich: Das Pionierteam wird vorübergehend den festen Boden verlieren, weil es etwas wagt. Meiner Erfahrung nach gibt es den ersten und teilweise erbittertsten Widerstand aus den eigenen Reihen. Die Fragen nach den Finanzen, nach dem Jugendschutzgesetz, nach der Machbarkeit und ob das Konzept denn auch „wasserdicht" ist, kommen nicht von den Teenagern – sie kommen von den Verantwortlichen. Das ist zum Teil nachzuvollziehen, aber manchmal schwer auszuhalten. Gut, wenn man sich klar ist, dass der Weg ein Wagnis ist. Aber wer nichts wagt, wird auch nichts gründen können. Gemeinsam ist auch das leichter. John Wimber, der Begründer der Vineyard-Bewegung, hat einmal gesagt: „Glaube buchstabiert man R-I-S-I-K-O" – gründen ist ein solches Risiko, aber eines, das sich lohnt!

Und nun: „Komm!", sagte Jesus. Petrus stieg aus dem Boot, ging über das Wasser […] Matthäus 14, 29.

BUCHTIPPS

- Alan Hirsch, Michael Frost: Der wilde Messias. Neufeld Verlag 2011
- Reinhold Krebs, Daniel Rempe: Fresh X – der Guide. Neue Gemeindeformen entdecken. SCM R.Brockhaus 2017
- Heinzpeter Hempelmann, Ulrich Heckel, Karen Hinrichs, Peter Dan (Hg.): Auf dem Weg zu einer milieusensiblen Kirche – Die SINUS-Studie „Evangelisch in Baden und Württemberg" und ihre Konsequenzen für kirchliche Handlungsfelder. Neukirchener Verlagsgesellschaft 2015

Mitarbeiten: Teenager fördern und fordern

1 Mitarbeiterkultur in der Teenagerarbeit: Was Mitarbeitende können müssen

Friedrich Kasten

Können wir es uns leisten, diese Frage zu stellen?

Realistisch müssen wir doch zugeben, dass es einfach passiert. Man „rutscht" als Mitarbeitende/r einfach rein, wird gebraucht, muss Aufgabenfelder besetzen. Wenn wir Glück haben, sind die Personen auch noch für die Teenagerarbeit begabt. Dann freuen wir uns, wenn es gut läuft. Okay, tun wir einmal so, als hätten wir die Auswahl. Tun wir so, als würden wir idealerweise danach fragen, was für Menschen nötig sind, die diese Arbeit tun können? Was müssen sie an Fähigkeiten mitbringen? Und wo sollten sie möglicherweise sogar Defizite besitzen? Gibt es Dinge, die man in der Mitarbeit nicht können sollte? Es kann doch gar nicht schaden, mehr zu können, als man braucht. Getreu dem Motto: Besser haben als brauchen. Sicherlich schadet es nicht, aber es hilft möglicherweise auch nicht.

Was tust du alles, weil du es gut kannst? Weil du dann weißt, dass es ordentlich gemacht ist? Auf dich selbst kannst du dich verlassen. Das gibt Sicherheit. Vielleicht übernimmst du sogar Aufgaben, die du selbst nicht so gut kannst, nur weil du die Sicherheit brauchst. Was aber wäre, wenn du jemanden aus der Gruppe fragen würdest? Was, wenn es ein/e Teilnehmer/in aus der Gruppe machen würde?

- **Wie gehst du mit Aufgaben um, die erledigt werden müssen?**
- **Kannst du gut Aufgaben aus der Hand geben?**
- **Wie geht es dir damit, wenn etwas nicht gelingt oder erledigt wird?**

Ich habe einen Mitarbeiter vor Augen, der so ziemlich nichts mitbringt von dem, was man glaubt, in der Teenagerarbeit heute zu brauchen. Er ist nicht jung, flippig, sportlich, musikalisch, kreativ ... Aber er hat Liebe für die Teens und Zeit.

Auf die innere Haltung kommt es an!

Wenn wir danach fragen, was Mitarbeiter/innen in der heutigen Zeit können müssen, dann ist meine Antwort: Teenager beteiligen. Dazu bedarf es einer klaren Haltung. Machst du eine Arbeit für Teenager? Also: Haben Mitarbeiter/innen einen Sonderstatus

und sitzen z. B. bei Freizeiten an einem extra Tisch? Haben Mitarbeiter/innen Freude daran, endlich sagen zu dürfen, was den Teens erlaubt ist und was nicht? Plant das Team eine perfekte Gruppenstunde, Freizeit, einen makellosen Jugendgottesdienst für die Teenager, die diese Veranstaltungen unbedingt brauchen – deiner Meinung nach? Oder geht es um die Arbeit mit Teenagern? Seid ihr, die Mitarbeiter/innen, ein Teil der Gruppe? Seid ihr gemeinsam unterwegs? Teil sein bedeutet in diesem Fall, dass ihr euch auf Augenhöhe mit den Teens befindet, ohne die Verantwortung zu vernachlässigen.

Ich liebe Teenagerfreizeiten. Ich finde es klasse, mit jungen Menschen Zeit zu verbringen: spielen, reden, diskutieren, singen, Blödsinn machen. Mir ist dabei sehr wichtig, dass die vorbereiteten Programmpunkte vorher komplett fertig sind. Auf der Freizeit soll Zeit für die Teens sein. Räume für Mitarbeiter/innen sind zwar an einigen Stellen nützlich, aber eigentlich finde ich es besser, wenn es keine gibt. Warum? Sie dienen oftmals auch als „Versteck" für die Mitarbeiter/innen, die sich schnell selbst genug sein können. Auch Mahlzeiten sind solch wichtige Zeiten zum Reden, sodass es wichtig ist, dass sich die Teamer an den Tischen verteilen.

Alles, was für die Teens gilt, gilt auch für das Team. Ausnahmen mache ich da nur, wenn es um zu erledigende Aufgaben geht.

Exkurs: An dieser Stelle ein Wort zu dem allseits benutzten Wort „Betreuer/innen". Teenager (auch Kinder- und Jugendliche allgemein) brauchen weit mehr als Betreuer/innen. Betreuer/innen passen auf. Sie sorgen für Ruhe und Ordnung, sind dabei aber nicht Teil der Gruppe. Von der Wortherkunft sind Betreuer/innen Menschen, die anderen zugeteilt werden. Wir sollten uns endgültig von dieser Bezeichnung lösen. Möglicherweise denkst du, das ist Wortklauberei. Aber Worte können eine Haltung prägen – Sprache schafft Wirklichkeit.

Du musst dich fragen, wenn du mit Teenagern arbeiten willst:

- **Was ist eigentlich meine Motivation?**
- **Warum will ich mit ihnen arbeiten?**
- **Was ist meine Haltung, wenn ich über Teenager und die Teenagerarbeit nachdenke?**
- **interessiert mich der Mensch oder eher meine Aufgabe?**

Haltung hat Konsequenzen

1. Die Teens erst nehmen

Das ist nicht immer einfach. Heute sind sie Vegetarier, morgen Veganer und übermorgen lieben sie Burger mit Rindfleisch über alles. Aber gerade dann ist es wichtig, die Person in jeder Lebenslaune ernst zu nehmen. Nicht nur für die Arbeit mit den Teens, sondern vor allem auch für die Beziehung zu ihnen und ihre persönliche Entwicklung. Dass die jungen Menschen nicht ernst genommen werden, erleben sie schon zu oft. Wie kann das gehen? Zum Beispiel, indem ich die Teens beteilige. Indem ich sie mitnehme auf den Weg, ihnen etwas zutraue und sie fordere. In dieser wechselhaften Phase ihrer Persönlichkeitsentwicklung ist es eine große Hilfe, wenn Mitarbeiter/innen durch Kontinuität Sicherheit geben, gerade auch in Fragen des Glaubens. Beteiligung bedeutet dabei nicht, dass die Teens das machen müssen, wozu ich keine Lust habe. Beteiligung ist auch nicht nur aktiv gemeint. Sie beginnt dort, wo ich mich frage, was ich mir für die Teenager wünsche. Sie beginnt dort, wo sie ein Teil des Prozesses sind: gleichberechtigt und auf Augenhöhe. Wo sie erleben, dass sie gehört werden. Das kann zum Beispiel bedeuten: Ich singe Lieder, die ich nicht mehr hören kann, die den Teens aber Spaß machen. Ich setze mich ein wiederholtes Mal mit einer Sache auseinander, weil es für die Teens wichtig ist, auch wenn es für mich kalter Kaffee ist.

Kommen wir zurück zu meinen geliebten Teenagerfreizeiten. Es gibt dort keine „No-go-Area" für Teens. Es gibt keine ausgewiesenen Mitarbeiterduschen oder -toiletten. Es gibt keine verschlossenen Türen. Es sei denn, es ist für die Teens wichtig, dass es das gibt. Beispielsweise bei Massenduschen ist es den Teens evtl. unangenehm, mit den Mitarbeiter/innen zusammen zu duschen.

Ernst nehmen ist eine Form von Wertschätzung.

Auch eine gute Vorbereitung ist solch ein Zeichen. Das meint allerdings nicht, dass ich alle Aufgaben selbst erledigen muss. Auch die Teens können dafür zuständig sein, den Raum vorzubereiten, Getränke zu besorgen, Inhalte vorzubereiten. Das kann aber nur dann gelingen, wenn auch das Team gut vorbereitet ist und all diese Dinge mit den Teens abgesprochen hat. Aber eine wichtige Regel ist: Die Aufgaben, die ich übernehme, muss ich auch erfüllen.

Die Beteiligung der Teens ist kein Programm, das mir Arbeit abnimmt und damit alles leichter macht. Es bedarf für die Mitarbeiter/innen vielleicht sogar einen Mehraufwand. Sie müssen langfristiger planen und lernen, mit Defiziten umzugehen. Aber all diese Prozesse gehören dazu. Nur wenn die Teens Selbstwirksamkeit erleben, spüren sie, dass sie ernst genommen werden. Das ist gerade für Perfektionisten nicht gut auszuhalten, aber das ist Teenagerarbeit.

- **Wo fällt es mir schwer, die Teens ernst zu nehmen? Warum ist das so?**
- **Was würde ich riskieren, wenn ich es dennoch tue? Was würde ich gewinnen?**
- **In welchen Bereichen möchte ich die Teens in Zukunft stärker beteiligen?**

2. Regeln entwickeln

Regeln gehören im Übrigen ebenfalls zur Anerkennung der Jugendlichen. Mitarbeiter/innen müssen auch die Kompetenz aufbringen, Regeln zu setzen und einzuhalten. Dass diese Regeln sinnvoll und nachvollziehbar sein müssen sowie angemessen und der Gruppe/Freizeit entsprechend, brauche ich dabei nicht extra auszuführen.

Ein Beispiel: Auf Freizeiten gibt es die Regel, dass die Küche kein Selbstbedienungsladen ist. Ein fremdes Zimmer ist nur dann zu betreten, wenn man eingeladen wird. Veranstaltungen und Mahlzeiten sind Gemeinschaftsveranstaltungen und jeder ist pünktlich.

Wichtig ist dabei, dass es keine Regel gibt, um Macht auszuüben, sondern um Sicherheit zu geben. Regeln müssen sich vom Sinn her erklären. Und manchmal ist es dran, eine Regel zu überwinden, denn: Die Regeln sind für den Menschen da und nicht der Mensch für die Regeln. Das heißt, im Krisenfall frage ich zunächst, warum sich jemand nicht an die Regel gehalten hat, und überlege dann, welche Konsequenzen daraus folgen.

Regeln beschränken, aber sie geben auch Sicherheit. Regeln fordern zuweilen auch zu Widerspruch heraus. Dieser Widerspruch ist sehr wichtig, denn er fordert Nachdenken und Eigeninitiative der Teenager. Regeln geben den Teens die Orientierung, die sie brauchen.

- **Wie halte ich es mit den Regeln?**
- **Welche Regeln sind für mich wichtig?**
- **Gibt es Regeln, die ich vor allem aufstelle, um meine Autorität zu zeigen?**

3. Sprachfähig sein

Wenn Regeln herausfordern und Widerspruch erzeugen, dann bedarf es Mitarbeiter/innen, die sich dieser Auseinandersetzung stellen. Mitarbeiter/innen müssen sprachfähig sein. Das trifft auf alle Mitarbeiter/innen in der Arbeit mit Menschen zu. In der Teenagerarbeit kommt allerdings noch der Punkt der Geduld hinzu. Geduldig sprachfähig sein. Teenager können sehr hartnäckig oder auch uneinsichtig sein. Dann muss ein Argument möglicherweise ein drittes, viertes oder siebtes Mal angeführt werden. Das nervt schon. Aber mit „Basta!" kommt man nicht ans Ziel. Die Ruhe ist nur vorübergehend. Als Familienvater kann ich jedoch an dieser Stelle sagen, dass die Auseinandersetzung in außerfamiliären Bezügen viel „gechillter" ist. Sprachfähig sein bedeutet aber auch, sich in die Sprache der Teens hineinzugeben. Da gibt es schon mal Missverständnisse, weil Wörter oder Aussagen anders verstanden oder interpretiert werden. Sprachfähig sein meint daher nicht, in erster Linie Antworten zu geben, sondern Fragen zu stellen! Um sprachfähig zu werden, bedarf es der Fähigkeit der Selbstreflexion. Glaube ich das, was ich denke und sage? Interpretiere ich selbst? Teenager haben eine gute Antenne für bloßes Gerede oder Authentizität. Wenn ich dann noch in der Lage bin, eigene Fehler einzugestehen, meine Meinung zu ändern, dann kann ich viel von Teenagern lernen. Diese Fähigkeit halte ich auch für extrem hilfreich bei der Entwicklung der Teens zu Erwachsenen.

4. Zeit haben

Die besten Gespräche hatte ich auf Freizeiten, meistens spät. Das Gleiche gilt bei Teenagerkreisen. Während des Programms ist es ganz „schön", aber die wirklich tiefen Gespräche kommen danach. Wenn man jemanden nach Hause bringt oder auch öfter bei einem Telefonat. Ah – Telefonat. Heute geht ja alles über Textnachrichten. Ich motiviere überall, zu telefonieren. Das ist etwas so Besonderes, dass es schon wieder seine eigene Qualität hat. Sind Mitarbeiter/innen in der Lage zu signalisieren, dass sie Zeit haben? Wollen sie Zeit investieren, um Begleitung zu leisten? Die meisten Teens erwarten das zunächst nicht und sind dann doppelt überrascht, wenn da jemand ist, der Zeit mit ihnen verbringt.

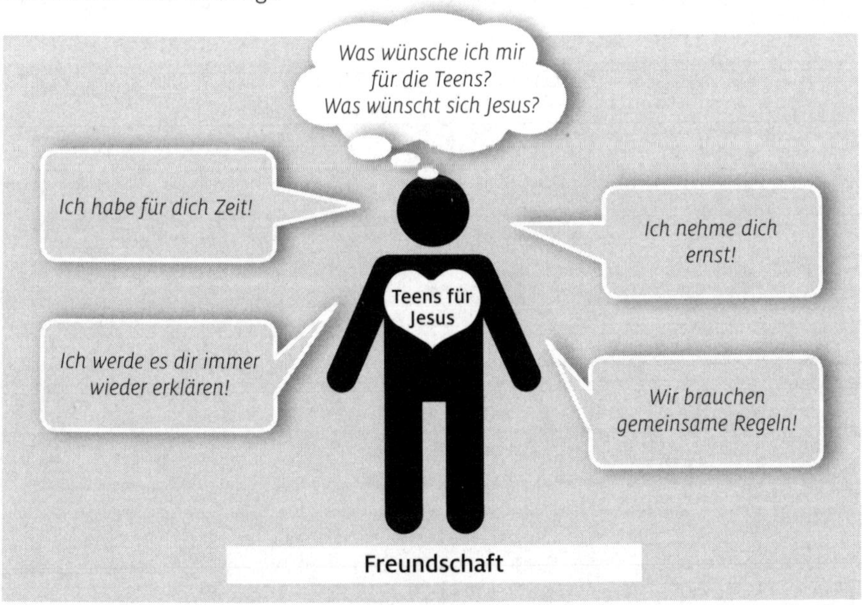

Zusammengefasst: Freundschaft leben

Dieser Ausdruck fasst vieles zusammen. In Freundschaft steckt eine Haltung, Wertschätzung, Liebe auch zu Verrücktem, Bereitschaft, Zeit zu investieren, Gegenüber zu sein und eine Schulter zum Ausheulen zu bieten, Grenzen zu setzen und Vergebung zu leben!

- **Was bist du bereit, in die Teenagerarbeit zu investieren?**
- **Was ist für dich bei Teenagern die größte Herausforderung, und wer kann dir helfen dies zu meistern?**
- **Wer steht dem Team in der Teenagerarbeit an der Seite, um es zu begleiten?**

Eigene Notizen

2 Vom Teen zum/r Mitarbeiter/in

Renate Sierig

Es gibt Orte, an denen die Mitarbeiter/innen nur so aus dem Boden schießen und scheinbar gibt es auch Gegenden, in denen der Boden vertrocknet und steinig ist. Während du dich im erstgenannten Fall daran freust, fragst du dich als Leiter/in im zweiten Fall: Warum ist das so? Sind es die Umstände, das Desinteresse an Glaube und Kirche, die Familien, die Schule, die Medien, die Gemeinde, wir selbst oder ...? Mal ehrlich: Gründe und Entschuldigungen finden wir immer.

Wie kann es gelingen, dass aus demjenigen, der am Rand steht, ein Mitarbeiter und aus derjenigen, die nur dabei ist, eine Mitarbeiterin werden?

Anhand der basix-Kurse und eines Interviews nehme ich euch mit in unser Unterwegssein im Kirchenkreis Minden.

Anknüpfungspunkt Konfirmandenarbeit

> *„Meine Konfirmandenzeit hat mir gut gefallen, deshalb habe ich gefragt, ob ich mitarbeiten kann."* *Mona, 15 Jahre*

Während der Konfirmandenzeit treffen wir viele junge Menschen in Gemeinden an. Diese Zeit prägt – für manche ist es ein gutes Erlebnis, für manche nicht. Da wir als Team, bestehend aus zwei Kolleginnen und zwei Kollegen, nur punktuell in den Konfirmandengruppen unserer 23 Kirchengemeinden vorkommen und eine unserer Aufgaben die Ausbildung der Ehrenamtlichen ist, haben wir basix-Kurse entwickelt. Dabei wurden die Konfirmandengruppen zu einem nahe liegenden Weg, um flächendeckend Zugang zu einer Generation von Teenagern zu bekommen und dort auch auf unser Angebot der basix-Kurse aufmerksam zu machen.

Zwischen Januar und April besuchen wir all diese Gruppen. Mit einem Spiel, interaktiven Aufgaben, einem Impuls und manchmal auch zusammen mit jungen Ehrenamtlichen kommen wir in Kontakt mit den Teenagern. Anhand dieser Aktivitäten erklären

wir, worum es im basix-Kurs geht, und laden dazu ein. Wir machen deutlich: Es geht um dich, um die anderen, um Glauben und um Mitarbeit. Eine Liste, auf der die Konfirmand/innen ihr Interesse bekunden können, geht herum. So bekommen wir Kontaktdaten, über die wir einige Zeit später noch einmal nachfragen und den Teens nachgehen können. Manche melden sich fest an, manche tauchen erst nur zum Schnuppern auf, manche kommen innerhalb der ersten sechs Wochen dazu.

- **Wo trefft ihr die Teenager bei euch an?**
- **Wie könnt ihr in Kontakt mit ihnen kommen?**
- **Was ist bei euch ein naheliegender Zugangsweg?**

Verschiedene Beweggründe

„Mein Freund hat mich mitgenommen." *Garry, 14 Jahre*

Zunächst an drei, inzwischen an fünf Orten finden von Mai bis Dezember wöchentlich für jeweils zwei Stunden basix-Kurse in unserem Kirchenkreis statt – einer davon an einer Schule. Alle Kurse fahren in den Herbstferien zusammen für sechs Tage auf einen Zentralkurs und steigen dann in ein neunmonatiges Mentoring ein. Aus unterschiedlichen Beweggründen kommen junge Menschen zu unseren Kursen. Einige wollen mehr über Gott erfahren und verstehen. Andere kommen, weil sie mehr über sich selbst herausfinden, ihr Potenzial entdecken möchten. Manche haben Lust auf Gruppe oder werden einfach von anderen mitgenommen. Viele wollen sich auf die Mitarbeit in ihren Gemeinden und CVJM vorbereiten und die Jugendleitercard erwerben. Nicht alle sagen, dass ihre Konfirmandenzeit eine gute Zeit war, und nicht alle sind konfirmiert, aber sie sind da! Genau diese vielfältigen Beweggründe und Vorgeschichten heißen wir willkommen. So können wir sehr unterschiedliche junge Menschen mischen, fördern und begleiten, dabei mit ihnen Talente entdecken und erleben, wie Kirche und Glaube über das hinaus, was sie bis dahin erlebt haben, sein kann und ist. Die Stärke der Kurse liegt in der Größe der Gruppen. Die Kurse sind selten größer als 16 Teilnehmer/innen, meist bestehen sie aus 7 bis 10 Leuten. So bleibt die Gruppe

überschaubar und flexibel. Jede kann mit jedem in Kontakt sein und die Hürde, in dieser Gruppe persönlich zu werden, sich aktiv auszuprobieren und Aufgaben zu übernehmen, ist nicht so hoch.

Teilhabe ist Teilnehmen, Teilgeben, Teil-Sein

> *„Wie? Wer den Snack mitbringt? – Ich denke, das machen wir immer alle zusammen!?"* Jan, 14 Jahre

Fast von Anfang an sind die Jugendlichen nicht nur Teilnehmer/innen, sondern auch mehr und mehr für Aufgaben im Kurs zuständig. Der Snack ist die erste Aufgabe, die übernommen wird, und andere folgen: die Leitung der Anfangsrunde, ein Spiel mit allen, Aufräumen und Abwaschen, die Andacht, der Abschluss, das Gebet, die Planung des letzten Abends. So wird aus dem „*Wir* (Teamer machen) für euch (Teilnehmer/-innen das Programm)" ein „*Wir* (verbringen und gestalten) mit euch (den Kurs)". Und wenn am Ende ein „*Ihr für euch*" daraus wird, ist der Kurs gut gelungen und Gemeinschaft entstanden.

BEISPIEL

Die Anfangsrunde

Hier darf jede und jeder zu Wort kommen. Eine oder zwei Fragen laden zum Erzählen ein:

- Mein Highlight (und später auch Lowlight) der Woche
- Wie geht's dir gerade?
- Was tut Gott gerade in deinem Leben?
- Wie war dein Tag?

Teenager leben im Übergang, d. h. in der Pubertät, in Auseinandersetzungen (mit sich selbst, den Gleichaltrigen, der Familie), in einer Zeit der Veränderung und in den oft schwierigen 8. bis 10. Schuljahren. Und trotzdem oder deswegen sind sie da – und wir wollen sie sehen, hören und wahrnehmen. Sie wollen beteiligt sein und mitreden, mitgestalten, mitentscheiden. Wir fordern sie auch heraus und halten sie aus – ehrlich und zuverlässig mit unseren Teamern zusammen. Teamer sind größtenteils ehemalige Teilnehmende aus den Kursen, die ihre ganz eigenen Ideen einbringen, den Prozess bereichern und selbst wiederum Teil sind und sich weiterentwickeln. So werden alle basix-Leute Teil des Ganzen und sind irgendwann mittendrin.

> *„Ich würde auch gerne den basix-Kurs machen, habe aber die Woche über schon so viel anderes."* Max, 14 Jahre

Nicht alle Interessierten können wöchentlich am basix-Kurs teilnehmen. Das Schaubild zeigt verschiedene Wege auf.

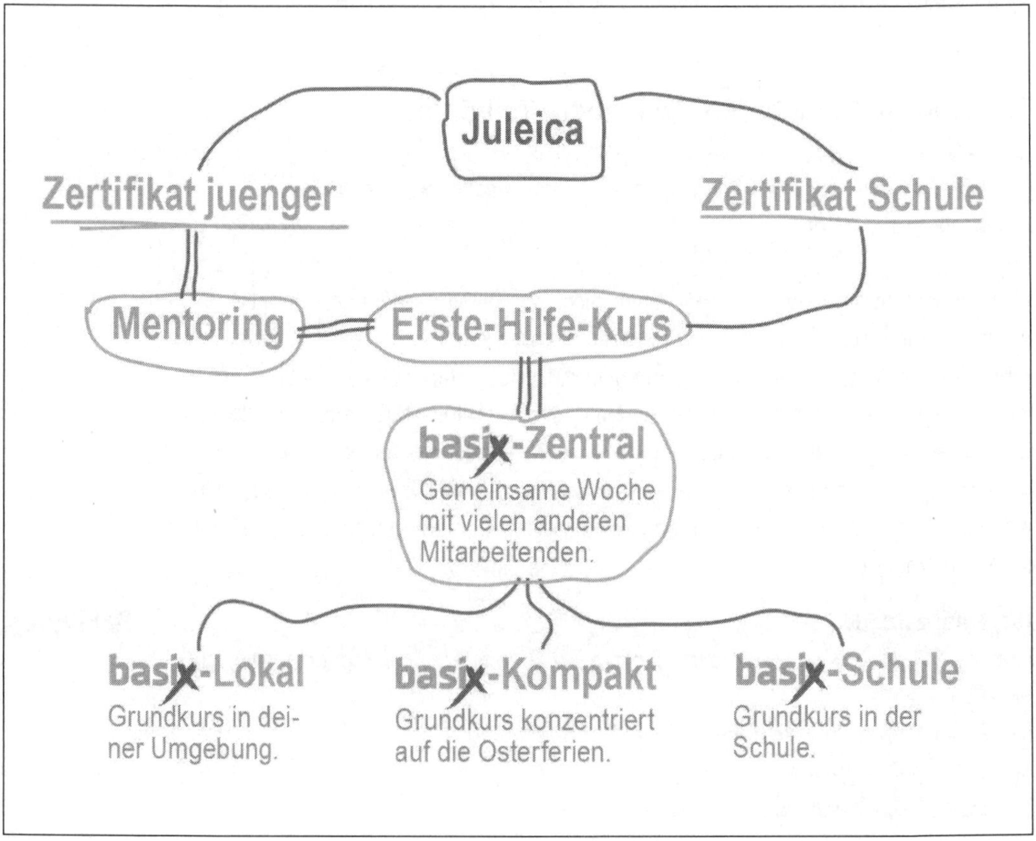

> *„Ich möchte gerne noch mal Mentoring machen – jetzt weiß ich, was mir das bringt. Das, was ich jetzt gemacht habe, hat mir nicht gereicht."* Janna, 15

Gerade, weil wir wissen, dass junge Menschen Zeit brauchen, um sich selbst zu finden, ihr Potenzial zu entfalten, im Glauben zu wachsen, ihre Probleme zu bewältigen, das Jüngersein mit Leben zu füllen und Fragen der Mitarbeit zu klären, schließt sich an die basix-Kurse Mentoring an. Hierfür sucht sich jede und jeder eine/n Mentor/in aus der Gemeinde oder dem CVJM. Wir unterstützen bei der Suche und schlagen auch Personen vor. So entstehen aus dem größeren Zusammenhang von basix-Kursen und dem Zentralkurs intensive Eins-zu-eins-Beziehungen, die die Persönlichkeit weiter stärken, Netzwerke entstehen lassen und für die sich auch ehemalige Mitarbeiter/innen aktivieren lassen.

Kann es gelingen, Teenager aus ganz unterschiedlichen Bildungsschichten und Zusammenhängen zusammenzubringen?

Landschaften statt Inseln – Jugendkreise entstehen

Neben den basix-Kursen hat Steffi Vollmann mit neuen Jugendkreisen weitere Schritte unternommen, Teenager zu erreichen. Vor allem geht sie dabei erfolgreiche Wege der Partizipation.

MATERIAL

„Partizipation heißt, Entscheidungen, die das eigene Leben und das Leben der Gemeinschaft betreffen, zu teilen und gemeinsam Lösungen für Probleme zu finden. Kinder (und Jugendliche) sind dabei nicht kreativer, demokratischer oder offener als Erwachsene, sie sind nur anders und bringen aus diesem Grunde andere, neue Aspekte und Perspektiven in die Entscheidungsprozesse hinein." (www.kinder-beteiligen.de)

Im Interview erzählt sie von ihren Erfahrungen.

BEISPIEL

Interview mit Steffi Vollmann, Gemeindepädagogin bei juenger unterwegs

1. Du hast zwei neue Jugendkreise begonnen. Wie kam es dazu?

   Steffi: Es gab im letzten Jahr zwei tolle Voraussetzungen: Leute aus Gemeinden ohne Jugendarbeit, die motiviert waren loszulegen, und die Unterstützung des LWL, um diese Arbeit aufzubauen. Wir dürfen ausprobieren, wie und ob regelmäßige Jugendgruppen heute überhaupt noch funktionieren und wie wir unterschiedliche Menschen zusammenbringen.

   So viel kann ich schon sagen: Die zwei Gruppen treffen sich jetzt jede Woche – eine weitere ist in Planung und eine andere Gemeinde hat angefragt, den Prozess vor Ort zu begleiten. Es scheint zu gehen – und viel besser: Es entstehen verlässliche, ehrliche und herausfordernde Räume und Beziehungen!

2. Wie hast du wen als Mitarbeiter/innen gewonnen (geschult, begleitet, gefördert)?

   Steffi: Wir haben mit den Jugendlichen angefangen, die nach der Konfirmation und dem anschließenden basix-Kurs motiviert waren und sich gerne einbringen wollten. Auch wenige junge Erwachsene, die diese Arbeit unterstützen wollten, sind dazugekommen. Die Mischung ist gut und wichtig, vor allem, um die Offenheit zu behalten, dass andere dazukommen können. Eine homogene Gruppe, also Menschen, die sich ähnlich sind, neigen oft dazu, sich als Gruppe zu schließen und unter sich

bleiben zu wollen. Andere Altersgruppen oder soziale Hintergründe öffnen diese Gruppen viel natürlicher.

Geschult und begleitet wurden die Jugendlichen im Prozess. Wir haben nicht lange geplant, sondern losgelegt. Zusammen (mit allen, die Lust und Zeit hatten) Inhalte, Spiele und Abläufe erarbeitet. Gemeinsam reflektiert, gemeinsam durchgeführt.

3. Wie ist das Verhältnis zwischen Mitarbeiter/innen und Teilnehmer/innen? (Bzw. wie beschreibst du selbst „Mitarbeit"?)
   Steffi: Für mich war klar: Ich möchte für Jugendarbeit keine Trennung mehr zwischen Leuten, die schon drin sind (in der Mitarbeit), und Leuten, die erst noch reinkommen müssen. Gemeinde und Gemeinschaft heißt für mich, dass jeder das Recht hat, mitzureden und mitzuentscheiden und dass jeder mal dran ist, etwas vorzubereiten oder mitzubringen. Das machen die Jugendlichen übrigens sehr gerne und zuverlässig! Aber es gilt trotzdem: Wer keine Zeit oder Lust hat, muss nicht. Wer sich aber bereit erklärt hat und dann nicht kann, sucht selbstständig Ersatz.

Wir arbeiten mit einer Leitungsgruppe: zwei bis drei Jugendliche, die die Leitung der Gruppe übernehmen. Diese Leute sind aber weder dafür zuständig, immer die Bibelarbeit oder Andacht vorzubereiten, noch dafür, das Programm zu entwickeln. Das machen alle zusammen! Die „Leitung" – klingt hier vielleicht sehr wichtig, ist es in unserem Alltag aber nur auf der organisatorischen Ebene – regelt die finanziellen Fragen, achtet darauf, wann wieder Programm und Co. geplant werden müssen und hat im Blick, dass immer wieder neue Leute eingeladen und angesprochen werden (von allen). So müssen wir uns nicht lange fragen, was für Jugendliche „dran" ist. Das kommt von alleine und die Jugendlichen lernen direkt, kleine Teile zu verantworten und Glauben zu leben, selbst zu beten, im Austausch über Bibeltexte zu sein und andere einzuladen.

Für weitere Fragen oder Austausch: vollmann@juenger-minden.de

Bei allen – berechtigten – Gründen, warum wir keine Mitarbeiter/innen finden oder haben, gibt es durchaus Teenager, die wollen und können, die bereit sind, sich einzubringen und eine Gemeinschaft aktiv mitzugestalten und mitzumachen.

Das „mit" könnte der Schlüssel zum Erfolg sein: mitdenken, mitgestalten, mitbestimmen! Mit beteiligt und gefragt sein, führt zu mitmachen, mittendrin sein, Teil des Ganzen sein! Darüber hinaus kann Selbstgestaltung und -bestimmung entstehen.

Es lohnt sich, von Jesus zu lernen, wie aus Dabei-Menschen Mittendrin-Menschen werden. Genau betrachtet, hat er mit seinen Jüngern nichts anderes gemacht:

1. Ich (Jesus) mache – ihr geht mit, seht, fragt, versteht.
2. Wir machen zusammen – reden darüber, teilen Erlebnisse und Erfahrungen.
3. Ihr macht – ich begleite euch.
4. Ihr macht, mein Geist leitet euch – ihr nehmt andere mit auf den Weg.

Was heißt es für dich, junge Menschen zu beteiligen?
Welche Formen von Beteiligung setzt du bereits um und wie?
Was bedeutet es für deine Rolle als Mitarbeiter/in, Jugendliche mitbestimmen und mitgestalten zu lassen?
Was möchtest du mit deinem Team von Jesus konkret lernen und umsetzen?

BUCHTIPPS

- Sybille Kalmbach, Jürgen Kehrberger (Hrsg): Das Trainee-Programm. buch+musik 2014
- Reinhold Krebs, Burkhard vom Schemm: Aktivgruppen – Jugendliche entfalten Talente und entdecken den Glauben. buch+musik 2006
- Tobias Faix, Anke Wiedekind: Mentoring – Das Praxisbuch. Ganzheitliche Begleitung von Glaube und Leben. Neukirchener Verlagsgesellschaft 2017
- www.kinder-beteiligen.de
- www.kindergerechtes-deutschland.de
- http://www.ev-jugendarbeit-ekhn.de/fileadmin/jugendarbeit/downloads/2013-09-11_Bericht_zur_Lage_von_Kindern_und_Jugendlichen__2_.pdf

Eigene Notizen

3 Die leise Revolution: Mentoring in der Teenagerarbeit

Tobias Faix

Wie können Teenager in ihrer Persönlichkeit und Glaubensentwicklung gefördert werden? Diese Frage spielt innerhalb der Teenagerarbeit eine zentrale Rolle. Mentoring ist eine Möglichkeit, diese zu beantworten und hilft nebenbei noch bei einer zweiten Herausforderung, dem Mangel an Mitarbeiter/innen. Denn viele Gemeinden klagen über Mitarbeitermangel und fehlende junge Leiter/innen, die Verantwortung übernehmen. Dafür gibt es sicher eine Vielzahl von Gründen. Einer, der immer wieder genannt wird, ist die Unsicherheit der neuen Generation im Umgang mit Verbindlichkeiten. Darüber können wir in unseren Gemeinden lamentieren und klagen oder konkret etwas dagegen tun, nämlich Teenager stärken. Eine Möglichkeit, die in den letzten Jahren in immer mehr Gemeinden Fuß fasst und sich unabhängig vom Gemeindeverständnis und der Gemeindeform bewährt hat, ist Mentoring. Was in Wirtschaft, Studium und Politik schon seit geraumer Zeit zur Förderung von Jungunternehmer/innen, Student/innen und bei Politiker/innen eingesetzt wird, nutzen jetzt vermehrt Gemeinden. Mentoring ist ein explizit biblisches Prinzip, das sich durch die ganze Bibel und Kirchengeschichte zieht und in den letzten Jahrzehnten etwas in Vergessenheit geraten ist. Mit den gesellschaftlichen Veränderungen der letzten Jahre und einer neuen Jugendgeneration wird es wiederentdeckt. Viele junge Menschen sehnen sich nach Begleitung und Halt in einer immer unsicherer werdenden Gesellschaft und suchen Unterstützung in ihrer geistlichen Entwicklung. Bei einer Umfrage von Mitarbeiter/innen in Gemeinden und Kirchen gaben 78,2 Prozent der Befragten an, unzufrieden mit ihrem Glauben zu sein und über 50 Prozent hatten keine feste Zeit oder keinen festen Ort für ihre „Zeit mit Gott".

Es herrscht also eine große Unsicherheit gerade auf geistlichem Gebiet und dies, obwohl über zwei Drittel der Antwortenden regelmäßig in den Gottesdienst gehen. Dabei wünschen sich die meisten mehr von Gott und würden sich gerne helfen lassen (Quelle: Institut Empirica 2007). Viele Christen/innen und Gemeinden stehen diesen Wünschen aber unsicher gegenüber. Mentoring kann hier eine Hilfe und ein Gefäß sein, um auf diese Unsicherheiten zu reagieren, junge Christen/innen zu fördern und die Generationen in der Gemeinde neu zusammenzubringen.

Was ist Mentoring überhaupt?

Der Begriff Mentoring kommt aus der griechischen Mythologie. Odysseus war auf dem Weg nach Troja und vertraute seinen Sohn Telemachos zu Hause seinem Freund Mentor mit den Worten an: „Erzähle ihm alles, was du weißt!“ Mentor sollte für Telemachos Begleiter, Führer, Berater und Erzieher sein. Jemand, der einen Lebensvorsprung hat, gibt diesen an einen Jüngeren weiter, damit dieser daran partizipieren kann. Aber das Prinzip Mentoring ist noch älter und wir finden es schon im Alten Testament, wo Gott es nutzt, Menschen für seinen Dienst vorzubereiten. Josua wurde der Mentee von Mose und stand zwischen Mose und dem Volk (2. Mose 32, 15). Ähnlich war es bei Elia und Elisa. Es ist zwar nicht genau bekannt, wie lange Elisa Diener und Schüler von Elia war, aber es war so lange, dass zwischen beiden ein großes Vertrauensverhältnis gewachsen war (vgl. 2. Könige 2, 1–18). Dieses Verhältnis zwischen Elia und Elisa war so intensiv, dass Elisa Elia sogar Vater nannte. Aber auch im Neuen Testament gibt es das Prinzip Mentoring, zum Beispiel bei Jesus und seinen Jüngern. Jesus war für seine Jünger der ideale Mentor. Er lebte mit ihnen zusammen, sie zogen drei Jahre durch Israel und die Jünger lernten Schritt für Schritt, was Jesus ihnen über das Reich Gottes mitteilte. Sie schauten ihm „über die Schulter“ bei seinen Reden und seinen Wundern, sie durften mithelfen und kleinere Aufgaben selbst übernehmen (Mt 14, 13–21: Speisung der 5.000). Dann gab es Kurzpraktika, in denen sie das Gelernte in eigener Verantwortung in die Praxis umsetzen konnten (Lk 9, 1–6: Aussendung der 12 Jünger). Jesus ging auf ihre Fragen ein (Lk 11, 1–13), hatte Geduld mit ihrem Unverständnis, lehrte sie (Mt 5–7) und schlichtete ihren Streit (Lk 22, 24–30). Er nahm sich Einzelne beiseite, hatte Zeit für sie und half ihnen, den richtigen Weg zu finden (Joh 20, 24–1). Weitere Beispiele sind Barnabas und Paulus (Apg. 11, 25) oder Paulus und Timotheus (2. Tim 3, 14). Paulus beschreibt in 1. Kor 11, 1, dass die Christen/innen in Korinth seinem Beispiel folgen sollen. Sie sollen sich an ihm orientieren, ihm auf dem Weg mit Jesus folgen. Gerade in unserer unsicheren Zeit, in der es viel an Werten und Orientierung fehlt, suchen junge Christen/innen erfahrenere Vorbilder, die sie ein Stück auf ihrem Lebensweg begleiten. An denen sie sich orientieren können, ohne dass diese ihnen vorschreiben, was sie tun sollen. Mentoren/innen sind wie Reisebegleiter auf dem Lebensweg, Berater und Helfer.

Was heißt Mentoring konkret?

Mentoring ist ein Prozess, den Mentor/in und Mentee miteinander durchlaufen, dieser Prozess kann über Monate und Jahre gehen, er ist dynamisch und lebt von den jeweiligen Bedürfnissen des Mentees. Dabei kann es sein, dass sich auch unterschiedliche Ebenen vermischen oder ganz andere Schwerpunkte von Mentor/in und Mentee festgelegt werden oder in der Mentoringbeziehung mit der Zeit entstehen. Es gibt für Mentoring keine festgelegten und für alle Zeit gültigen Abläufe und Strukturen. Mentoring ist ein individueller Wachstumsprozess, den Mentor/in und Mentee miteinander gestalten! Eine mögliche Definition beschreibt Mentoring folgendermaßen: „*Mentoring ist eine freiwillige und persönliche Eins-zu-eins-Beziehung, die sich je nach beteiligten Personen entwickelt. Jede Mentorenbeziehung ist unterschiedlich und kann verschiedene Teilaspekte abdecken. Dabei legen der Mentor und sein Mentee die Schwerpunkte ihrer Beziehung und auch die Zeitabstände gemeinsam fest.*" Gerade die Zeitabstände können ganz individuell festgelegt werden, je nach Bedarf und Möglichkeiten. Je intensiver das Mentoring gestaltet wird, desto schneller wächst Vertrauen und Veränderungsprozesse werden beschleunigt. Dabei kann es in der Mentoringbeziehung verschiedene Phasen geben und es können verschiedene Themen gemeinsam besprochen und durchlebt werden. Aber so dynamisch und unterschiedlich diese Phasen auch sind, so unterschiedet sich Mentoring doch von Coaching oder Seelsorge:

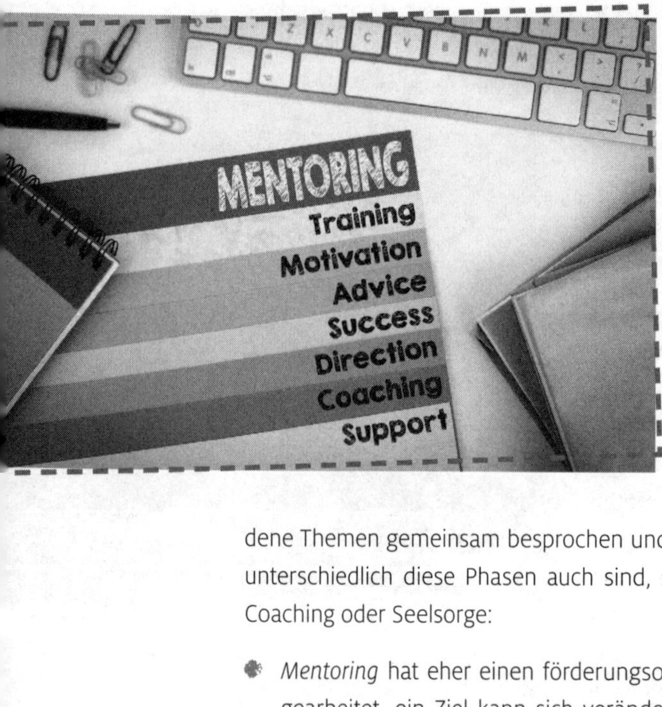

- *Mentoring* hat eher einen förderungsorientierten Fokus: Es wird prozessorientiert gearbeitet, ein Ziel kann sich verändern oder sogar erst später herausgearbeitet werden. Es geht um Förderung und Unterstützung einer/s Mentees in seinem/ihrem grundsätzlichen Lebensentwurf: Berufungen erkennen, Werte entwickeln und Gaben entdecken und freisetzen.

- *Coaching* hat eher einen zielorientierten Fokus: Es wird nach dem Ziel gefragt. Wie ist der Ist-Zustand? Welche Handlungsalternativen gibt es, um das Ziel zu erreichen? Zu welchen praktischen Schritten ist der/die Mentee entschlossen? Welche konkreten Veränderungswünsche hat der/die Mentee?

- *Seelsorge* hat eher einen problemorientierten Fokus: Es kann punktuell gearbeitet werden. Sie ist zeitlich unabhängig, kann auch einmalig sein. Es geht um konkrete Hilfestellung eines Problems. Ein Vertrauensverhältnis muss nicht aufgebaut werden.

Natürlich ist es möglich, dass es zwischen Mentoring, Coaching und Seelsorge Überschneidungen gibt, das ist besonders in einem Mentoringprozess möglich und gewollt.

Mentoring bedeutet immer Multiplikation

Gerade erfahrenere Christen/innen sollen ihren Glauben teilen, zum einen, um Gott dadurch zu ehren und zum anderen, um sein Reich weiter zu bauen. Paulus schreibt an seinen Mentee Timotheus: *„Und was du von mir gehört hast vor vielen Zeugen, das befiehl treuen Menschen an, die tüchtig sind, auch andere zu lehren."* (2. Tim. 2, 2) Das Ziel ist es, dass die Erfahrungskette nicht abreißt. Der/die Mentor/in gibt sein/ihr Wissen und seine/ihre Erfahrung an seinen/ihren Mentee ab, der/die wächst im Glauben und Persönlichkeit und wird somit nach einer Zeit selbst zum/zur Mentor/in. Gerade in der Gemeinde, wo generationsübergreifend gearbeitet wird, ist Mentoring die Chance, einander ganz neu kennen- und schätzen zu lernen. Dazu müssen aber „Räume" geschaffen werden, in denen sich die Generationen (alle Interessierten an Mentoring) begegnen können. Gerade ältere Geschwister haben oftmals Vorbehalte gegen Mentoring oder trauen sich nicht zu, Mentorin oder Mentor zu sein. Deshalb sind Ermutigungen, Schulungen, Material zur praktischen Hilfe, Ansprechpartner (die Mentee und Mentoren/innen vermitteln) und Erfahrungsberichte sehr wichtig. Dabei scheint es zu Beginn gar nicht effektiv zu sein. Soll in der Gemeinde in Einzelne investiert werden? Ist es nicht viel besser, alle Mitarbeiter/innen zusammenzufassen? Müssen nicht alle gleichbehandelt werden? Ich glaube, die Fragen sind berechtigt und aus ihnen heraus können ganz neue Chancen gewonnen werden.

Wie kann ich Mentoring anfangen?

Nach dem Theologiestudium bin ich voller Enthusiasmus und Idealismus in das hauptamtliche Gemeindeleben gestartet. Vieles war in der Praxis neu und eine Herausforderung, vieles lief aber erstaunlich gut. Gerade der Bereich Teenager- und Jugendarbeit boomte und die Gemeinde war mit der Arbeit durchaus zufrieden. Und doch hatte ich nach 18 Monaten eine erste Krise. Zwar stimmten die Zahlen, doch ich hatte oftmals das Gefühl, dass ich gar nicht so genau wusste, wo die einzelnen Teens und

Jugendlichen im Glauben und Leben standen, was sie bewegte, ihre Ängste, Zweifel und Hoffnungen. Je mehr kamen, je größer wurde dieses Unbehagen. Ebenso erging es mir bei den Mitarbeiter/innen: Viele arbeiteten mit, waren aber unsicher und suchten nach Orientierung und Halt, weit über das hinaus, was wir in klassischen Mitarbeiterkreisen bieten konnten. Mitten in dieser Zeit betreute ich einen einzelnen Mitarbeiter, der eine persönliche Krise hatte, in einer Eins-zu-eins-Situation. Wir trafen uns jede Woche und redeten über seine aktuelle Situation, ziemlich unstrukturiert und unsicher. Das Interessante für mich war, dass dieser Mitarbeiter sich trotz Krise nach fünf, sechs Monaten besser entwickelte als die anderen. So begann ich darüber nachzudenken, was ich daraus lernen könnte, und kam auf Mentoring. Da war mir noch nicht klar, dass dieser Begriff meine gesamte Gemeindearbeit verändern würde. Daraus erwuchs ein ganzes Mentoringnetzwerk aus Mentees und Mentor/innen. Wie Mentoring als Gemeindewachstumsprinzip eingesetzt werden kann, wird im nächsten Teil ausführlicher beschrieben. Entscheidend ist zu Beginn aber nicht das gesamte Mentoringnetzwerk, sondern das Entscheidende ist, tatsächlich anzufangen, egal ob alleine oder mit anderen zusammen.

Wer kann Mentor/in sein?

Für Mentoring braucht man erst mal keine besonderen Gaben oder Fähigkeiten, sondern zu allererst ein Herz für junge Menschen. Dann gibt es viele Hilfen, die Sicherheit geben, Bücher, Mentoringkurse oder Gesprächsgruppen mit anderen, die auch Mentoren/innen sind. Einige Elemente können herausgestellt werden, die für einen Mentoringprozess wichtig sind: Vertrauen, Begleitung, Vermittlung und Zeit. Mentoring ist ein Gefäß, welches gefüllt werden muss. Eine Untersuchung der Universität Heidelberg (Quelle: Qualipass) hat gezeigt, dass geschulte Mentoren/innen durch Charakter und Einsatz genauso hilfreich und effektiv bei ihrer Mentorenarbeit sind wie hauptamtlich ausgebildete (drei Jahre) Coaches oder Mentoren/innen. Gerade Mentoring lebt im Prozess der Umsetzung und des Einsatzes des/der Mentors/in. Ein Schlüsselerlebnis mit meinem Mentor war eine Situation, in der ich sehr unter Anspannung war. Ich predigte nach einem Versöhnungsprozess zum ersten Mal in der katholischen Kirche meiner Stadt, was in beiden Gemeinden sehr umstritten war. Die Kirche war voll und als ich unsicher auf die Kanzel stieg, saß direkt vor mir in der ersten Reihe grinsend mein Mentor. Und mir war klar, egal was jetzt passiert, er ist da und holt mich hier wieder raus. Ich weiß nicht, wann er morgens kam, um diesen Platz zu bekommen, ich hatte ihn auch nicht darum gebeten, aber für mich war es ein großes Zeichen des Vertrauens, das, ohne dass er ein Wort sagte, sehr viel auslöste. Mentoring ist mehr als eine Methode, es ist geistliche Wegbegleitung.

Erste Schritte gehen

Vielleicht fällt mir in meiner Gemeinde eine Person seit einiger Zeit auf oder Gott hat mir schon seit einiger Zeit eine Person aufs Herz gelegt. Der Anfang, das erste Gespräch, ist der schwierigste Schritt, jemanden zu fragen, ob sie oder er Mentoring haben möchte. Aber wenn diese Hürde genommen ist, wird es oftmals mit jedem Treffen reicher und schöner. Viele junge Christen/innen sehnen sich danach und wünschen sich Mentoring. Vielleicht gibt es in der Gemeinde auch jemanden, der sich als Vermittler sieht (Hauptamtliche?) und Mentoren/innen und Mentees zusammenbringt. Manchmal haben Gemeinden aber auch keinen Blick für Mentoring, obwohl es Menschen gibt (Mentees oder Mentoren/innen), die sich nach einer Mentoringbeziehung sehnen. Eine Hilfe dabei kann das Internet sein. Hier gibt es eine christliche Internetplattform (www.c-mentoring.net), die sowohl Mentees als auch Mentoren/innen kostenfrei vermittelt.

- **Was sind deine Bedenken/Ängste, wenn du daran denkst, für andere Mentor/in zu sein?**
- **Gibt es eine Person für die du Mentor/in sein könntest?**
- **Wie könnte Mentoring deine eigene Teenagerarbeit stärken und fördern?**

Kleingruppenmentoring (MKG) in der Teenagerarbeit

Mentoring ist kein starres Gebilde und gibt auch keine festen und vorgegebenen Strukturen vor. So ist es nicht verwunderlich, dass es ganz unterschiedliche Konstellationen von Mentoringbeziehungen gibt. Die wohl bekannteste und effektivste ist die Eins-zu-eins-Beziehung. Eine erfahrenere Person gibt Wissen, Glauben etc. in einer intensiven und regelmäßigen Form an eine weniger erfahrene Person weiter. Dabei ist es oftmals so, dass der/die Mentor/in die ältere Person und der/die Mentee die jüngere Person ist. Dies hat einfach mit der größeren Lebenserfahrung zu tun. Außerdem suchen Menschen Vorbilder, an denen sie sich orientieren können. Sie wollen aus den Erfahrungen der Älteren lernen und Fehler vermeiden. Neben all den schon beschriebenen Vorteilen hat diese klassische Form des Mentorings aber einen Nachteil: Zeit. Sie ist sehr intensiv und es werden wenige Leute erreicht. Aus diesem Grund hat sich im Kontext der Gemeinde an vielen Orten das sogenannte Kleingruppenmentoring durchgesetzt. Es kann neben dem Einzelmentoring in der Gemeinde laufen, hat aber, wenn es um die Gesamtgemeinde geht, viele Vorteile.

Dynamik der MKG

Kleingruppenmentoring eignet sich besonders gut vom Teenager- über das Jugend- bis zum jungen Erwachsenenalter. Die entstehende Dynamik, die unterschiedlichen Charaktere und die gegenseitige Motivation können eine Bereicherung sein, die es beim Einzelmentoring nicht gibt. Aber genau diese Punkte können auch zum Nachteil werden: Das Vertrauensverhältnis innerhalb der Gruppe braucht durch die unterschiedlichen Charaktere mehr Wachstumszeit. Aber es ist nicht unmöglich. Eine solche Gruppe kann über einen längeren Zeitraum zusammenwachsen – besonders, wenn sie vom Alter und den Interessen her eine gewisse Homogenität zeigt. Ich habe sowohl gute als auch schlechte Erfahrungen mit dieser Form gemacht. Eine Kleingruppe, deren Mentor ich gerade bin, hat über ein Jahr gebraucht, bis sie eine Vertrauensbasis gefunden hatte, auf der sie effektiv arbeiten konnte. Meine Erfahrungen sind dennoch mehr als positiv, was neben den beschriebenen Punkten noch einen weiteren wichtigen hat: den Aufbau eines geistlichen Netzwerkes. Ein zentraler Vorteil am Kleingruppenmentoring ist die hohe Vernetzung von Einzelpersonen und Gruppen. Ein/eine Mentor/in kann erfahrungsgemäß zwischen drei bis fünf Mentees betreuen. Die Mentor/innen werden dann wieder zu einem übergeordneten Netzwerk zusammengeführt und bekommen selbst wieder zwei Mentor/innen. So werden die Mentees in den Mentoringkleingruppen „versorgt" und die Mentor/innen sind selbst nicht nur Gebende: ein altes Prinzip, das vielen Mentor/innen große Sicherheit gibt. Wichtig ist dabei, dass ein zeitlicher Rhythmus gefunden wird, der die Mentor/innen in ihrer Doppelrolle nicht überlastet. Ein Beispiel wäre, dass sich die Mentoringkleingruppe alle zwei Wochen trifft und die Mentor/innen einmal im Monat. So kann ein gutes geistliches Fundament gelegt werden, das ganzheitlich und persönlich eine Gemeinde stützen kann.

In meiner alten Gemeinde hatten wir beispielsweise die Teen- und Jugendarbeit in Kleingruppenmentoring strukturiert und die Arbeit ist von 15 (drei Gruppen) auf über 80 (19 Gruppen) Teens und Jugendliche organisch gewachsen. Die Mentoringkleingruppen haben sich durch Freunde ganz natürlich aufgefüllt und dann geteilt. Durch die Begleitung und Schulung der Mentor/innen haben sich viele getraut, die Aufgabe anzunehmen und sind dadurch selbst geistlich gewachsen. Dadurch ist ein Netzwerk entstanden, in dem immer weniger junge Menschen durch die Maschen gefallen sind. Interessant ist, dass über die Jahre viele, die solche MKG durchlaufen haben, selbst wieder zu Mentoren/innen wurden.

Mentoring ist kein Allheilmittel

Mentoring löst leider nicht alle Probleme und schon gar nicht schnell. Mentoring ist immer eine langfristige Investition. Wer schnellen Erfolg möchte, sollte nicht auf die „Karte" Mentoring setzen. Deshalb ist es eine Entscheidung, sich für Mentoring zu entscheiden. Viele Christen/innen, gerade in Leitungsebenen der Gemeinden, finden Mentoring sehr gut und loben es über alle Maßen. Leider haben sie selbst kaum Zeit, es zu praktizieren. Und hier scheint ein Schlüssel im Verständnis von Mentoring zu liegen und vielleicht auch die größte Schwierigkeit: Mentoring braucht Zeit! Wenn ich nicht bereit bin, regelmäßig Zeit in Menschen zu investieren, wird es sehr schwer werden, etwas zu verändern. Dabei muss Mentoring nicht jede Woche stattfinden, vielleicht reicht ein regelmäßiges Treffen im Monat für einen guten Start. Wichtig dabei ist die Verbindlichkeit von beiden Partner/innen, damit ein Vertrauensverhältnis wachsen kann, das auch durch Krisenzeiten hindurch hilft. Einer anderen Gefahr unterliegen besonders die Mentoren/innen, indem sie zu viel Verantwortung auf sich nehmen. Ein/e Mentor/in entscheidet nicht für seinen/ihren Mentee und ist auch nicht für sein/ihr (geistliches) Leben verantwortlich, sondern ist ein/e Begleiter/in. Anderson/Reece bringen dies in vier gefährlichen Fallen für den/die geistliche/n Mentor/in pointiert auf den Punkt: (aus Geistliches Mentoring, 107)

1. *Der Messias-Komplex:* Ich halte es für meine Aufgabe, dich zu retten oder von den Kämpfen und Schmerzen deines Lebens zu befreien.
2. *Die Problemlösungs-Mentalität:* Ich halte es für meine Rolle, dir zu sagen, was die richtigen Antworten sind, oder dir einen Ausweg zu zeigen.
3. *Das Macher-Syndrom:* Ich halte es für meine Rolle, dich zu einem vorgegebenen Gebilde oder Produkt zu formen.
4. *Der Weisheits-Spender-Dünkel:* Ich glaube, dass ich jedes Mal, wenn ich mich mit meinem Mentee treffe, auf Verlangen Weisheiten von mir geben muss, denn ich bin eine Quelle der Weisheit und Wahrheit.

Mentoring, die leise Revolution

Der Aufbau einer Mentoringarbeit im Kontext der Gemeinde ist ein Prozess, der sich über mehrere Jahre erstreckt und ganz unterschiedliche Ebenen umfasst. Wer auf Mentoring setzt, muss die Philosophie dahinter begreifen und die Flexibilität verstehen, die Mentoring sowohl in der inhaltlichen Gestaltung als auch in der methodischen Vielfalt widerspiegelt. Dann wird man merken, dass langsam ein Rädchen ins andere greift und die leise Revolution beginnt. Mentoring ist somit ein nachhaltiges Prinzip der Förderung und kein starres Konzept. Es kann sowohl als Einzelmentoring, Gruppenmentoring oder als Grundlage für eine koordinierte Mitarbeiterbegleitung und Gemeindestruktur angewendet werden. Die Flexibilität von Mentoring in den einzelnen Beziehungen stärkt die Stärken der Einzelnen und somit der ganzen Gruppe und legt somit eine gesunde und stabile Grundlage für eine selbstständige Gottesbeziehung und eine eigenständige Persönlichkeit. Deshalb ist Mentoring im Kontext der Gemeinde immer eine leise Revolution, die keine Bühne braucht, sondern im Hintergrund an einem stabilen Netzwerk für Mitarbeiter/innen baut. Als Pastor und als Lehrer habe ich damit sehr gute Erfahrungen gemacht und festgestellt, dass die Investitionen in einzelne Menschen zwar eine Überwindung sind, sich aber langfristig mehr als auszahlen. Das erlebe ich immer wieder in meinem eigenen Leben.

MATERIAL

Weiterführende Hilfen:

- Tobias Faix, Anke Wiedekind: Praxisbuch Mentoring – Chance für geistliches Wachstum und Persönlichkeitsprägung. 7. Auflage, Neukirchener Verlagsgesellschaft 2017
- Tobias Faix: Mentoring leben. Down to Earth Verlag 2015
- Plattform für Mentees und Mentoren/innen sowie eine Fülle von Materialien: www.c-mentoring.net

Praxis: Eine Mentoringstuktur aufbauen

Eine Mentoringstruktur aufzubauen, ist nicht sonderlich schwer, wenn einige wichtige Punkte beachtet werden. Meistens ist es so, dass einige Leute die Vision dafür haben und dann andere dafür begeistern wollen. Zunehmend kommt es auch vor, dass die Gemeindeleitung Mitglieder beauftragt, die ein Mentoringnetzwerk gründen sollen. Hier also unsere praktischen Umsetzungshilfen:[1]

Visionsträger

Meistens beginnt es, wie gesagt, mit Menschen, die eine Vision für Mentoring in ihrer Gemeinde haben. Diese Leute sollten sich treffen, austauschen und klar darüber

1 *Einige Punkte habe ich von Nele Haasen entliehen, Frauenreferat der Evangelischen Kirche in Deutschland und Burckhardthaus e. V. (Hg.): Mentoring für Frauen in der Kirche. 2016, https://www.ekd.de/download/mentoring_internet_2002.pdf, abgelesen am 26. Oktober 2016.*

werden, was sie wollen und wie viel an Zeit sie bereit sind einzusetzen, wo sie Hilfe und Ergänzung brauchen.

Zielformulierung

Es ist hilfreich, wenn die Ziele schriftlich formuliert werden, zum einen für einen selbst, aber dann auch für die Weitergabe. Was wollt ihr erreichen? Was hat Priorität? Wo gibt es Zielkonflikte?

Ressourcen

Welche Ressourcen (Material, Leute, Finanzen) erfordert die Mentoringstruktur? Wie sind sie zu beschaffen? Welche Ressourcen bringt das Visionärsteam mit?

Einbeziehung der Leitung

Spätestens jetzt ist es wichtig, die Leitung miteinzubeziehen und gemeinsam zu überlegen, wie die Ziele umgesetzt werden können. Wie passen sie in die Gesamtvision der Gemeinde und wo können Ressourcen genutzt werden?

Arbeitsschritte

Was müsst ihr tun, um das Ziel zu erreichen? Welche einzelnen konkreten Arbeitsschritte sind vom wem erforderlich? Erstellt im Voraus einen Projektplan mit den einzelnen Arbeitsaufgaben. Was werdet ihr als Erstes tun?

Hindernisse

Was könnte dazwischenkommen? Was könnte euch daran hindern, das Ziel zu erreichen? Was darf nicht passieren? Welche Strategien zur Vermeidung/Lösung habt ihr?

Meilensteine

Legt Ereignisse und Zeitpunkte fest, an denen ihr Bilanz zieht, und überprüft, ob ihr eurem Ziel näher gekommen seid.

Messbarkeit

Woran erkennt ihr, dass ihr euer Ziel erreicht habt? Baut Zwischenauswertungen ein und nutzt Hilfsmittel dafür.

Schulungen

Wo gibt es vielleicht inhaltliche Unsicherheiten? Wo sind Schulungen notwendig? Im Team oder vielleicht bei den zukünftigen Mentor/innen? Wie können diese geplant werden? Wo ist dabei Hilfe nötig? Das Christliche Mentoring Netzwerk bietet zum einen regelmäßige Supervision/Intervisionsgruppen in ganz Deutschland an und zum anderen eine Menge an ganz praktischen Materialien (Kopiervorlagen) für Mentoringbeziehungen.

4 Musisch-kulturelle Arbeit mit Teenagern

Claudia Meyer

Unsere Aufgabe im Leben besteht darin, zwischen unserer Person und dem Leben, das wir leben, eine Übereinstimmung herzustellen, und Kunst kann uns dabei helfen.

John Milton Cage (1912–1992), US-amerikanischer Komponist und Künstler
(zitiert nach: Sonka Ludewig: Musisch-Kulturelle Bildung – IGS Kronberg. Online unter: http://www.igskronsberg.de/fachbereiche/musisch-kulturelle-bildung 04.05.17)

Auf der Suche nach der eigenen Identität

Wenn Sina tanzt, bewegt sie sich in ihrer eigenen Welt. Um sie herum tritt alles zurück. Einfach nur da sein. Leben genießen. Voll auskosten. Trauer wegtanzen. Und wenn Insa singt, gibt sie alles. Ihre Stimme klingt dreckig, dunkel und dann auch wieder voller Wärme. Sie entwickelt eine unglaubliche Bühnenpräsenz. Als Chorleiterin ist Christin beliebt und Motivaton für alle. Tjaard war ein grottenschlecht klavierspielender Achtklässler, als er zum ersten Mal in der Band mitspielte. Heute ist er der Bandleiter. Und Felix – der stand da und wollte irgendwie mitmachen. Das tut er mit viel Engagement.

Zutaten für eine musisch-kulturelle Jugendarbeit

Deine Einsicht, dass du Jugendliche bei dem abholen kannst, was sie bewegt: ihrer Musik, ihrer Sicht der Dinge, ihrer Sprache, ihren Fragen, Problemen, Erkenntnissen und Sichtweisen. Du schenkst ihnen als Leiter oder Leiterin Beachtung und Wahrnehmung, und unterstützt ihren tiefen Wunsch, in dieser Welt eine wichtige Rolle zu spielen.

Dein Wille, ihnen auf Augenhöhe zu begegnen, um sie zu ermutigen, ihr Potenzial für ein gemeinsames Projekt einzusetzen. Du nutzt die gemeinsamen Kräfte, und ihre Begeisterung ist ansteckend. Es ist eine einmalige Chance, Jugendliche aus unterschiedlichen Milieus, mit verschiedenen schulischen, nationalen und religiösen Hintergründen zu einer Gemeinschaft wachsen zu lassen. Und du setzt damit ein Zeichen: „An open world begins with an open mind.“ Musisch-kulturelle Jugendarbeit erreicht

Jugendliche, die sonst nie einen Schritt über die Schwelle unserer Gemeindehäuser gewagt hätten. Das bedeutet Vielfalt und Farbe für die Kirche. Da darf es auch schon mal Konfetti regnen.

Die Feststellung, dass wir einander brauchen, ergänzen und guttun. Wir gehen respektvoll und verantwortungsbewusst miteinander um. Du entwickelst mit Jugendlichen ein Projekt und ihr arbeitet bis zur Durchführung gemeinsam an dessen Umsetzung.

Ihr erlebt „Kirche von heute" – unkonventionell, eigenartig und eigensinnig. Und in dieser „Kirche von heute" bietest du Jugendlichen eine Plattform, in der sie alte Freundschaften vertiefen sowie neue Freundschaften schließen können. Gemeinschaft hat einen großen Stellenwert. Dazu schaffst du mit Mitarbeitenden durch Impulse innerhalb der Gruppe ein Angebot, sich mit Fragen um Gott und die Welt auseinanderzusetzen.

Du kannst ihnen Wegbegleitung und Beratung in ihren persönlichen Entscheidungsprozessen bieten. Dies geschieht rein praktisch z. B. in den wöchentlichen Proben, an Probenwochenenden und bei Special Events. Abgerundet wird diese Arbeit durch Fun und Sport, emotionale Momente, intensives Training, Erwerben von Kompetenzen und

Sicherheit in den verschiedenen Workshops und Proben sowie vertrauensvolle Vier-Augen-Gespräche.

Keine Angst, dass du alles alleine machen musst. Diese Arbeit lebt von Workshops, die von den Jugendlichen selbst geleitet werden. Die Workshopleiter/innen sollten sich regelmäßig als Team austauschen. „Gelebte Basisdemokratie" lautet die große Herausforderung für alle Mitarbeitenden. Als Teilnehmende und/oder Leiter/innen von Workshops erfahren die Jugendlichen eine Bestätigung ihrer Persönlichkeit und lernen mutig, entspannt und kompetent aufzutreten. Mitarbeitendenschulungen und Stärkungen der Persönlichkeiten finden einerseits gezielt und dann oft auch nebenbei statt.

Worauf es ankommt, wenn es passiert: Auf deine Leidenschaft, etwas Ungewöhnliches auszuprobieren, und auf deine Einstellung: Du möchtest Jugendlichen als Leiter oder Leiterin Raum und Möglichkeit geben, damit sie sich entfalten können. Wenn du das schaffst, gehört ihnen die Bühne und dir die ganze Fan-Base.

Grundsätzlich zu beachten sind folgende Dinge, bevor du dich in diese Arbeit stürzt:

1. **Gibt es ein Team aus Jugendlichen, das dich unterstützt (musikalisch, organisatorisch evtl. auch als Workshopleitende)?**
2. **Gibt es jemanden in der Schule, der bzw. die z. B. Ansprechpartner/in für eine flächendeckende Werbung sein kann?**
3. **Wie viel Zeit, Raum, Geld braucht so eine Arbeit und ist das im Rahmen deiner Jugendarbeit möglich? Evtl. auch: Wovon müsstest du dich verabschieden, wenn du in diesem Bereich arbeiten willst?**
4. **Kläre mit dem Vorstand deiner Gemeinde bzw. Jugendarbeit, dass es nicht euer erstes Ziel ist, am Sonntagmorgen mehr Jugendliche im Gottesdienst zu haben, sondern dass Jugendliche einen eigenen – auch spirituellen – Raum finden dürfen, ohne dass in erster Linie die Erwachsenengemeinde etwas „davon hat" (... und das kann ganz schön für Aufregung sorgen).**
5. **Erkundige dich nach Leuten, die schon Erfahrungen auf diesem Gebiet gesammelt haben. Tausche dich mit ihnen aus und besuche ihr Projekt.**

„Die große Bühne soll dir gehören ..."

Es gibt verschiedene, gut gelungene Beispiele, an denen du sehen kannst, wie es geht. Die drei folgenden Beispiele haben sich über Jahre im musisch-kulturellen Bereich von Jugendarbeit bewährt. In ihnen werden Jugendliche gleichermaßen gecoacht und begleitet und erleben eine prägende Zeit.

SoulTeens

Die Idee von SoulTeens war es von Anfang an, „mehr als ein Chor“ zu sein. In drei Bereichen – so der Grundgedanke von „SoulTeens“-Erfinder Walt Whitman – sollten Jugendliche auf entspannte Weise Kompetenzen erwerben:

1. In musikalischer Hinsicht,
2. in sozialer Hinsicht und
3. in Blick auf den christlichen Glauben.

SoulTeens ist mittlerweile eine europaweite Jugendchor-Bewegung, eine Community, in der die einzelnen Chöre miteinander gut vernetzt sind. Sie treffen sich auf Schulungen, Festivals und im großen Mass-Choir. Sie singen auf Gospelkirchentagen in Deutschland und sind auch beim Luther Musical 2017 dabei.

SoulTeens wünscht sich, dass Gemeinde ein Zuhause für Jugendliche wird und Jugendliche Gemeinde auch als ein solches Zuhause empfinden. Sie möchten sich mit ihrem Chor in die Gemeinde vor Ort einbringen. Jede Gemeinde ist für SoulTeens die Chance, eine Gemeinschaft zu erfahren, in der sich jede/r Einzelne mit seinen bzw. ihren Begabungen einbringen kann. Das kann dazu führen, dass ein Teenager, der bisher nur mittelprächtige Erfahrungen mit Gemeinde gemacht hat, ganz neu eintaucht und ganz neu Teil dieser – bisher kritisch von außen betrachteten – Gemeinschaft wird.

Mit SoulTeens können sich Jugendliche nicht nur als Teil einer starken Gemeinschaft, sondern auch als ein Teil der Geschichte Gottes verstehen lernen. Bei SoulTeens werden eigens für Jugendliche produzierte christliche Songs gesungen.

MATERIAL

Das Starterkit „10 x 100 Minuten Von der Probe bis zum Auftritt“ kannst du hier bestellen: http://www.soulteens.de/en/artikel/details/10-x-100-minuten-1/

Musicalprojekt ADONIA

ADONIA ist eine als Verein strukturierte Jugendorganisation auf Basis der Evangelischen Allianz. Mehrere vollzeitlich Angestellte (Lehrer/innen, Musiker/innen, Büroangestellte, Grafiker/innen) bewältigen die ganze organisatorische und musikalische Arbeit. ADONIA entstand Mitte der 80er-Jahre in der Schweiz und hat sich seit 2001 in Deutschland etabliert. ADONIA möchte Jugendliche und Kinder in ihrem Glauben, ihrer Persönlichkeit und ihren Fähigkeiten fördern.

Das geschieht in verschiedenen Feriencamps, sodass in Kinder- oder Teencamps ein Musical zu einer biblischen Geschichte einstudiert wird. Im Jahr 2016 gab es 38 ADONIA-Teencamps mit jeweils ca. 70 Teilnehmenden und 10–15 Mitarbeitenden. In den Teencamps können Teenager mit anderen sowohl in einer Band als auch im Chor und als Darsteller ihre Fähigkeiten unter Beweis stellen.

Eine Woche vor Beginn eines Camps bekommen die Teilnehmenden Noten und Musikaufnahmen des jeweiligen Musicals zugesandt und können sich so auf die Proben im Camp vorbereiten. Deutschlandweit tourt ADONIA in den Oster- und Sommerferien durch 2–4 verschiedene Gemeinden, um ihr Musical vorzustellen. Ein Teencamp beinhaltet drei Tage Musicalprobe und die anschließenden Konzerte.

Gecoacht werden die Teilnehmenden von Mitarbeitenden, die sich entweder selbst als Teens in den Camps ausprobiert haben und begeistert sind, oder aber auch von jungen Erwachsenen, die aufgrund ihres musikalischen Know-hows bei ADONIA mitarbeiten möchten. Auf den Internetseiten von ADONIA Deutschland und ADONIA Schweiz findest du eine Vielzahl von Materialien und Anregungen, ein Musical-Projekt auch in deiner Gemeinde durchzuführen.

MaTERiAL

www.adonia.de oder www.adonia.ch

TEN SING

TEN SING kam vor 30 Jahren aus dem norwegischen YMCA nach Deutschland und hat Spuren hinterlassen. Hier treffen sich Teenager zwischen 14 und 18 Jahren wöchentlich, um genau das zu tun, was sie gerne tun: sich selbst ausprobieren, eine Gemeinschaft erleben, miteinander ein Ziel erarbeiten. Im Fall von TEN SING bedeutet dies, gemeinsam eine Bühnenshow mit vor allem säkularen Songs, Tanz und Theater auf die Beine zu stellen. Das heißt: Chor und Soli, Theater und Tanz, Moderation, Organisation, Band und Technik – alles ist selbst gemacht und verantwortet. Dabei fallen in der Konzeption von TEN SING besonders die 5 C's ins Auge:

1. creativity:
   Kreativität ist in allen Bereichen gefragt. Ob bei der Gestaltung der Bühne, dem selbst geschriebenen Drama, eigenen Chorstimmen – alles ist erlaubt, was gut aussieht, klingt und Spaß macht.

2. competence:
   Kompetenz kannst du dir erwerben. Bei TEN SING werden Workshops angeboten, in denen du deine Fähigkeiten ausbauen oder ganz neue Begabungen entdecken kannst. „Surprise Yourself" lautet das TEN-SING-Motto. Jugendliche leiten Workshops für Jugendliche. Der bzw. die Einzelne merkt: Auf mich kommt es an – und nicht nur jetzt, sondern ich übertrage das auch auf mein weiteres Leben. Ich darf Verantwortung übernehmen und ich kann Verantwortung übernehmen. Das Team macht mich stark.

3. culture:
   Jugendkultur ist das Stichwort. Was interessiert Jugendliche? Welche Musik hören sie? Welche Moves sind gerade angesagt, was ist also dran und macht Spaß?

4. care:

   Als Gemeinschaft kümmern sich TEN SINGer um die einzelnen Mitglieder der Gruppe. Sie sind auch außerhalb der Treffen miteinander verbunden und fühlen den „Spirit", der sie zusammenschweißt und in Bewegung hält. TEN-SING-Gruppen sind deutschland- und europaweit miteinander vernetzt (bei Seminaren und Festivals, Auftritten beim Deutschen Evangelischen Kirchentag).

5. christ:

   TEN SING arbeitet missionarisch in die Gruppe hinein. Viele kritische Stimmen fragen nach, warum man nach außen keine Impulse setzt. TEN SING tut das gerne im Rahmen von Andachten und Feelingmomenten. Dafür nutzt TEN SING den geschützten Raum innerhalb der Gemeinschaft.

Gestartet wird eine neue TEN-SING-Gruppe in der Regel durch eine schon bestehende. Das fördert die Vernetzung und unterstützt den Start der eigenen Gruppe.

MATERIAL

www.tensingland.de
https://youtu.be/4ZAReLZ2p3E

Und wie geht es jetzt weiter?
Hier ein paar Fragen, um dir selbst auf die Spur zu kommen:

- **Welches Format wäre deins?**
- **Kennst du Jugendliche, die Lust auf eines der drei Formate hätten?**
- **Was wäre dein nächster Schritt?**
- **Wen kannst du „mit ins Boot nehmen"?**
- **Wo könnte so etwas stattfinden?**
- **Wer gibt Geld, Zeit und stellt Räume zur Verfügung?**
- **Wie passt das Ganze in das derzeitige Konzept deiner Jugendarbeit hinein?**
- **Wie kannst du dich vernetzen?**

5 Pornografie als Thema in der Teenagerarbeit

Benjamin Nitsche, Christian Schlotterbeck

Relevanz und Gefahren von Pornografie

Wann hast du deinen letzten Porno gesehen?

Das ist möglicherweise ein sehr kontroverser Einstieg in das Thema, aber mal ganz ehrlich: Wo wird wirklich über dieses Thema geredet? Wenn du diese Frage mit „Hier in meiner Gemeinde/Teenagergruppe!" beantworten kannst, dann gehörst du und deine Gemeinde/Teenagergruppe zu einer Minderheit! Die Relevanz von Pornografie und deren Risiken sind den meisten nicht bewusst.

Die Zeiten, in denen Pornografie schwer erreichbar war, sind schon lange vorbei. Mit wenigen Klicks im Internet oder auf dem Smartphone kann man problemlos in eine riesige, bunte und faszinierende Pornowelt eintauchen, die ständig erreichbar und kostenlos ist. Mit durchschnittlich elf Jahren kommen Teenager das erste Mal mit Pornografie in Kontakt, häufig ungewollt. Spätestens mit siebzehn Jahren hat fast jeder schon mal einen Porno gesehen. Ein Drittel der befragten männlichen Jugendlichen konsumiert Pornografie mindestens zweimal die Woche. Diese Fakten, welche man in Studien und Statistiken nachlesen kann (siehe Material), lassen keinen Spielraum: Fast jeder Teenager hat irgendwie mal Kontakt mit Pornos gehabt. Wusstest du das?

MATERIAL

BZgA: Jugendsexualität im Internetzeitalter (2013)
BZgA: Jugendsexualität (2015)
http://www.roadtograce.net/current-porn-statistics/

Was ist Pornografie?

Wenn du mit deiner Gruppe oder Teenagern über das Thema reden möchtest, ist es zu Beginn sinnvoll zu klären, was Pornografie eigentlich ist. Neben einer juristischen Definition und der Rechtslage zur Pornografie bieten vor allem Fragen nach dem Inhalt und der Funktion der Pornografie eine gute Erklärungsbasis:

Was sehe ich? Ich sehe sehr direkte und detaillierte Darstellungen nackter Körper und sexueller Aktivitäten, z. B. „wenn da jemand Sex hat mit sich selbst oder mit jemandem halt".

Wozu kann ich das ansehen? Ich sehe es mir an, um mich sexuell zu stimulieren/erregen und/oder um mich selbst zu befriedigen z. B. „um geil zu werden und mir einen runterzuholen".

Gehört Pornografie zur Normalität?

Durch die uneingeschränkte Erreichbarkeit von Pornografie ist es für viele Teenager (hauptsächlich männliche) normal, den einen oder anderen Porno anzusehen. Videoportale wie „YouPorn", „RedTube" oder „Xhamster" sind den meisten bekannt und werden in vielen Freundescliquen diskutiert. Dass Pornografie zur Normalität gehört, wird auch dadurch verstärkt, dass beinahe überall in der Popkultur, Werbung und Social Media erotische Darstellungen und sexuelle Anspielungen zu finden sind: eine leicht bekleidete Frau auf einem Werbebanner, das heiße Girl auf dem Thumbnail (Vorschaubild eines Videos, welches User zum Ansehen bewegen soll) des nächsten YouTube-Videos oder die erotischen Tänzerinnen in dem Video zum neuesten Hit aus den Charts.

- **Wo begegnen dir im Alltag Pornografie/sexuelle Darstellungen?**
- **Gehört für dich Pornografie zur Normalität?**

Gefahren und Risiken

Pornografie lockt, verführt und reizt, sie spielt mit dem Verbotenen, Verruchten und zeigt eine Welt voll Lust, Begierde und Befriedigung. Gerade deshalb ist sie für Teenager so anziehend, die durch ihre Entwicklung Phasen der physischen und psychischen Veränderung erleben, ihre Sexualität entdecken und auf der Suche nach Identität und Grenzüberschreitungen sind. Die Pornografie bietet in dieser Phase besonders viel zum Austesten, zum Rebellieren und zur Selbsterfahrung.

Soll Pornografie weiterhin mit Normalität und einem „Nicht-darüber-Reden" behandelt werden? Sämtliche Experten aus der (Medien-)Psychologie/Pädagogik und (Sexual-)Therapie neigen hier mit Verweis auf die möglichen Gefahren und Konsequenzen zu einem klaren Nein. Pornografie zeigt eine stark einseitige und verzerrte Sicht auf Sexualität. Diese lust- und befriedigungszentrierte Sicht ist vor allem dann problematisch, wenn Teenager gerade ihre Sexualität entdecken.

Neben den Veränderungen von Einstellungen hat Pornografiekonsum negative Auswirkungen, allerdings lassen sich diese definitiv nicht pauschal und allgemein über jeden

Teenager sagen, der Pornos konsumiert. Entscheidend ist die Masse und Art der geschauten Pornografie, ebenso wie die Biografie, Entwicklung und Sozialisation des Jugendlichen.

Jedoch lassen sich folgende drei möglichen Wirkungsbereiche des Pornografiekonsums zusammenfassen:

1. eine beeinträchtigte Fähigkeit zur partnerschaftlichen Intimität, das heißt ein negativer Einfluss auf die Empathie- und Bindungsfähigkeit, sowie auf sexuelle Zufriedenheit
2. eine potenzielle Abhängigkeitsentwicklung (Suchtgefahr)
3. eine zunehmende Toleranz gegenüber sexueller Gewalt

Pornografie birgt Gefahren und Risiken. Sie deswegen zu verbieten, ist aber aus pädagogischer Sicht nicht die Lösung des Problems (gleichwohl es natürlich auch gesetzliche Vorgaben gibt). Teenager müssen über Pornografie und deren mögliche Gefahren aufgeklärt werden, sodass sie selbst fähig sind, sich ein Urteil darüber bilden zu können und daran selbst entscheiden, ob sie Pornografie konsumieren oder nicht.

- **Welche Gefahren siehst du bei Pornografiekonsum?**
- **Wie sieht für dich eine gesunde Sexualität aus?**
- **Wie kann die Entwicklung einer gesunden Sexualität trotz der Gefahren durch Pornografie gefördert werden?**

Praktische Hinweise und Tipps

Pornografie ist also ein riesiges Thema. Vielleicht ist dir auch schon aufgefallen, dass es bisher im Kinder- und Jugendbereich nur selten vorkommt. Gerade in unseren christlichen Gemeinden wird es gern vermieden. Das ist leider ein großes Problem, denn so können bei Jugendlichen, die mit Pornografie zu tun haben, viel leichter Gefühle der Angst, Scham und Schuld aufkommen. Wenn sich in der Gemeinde niemand damit beschäftigt, wird es dort unweigerlich totgeschwiegen und verheimlicht. Jugendlichen wird dabei die Chance genommen, sich an guten Vorbildern zu orientieren, sich zu reflektieren und im Bereich ihrer Sexualität zu entwickeln.

Du willst das ändern? Super! Ich auch. Ehrlich. Hier kommen einige Vorschläge, was du anpacken kannst, um deine Teenager weiterzubringen.

1. Fang bei dir selbst an!

Das ist die Grundlage jeder seelsorgerlichen Arbeit. Stelle dir die Frage, wie du selbst in deinem Leben mit Pornografie konfrontiert wurdest und damit umgegangen bist. Wie war das damals für dich? Was hat dir geholfen? Wie geht es dir heute damit?

Wenn du bisher wenig mit dem Thema zu tun hattest, informiere dich darüber. Am Ende des Artikels findest du hilfreiche Bücher und Internetseiten, die dich dabei unterstützen können. Nutze deine persönlichen Erfahrungen und gelerntes Wissen, um deinen Jugendlichen zu helfen. Wenn du selbst authentisch in Gespräche gehst und auch aus eigener Erfahrung berichten kannst, hast du einen guten Anknüpfungspunkt.

2. Mach auf das Thema aufmerksam!

Auch wenn praktisch jeder und jede Jugendliche weiß, was Pornografie ist, wissen doch viele nicht, welche Gefahren und Risiken damit verbunden sein können oder wie man gut damit umgeht. Du kannst deinen Teenagern helfen, indem du zu z. B. Organisationen zu Vorträgen in deine Gemeinde / deinen Jugendkreis einlädst, die sich damit auskennen. Ich persönlich habe gute Erfahrungen damit gemacht, als Gastreferent/in jemanden einzuladen, der bzw. die sich schon länger mit Pornografie und Christsein auseinandersetzt und dennoch einen professionellen Hintergrund hat.

Um Pornografie in deiner Kinder- und Jugendarbeit zum Gesprächsthema werden zu lassen, kannst du auch einfach selbst einen Abend gestalten. Im Rahmen eines geschlechtergetrennten „Jungs- bzw. Mädchenabends" ist es hilfreich, solche Themen auch ruhig aus einer persönlicheren Perspektive anzusprechen.

Durch solche Veranstaltungen kommen Teenager ins Nachdenken und haben die Möglichkeit, sich erst einmal theoretisch oder in der Gruppe mit Pornografie auseinanderzusetzen.

3. Kommunikation – sprich darüber und schaffe Sprachräume!

Einer der größten Knackpunkte bei Pornografie ist, dass Betroffene sich nicht trauen, mit jemandem darüber zu sprechen. Sie haben (besonders in christlichen Kontexten) Angst, abgelehnt zu werden, oder schämen sich einfach zu sehr für ihr Verhalten. Wenn sie damit alleine bleiben, sinken die Chancen für einen guten Umgang enorm – und die Risikofaktoren steigen. Du kannst das ändern. Bringe das Thema immer wieder ein, z. B. im Gespräch: „Studien sagen, dass 90 Prozent der männlichen Jugendlichen schon mal einen Porno gesehen haben ... krass, oder? Wie geht ihr denn damit um?" Oft nehme ich dann die Haltung des interessierten Fragenstellers ein und lasse die Jugendlichen einfach erzählen. (Natürlich sind Sensibilität und die nötige Distanz wichtig – keine intimen Details!)

Auch eigene Erfahrungen können helfen: „In meiner Jugendzeit war das für mich auch mal ein Thema, aber ich hab dann einfach mit jemandem darüber geredet ..." Wenn du selbst offen und ehrlich bist, können deine Teenager das dir gegenüber auch sein. In das Gespräch darfst du dich natürlich auch mit deiner Meinung als Christ/in einbringen. Ganz wichtig ist es hier, den Teens keine dogmatisch vorgefertigten Antworten zu geben, z. B. „Christen dürfen keine Pornos gucken", die sorgen nämlich nur dafür, dass deine Teens noch weniger darüber reden. Du darfst ihnen aber offen und ehrlich sagen, warum du aus christlicher Perspektive Pornografie schwierig findest.

Es ist hilfreich, wenn du Mitstreiter/innen hast. Such dir Personen, die das gleiche Anliegen haben und auch als Gesprächspartner/innen für die Jugendlichen da sein können.

4. Kommunikation – die innere Haltung

Du solltest im Gespräch grundsätzlich eine wertschätzende, annehmende Haltung gegenüber deinen Teenagern haben. Moralische oder korrigierende Aussagen („Das ist Sünde. Hör auf damit.") sind fehl am Platz. Wenn sich dir jemand anvertraut, dann respektiere ihn bzw. sie für die große Überwindung, die er bzw. sie hinter sich hat. Es war sicher nicht leicht! Bewerte das Gesagte nicht, sondern versuche zu verstehen, wie dein Gegenüber sich fühlt. In Gesprächen, wo es um Pornografie geht und sich jemand öffnet, versuche ich ganz bewusst, den bzw die andere/n mit den liebenden Augen Jesu zu sehen: als geliebte, angenommene und extrem wertvolle Person! Ob du es glaubst oder nicht – diese innere Haltung wird man dir anmerken. Sie macht einen großen Unterschied!

5. Ermutigung zur Rechenschaft/Zweierschaft

„Ich kenne keinen, der alleine von den Pornos losgekommen ist. Keinen!", sagt der Jugendreferent Christoph Pahl. Ermutige daher deine Jugendlichen zu Freundschaften. Bei Pornografie sind Heimlichkeit und Einsamkeit entscheidende Faktoren. Wenn jemand seinen Pornokonsum verändern möchte, braucht er bzw. sie Menschen, die ihm bzw. ihr dabei helfen, egal ob das Freunde, Eltern oder Jugendmitarbeitende sind. Du selbst kannst natürlich ansprechbar für so eine Rechenschaftsbeziehung sein – es ergibt aber durchaus Sinn, dass sich die Jugendlichen untereinander helfen.

METHODE

Skizze für eine Gruppenstunde zum Thema Pornografie

Du solltest vorher prüfen, ob deine Gruppe fähig ist, sich mit dem Thema auseinanderzusetzen. Wie alt und reif die Teilnehmenden sind und wie lange sich die Gruppe schon kennt, ist dabei ausschlaggebend. Nimm dir außerdem im Vorhinein ausreichend Zeit für die Vorbereitung und informiere dich gut über die Thematik.

Zum Einstieg gibt es viele Möglichkeiten: Von der Fragestellung „Wer hat schon mal einen Porno gesehen?" über ein Video zur Thematik / von Betroffenen bis hin zum Erzählen von eigenen Erlebnissen. Dadurch kann ein lockerer Austausch über die Thematik entstehen.

Zum Start in die Vertiefung kannst du dann die Frage stellen, ob Pornos schauen normal ist. Anschließend an die Diskussion kannst du eine Gruppenarbeit starten, in der sich mit den Statistiken zur Pornografie, der rechtlichen Lage und den Gefahren/Risiken beschäftigt wird. Hierzu solltest du vor allem für die Auswertung und Ergänzung der Gruppenarbeit aussagekräftiges Material zur Hand haben.

Abschließend zur Vertiefungsphase kannst du die Frage stellen, warum Pornografie aus christlicher Perspektive schwierig ist. Möglich wäre z. B. die Frage „Hätte Jesus Pornos geschaut?"

Zum Abschluss bietet sich ein gemeinsamer Meinungsaustausch an. Die Jugendlichen werden vor allem an deiner Meinung sehr interessiert sein, daher mache dir schon vorher darüber Gedanken.

Es kann sein, dass Jugendliche nach der Stunde auf dich zukommen und ein Gespräch suchen, weil sie ein Problem mit Pornografie haben. Sei dafür offen und beachte die zuvor genannten Hinweise und Tipps.

MaTERiAL

Zum weiteren Bearbeiten des Themas und zur Vertiefung empfehlen wir:

Nicola Döring: Pornografie-Kompetenz – Definition und Förderung. In: Sexualforschung 2011. Online unter: http://www.nicola-doering.de/wp-content/uploads/2014/08/Döring-2011-Pornografie-Kompetenz.pdf

Tabea Freitag: Fit for Love? Praxisbuch zur Prävention von Internet-Pornografie-Konsum. Return Fachstelle Mediensucht 2013

Strafgesetzbuch (StGB) § 184

Internetlinks zu Statistiken und Studien zur Pornografie:
internet-pornografie.de
loveismore.de
nacktetatsachen.at
pornhub.com/insights/germany-review
netzsieger.de/ratgeber/internet-pornografie-statistiken
roadtograce.net/current-porn-statistics/
paid-verein.de
www.x3pure.com/sex-addiction-vs-porn-addiction/
yourbrainonporn.com

Wir haben unsere Bachelorarbeit zu dem Thema verfasst: Jugendliche und Pornografie – eine sozialwissenschaftliche Analyse und religionspädagogische Perspektive. Bei Interesse senden wir sie dir gern zu.

BUCHTIPPS

- Christoph Pahl: „Voll Porno!“ Warum echte Kerle „Nein“ sagen. Verlag der Francke Buchhandlung GmbH 2013
- Christina Rammler: Egosex. Was Porno mit uns macht. SCM-Verlag 2015
- Christina Rammler: PorNö. Aussteigen aus dem Egosex. SCM-Verlag 2016

Eigene Notizen

6 Kunst und Kreativität als Resilienzfaktoren in der Teenagerarbeit

Arline Apke

Wenn mich einer fragen würde, warum ich mutig über meine Stärken sprechen kann, und es liebe, mit anderen über ihre Stärken zu sprechen, kann ich das leicht beantworten. Ich durfte als Kind und Teenager ein regelrechtes Stärken-auslebe-Wertschätzungs-und-Herausforderungs-Programm erleben; begleitet von unzähligen, mutmachenden Zusprüchen, wie: „Du bist begabt", „Es ist genial, was du kannst". Wer solches nicht nur als junges Kind, sondern auch in der schwierigen Identitätsfindungsphase der Teenagerzeit erfährt, kann wahrscheinlich anders durch die Wellen der Identitätskrise rudern. Klar gibt es in meinem Erinnerungskoffer auf unserem Dachboden auch die berühmten Abschiedsbriefe; fünf ständig aktualisierte Testamente, geschrieben im Alter von 15 bis 17 Jahren, mit dem Schwerpunkt von Vererbungen diverser Adidas-Trainingsjacken, Shisha-Tabak und den, nach meinem nun unmittelbar bevorstehenden Tod, abgeschnittenen Dreadlocks. Klar gibt es Listen von Jungs, in die ich unglücklich verliebt war, und Vorschläge, was ich bei einer Schönheitsoperation für Änderungen an mir vornehmen würde. Es gibt Hassbriefe an mich selbst und einen meiner Schwester adressiert an mich, der wiederum die Aktualisierung eines der Testamente mit sich brachte. Neben einer wild ausgelebten Jugendzeit in einer alternativen Clique mit Dreadlocks, Skateboards, Konzerten, Kiffen und allem, was dazugehörte, lief in meinem Leben jedoch zusätzlich kontinuierlich noch etwas anderes. Diese mich ständig begleitende, parallel-laufende Sache war rückschauend eigentlich mein *Rahmen*, mein *Boot*, in dem ich die wilde Zeit erlebte. Dieses „Boot", dieser „Rahmen" war die Teenie- und Jugendarbeit meiner Gemeinde.

Dort gab es Kontinuität, Klarheit von Werten und Berechenbarkeit in diesem unberechenbaren Meer der Teenie- und Jugendzeit: wöchentlich zur gleichen Zeit die gleichen Leute treffen. Das ist bei vielen christlich sozialisierten Teens und Jugendlichen (jedenfalls denen, die das übliche Gemeindeprogramm durchlaufen) zunächst der Fall. Auch gemeindefremde Teens und Jugendliche sind neugierig und kommen zu den Treffen. Sie nehmen an den Angeboten der Gemeinde teil, wissen nach einer Weile, was dort „Sache" ist und parallel tobt draußen weiter das Leben. Auf dem Schulhof, im Verein, in der Clique, auf Partys. Als Meister der Verwandlung passen sie sich dem jeweiligen Setting an. Ich jedenfalls konnte das. Doch nach einiger Zeit kommt es zum Konflikt: Das eine lässt sich mit dem anderen nicht mehr vereinbaren. Als Grenzensucher in der Ausprobierphase gibt es dann oft wenig Gnade: „Die Gemeinde ist langweilig im Gegensatz zu meinem ‚richtigen' Leben"; „Die haben ja keine Ahnung, was wirklich abgeht"; „Ich geh lieber nicht mehr da hin. Wenn die wüssten, was ich außerhalb der Gemeinde mache ..."; „Es ist viel interessanter, mit meiner Clique rumzuhängen, da stört mich der Termin vom Teentreff am Freitagabend – hallo?"

Verständlich? – Und weg sind sie. Oder auch nicht!

Denn was wäre, wenn der Teen- oder Jugendtreff der interessante Ort wäre, wo die größten Herausforderungen gemeistert würden; wo man sich selbst und seine Persönlichkeit entdecken und zeigen könnte, was man drauf hat?

Zeig, was du kannst!

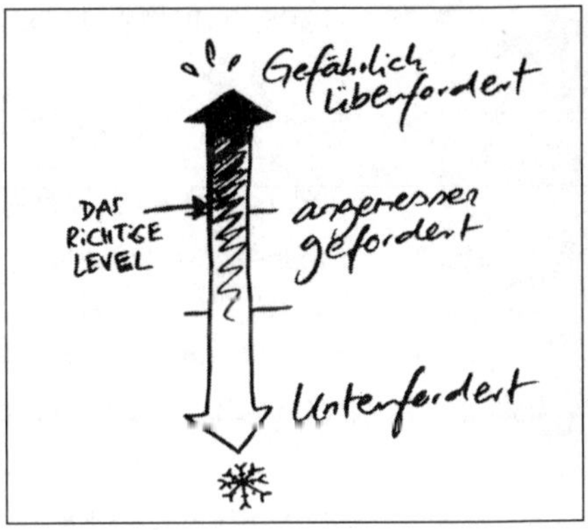

Wann entfaltet jemand sein Potenzial?
Eine Antwort darauf könnte sein: Dann, wenn er von jemandem, der dieses Potenzial erkannt hat, an genau der richtigen Stelle herausgefordert wird, einen Schritt weiterzugehen, als er bisher gegangen ist.

Diese Aussage ist für mich Schlüssel und Antrieb in meiner Arbeit mit Menschen.

Traust du dich?

Normalerweise finden Mutproben in der Teen- und Jugendzeit „draußen", in der Clique, Schule oder im Verein statt. Ich denke, vielen von uns fallen sofort eigene Szenen ein. Zitternd auf dem Dreimeterbrett stehen; einen Liebesbrief schreiben (ja, auch ich bin noch ohne Handy aufgewachsen), später diverse „Traust-du-dich"-Experimente mit Alkohol, Sport, Aktionen auf öffentlichen Plätzen etc.

Solche Herausforderungen zu meistern oder eben in der Gegenwart von guten Freunden/innen kläglich zu scheitern, setzt Emotionen frei, verbindet mit anderen und lässt einen sich selbst spüren. Grenzen werden erfahren und überschritten; die anerkennende Reaktion der anderen sagt mir selbst: Ich kann etwas bewirken, ich bin da. Diese Erfahrung des „Wirksam-Seins" und zusätzlich der wichtige Halt durch starke soziale Bindungen sind Katalysatoren für die Entwicklung psychischer Widerstandsfähigkeit. Die positive Psychologie beschäftigt sich mit diesem für mich hoch spannenden Thema. Die Frage lautet hier nicht: Was macht Leute krank und schwach?

Sondern: Was sorgt dafür, dass Menschen Krisen positiv meistern und aus schwierigsten Umständen stark, optimistisch, fast wie „unbesiegbar" hervorgehen?

Wenn wir als begeisterte Teenager- und Jugendbegleiter/innen Menschen sein wollen, die uns Anvertraute auf dem Weg unterstützen, ihre Persönlichkeit in der Ebenbildlichkeit Gottes entfalten und sie darin bestärken wollen, zu stabilen, selbstbewussten Menschen zu werden, die wissen, wer sie sind und was sie können, lohnt es sich, hierfür einen Blick auf die Erkenntnisse der positiven Psychologie zu werfen.

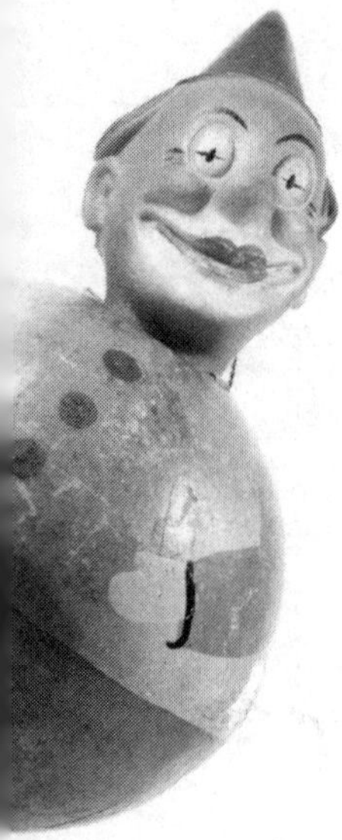

Resilienz

Das Geheimnis der Stehaufmännchen

Achtung, hier teilt sich die Leserschaft in zwei Gruppen: Die einen fragen, nachdem sie die Überschrift gelesen haben: „Resil-WAS?"; die anderen haben kurz über den Auferstehungswitz gelacht; wissen jedoch, was jetzt kommt, und ihre Augen flattern schon nervös über die nächsten Abschnitte, um die obligatorische Erläuterung des Resilienz-Themas eventuell zu überspringen.

Ich werde es kurz machen und die mir hierfür wichtigsten Faktoren zusammenfassen: Resilienz, *lat. resilire „zurückspringen", „abprallen"* ist eine nicht angeborene, aufbaubare psychische Fähigkeit, an Krisen nicht zu zerbrechen, sondern Schwierigkeiten zu meistern und an ihnen zu wachsen. Resilienz ist kein Persönlichkeitsfaktor, sondern entsteht im Zusammenspiel zwischen Umgebung, Vorerfahrungen und der Art und Weise, wie Krisen und Belastungen verarbeitet werden (Siegrist, Ullrich/Luitjens, Martin: 30 Minuten Resilienz. Gabal 2011. S. 25).

Faktoren, die die psychische Widerstandskraft begünstigen:

- *Persönliche Kompetenzen:* Selbstreflexion, Reflexion und Neubewertung von Erfahrungen, Lernfähigkeit, emotionale Stabilität, angemessener Umgang mit Gefühlen, Selbststeuerung, Kontaktfähigkeit, Humor
- *Proaktive Grundhaltung:* Selbstverantwortung, Selbstfürsorge, Sinnkonzepte, Glaubensüberzeugungen, Akzeptanz, Lösungsorientierung
- *Soziale Ressourcen:* Familie (Partner/in, Eltern), Freundeskreis, Berater/innen, Vorbilder
- *Arbeitsbezogene Ressourcen:* Sinnvolle Tätigkeit, Passende Aufgabenstellung, Flexible Organisation, Materielle Absicherung

Wenn man in der Teenager- und Jugendarbeit von regelmäßig stattfindenden, die Jugendlichen und Teenager aktiv mit einbeziehenden Treffen ausgeht, spielen viele dieser Faktoren eigentlich automatisch eine Rolle – oder anders gesagt: Es ist wirklich einfach, Raum für die Entwicklung von resilienzverstärkenden Ressourcen zu geben. Es muss uns als Rahmengeber/innen nur bewusst sein, wie wichtig solche Erfahrungswerte sind!

Eine Kirchengemeinde bietet an allen Ecken und Enden Möglichkeiten für resilienzstärkende Erfahrungen: Hauskreise, Leitungsaufgaben, Mentoring- und Seelsorgeprozesse, die Beziehung zu Leiter/innen (Vorbildfunktion), die Erfahrung wertschätzender Gemeinschaft, die Wirkung von gabenorientiertem Einsatz von Mitarbeiter/innen, ein vielfältiges Aufgabenfeld, gemeinsame Glaubensüberzeugungen und feste Werte. Das klingt wie aus einer Stellenbeschreibung für Gemeindepädagoginnen und -pädagogen. Ja, so sollte es wohl sein. Und egal, wie es gerade tatsächlich aussieht, Fakt ist: Ein einzelner Mensch (du!) kann für einen anderen Menschen (dein Teenager, Jugendlicher) jemand sein, der ihn oder sie ermutigt, das große Geheimnis der eigenen Persönlichkeit zu entfalten und zu entdecken, wie sinnvoll es ist, dass es ihn oder sie gibt.

Selbstwirksamkeit – winzige Erfahrungen mit enormen Auswirkungen

Ich durfte im Alter von 11 Jahren in meiner Gemeinde in einem Theaterstück die Hauptrolle spielen. Es ging um ein Mädchen, das kreativ-künstlerisch begabt ist, deren Eltern jedoch ganz andere Vorstellungen davon haben, wie es sein sollte: gut in Mathe und Fußball und wenn schon Malerei, dann bitte nicht auf dem Boden, sondern an einer Staffelei und mit Pinselschwingen der rechten Hand. Zum Schluss des Stücks und im Kontrast zum Gesehenen hörte man die Worte aus Psalm 139, 14: „Ich danke dir dafür, dass ich wunderbar gemacht bin; wunderbar sind deine Werke; das erkennt meine Seele." Ich weiß noch, dass die so viel älteren, erwachsenen Schauspieler/innen mir damals im Vorfeld sagten, dass sie es ganz toll fänden, wenn ich die Rolle spielen würde. Dass sie glauben, dass ich das ganz gut könne und ja auch so ein künstlerisch begabtes Mädchen wäre, was zu der Rolle passen würde. Ich habe das dann einfach gemacht, weil sie zumindest damit recht hatten, dass ich gerne geschauspielert habe. Woher jedoch wussten sie, dass ich dafür ein Talent haben könnte? Nun ja, einige der Theaterteammitglieder kannten mich von Kindesbeinen an und hatten mich beim Spielen mit ihren gleichaltrigen Kindern in diverse Rollen schlüpfen sehen (besonders die Mutter einer Freundin hatte darunter zu leiden, als ich wochenlang bei jeglichen Treffen den winselnden und um Streicheleinheiten bettelnden Familienhund spielte). Sie hatten mich also in meinem normalen, lustorientierten Spielverhalten wahrgenommen und darin eine potenzielle Stärke, ein Talent entdeckt: Schauspiel! Dann haben sie mir eine passende Herausforderung geboten, mich gestärkt, diese anzunehmen und

letztendlich zu meistern. Eigentlich ganz leicht, oder? Nach dem Gottesdienst passierte das ebenso Wichtige: Feedback zu bekommen! „Dass du dich *das* getraut hast"; „Ich musste richtig *weinen*, als du geglaubt hast, dass du nichts wert bist", „Du hast das so *echt* gespielt" ... Die Leute aus dem Team hatten mir schlauerweise eine Aufgabe gegeben, deren Ausübung mir selbst etwas bedeutete – nämlich: möglichst überzeugend in eine Rolle zu schlüpfen. Die Erfahrung, in einer von *mir geliebten Sache* wirksam gewesen zu sein, sagte mir wiederum: „Es ist genau richtig, dass du das gerne machst; mach mehr davon; deine Leidenschaft ist etwas Sinnvolles; und: Das, was du gern machst, bringt auch anderen etwas; du kannst andere *berühren!"* Ich denke, jeder würde wohl zustimmen, wenn ich behaupte: Etwas, was man liebt zu tun, geht einem meist mit Leichtigkeit von der Hand und nirgends gibt es mehr Flow als dort, wo man in seinem Element ist, denn hier ist das Gefühl, lebendig zu sein, extrem stark. Also – mehr davon!

Kreativität und Resilienz

Die Herausgeber dieses Buches wollten von mir keinen Vortrag über Resilienz oder mehr über meine Biografie erfahren. „Kunst und Kreativität in der Teenagerarbeit" sollte das Thema sein. Doch anders als andere, die aktuell in der Teenager- und Jugendarbeit tätig sind, kann ich als Erzieherin nur berichten, wie es mir damals selbst als Teenager und Jugendliche ergangen ist. Ich kann darüber Auskunft geben, wie andere an mir gehandelt und enorm dazu beigetragen haben, dass ich meine Gaben voll ausleben konnte und somit jemand werden durfte, der seine Stärken tatsächlich liebt und selbstbewusst mit Leidenschaft einsetzt. Denn was in meiner Gemeinde so klein durch die Ermutigung einzelner Leiter/innen anfing, hat einen enorm großen Teil daran, dass ich schon früh erkennen durfte, dass ich, wie im Theaterstück ausgesprochen – wirklich wunderbar gemacht bin und es nicht egal ist, ob ich da bin oder nicht. Trotz der Schwächen und sogenannter „Defizite", die im Laufe des Lebens, meist im Spiegel der Erwartungen der Gesellschaft zum Vorschein traten. Und all das geschah innerhalb der obligatorischen Identitätskrise der Teenager- und Jugendzeit!

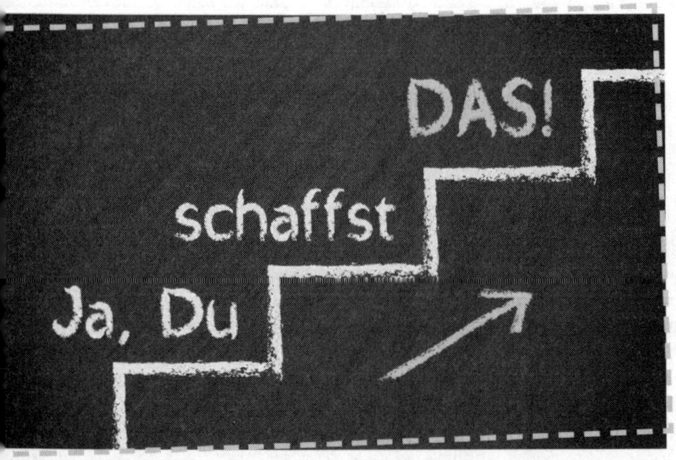

Ich glaube an dich!

„Ich glaube an dich und ich weiß, dass du noch einen Schritt weitergehen kannst!" Diesen Satz zu hören, lässt einem Flügel wachsen, wenn er von einer dem Teenager oder Jugendlichen wichtigen Person gesprochen wird.

Zurück zur Anfangsfrage:
Was, wenn der Teen- oder Jugendtreff der Ort ist, an dem die größten Herausforderungen stattfinden? Wo an mich geglaubt wird und ich zeigen kann, was ich kann und wer ich bin?

Warum diese Frage wichtig ist:
- Herausforderungen zu meistern, schafft das Gefühl, wirksam zu sein.
- Die Erfahrung von Wirksamkeit beinhaltet die Nutzung und das Wachstum unheimlich vieler resilienzfördernder Ressourcen.
- Das stärkt die psychische Widerstandskraft und macht fit für jegliche Herausforderungen des Lebens. Voilà.

Gemacht werden muss ja vieles. Es gibt ja immer etwas zu tun in der Gemeinde. Kann man den Jugendlichen nicht *irgendwelche* Herausforderungen geben, an denen sie dann wachsen können? Ganz einfach und ganz simpel: Nein. Denn es reicht nicht, in etwas *gut* zu sein oder eine Aufgabe *erfolgreich abgeschlossen* zu haben. Selbst Meisterleistungen ohne die dazugehörige Leidenschaft bringen demjenigen, der sie erbringt, letzten Endes nichts im Bereich psychischer Widerstandskraft und Persönlichkeitsentfaltung. Diese Leistungen nämlich lassen emotional kalt. Lernen geschieht bekanntlich dort am effektivsten, wo es „unter die Haut geht"! Die an den Teenager oder Jugendlichen gestellte Herausforderung muss also etwas sein, wofür er oder sie eine ganz persönliche Leidenschaft hat. Sie muss für ihn oder sie selbst bedeutsam sein! Nur dann werden auch selbstständig nächste Schritte folgen und die Erfahrung, sich eigenverantwortlich weiterzuentwickeln.

Wichtig hieran ist, wie schon erwähnt, ein Gegenüber, das vermittelt: „Ich glaube an dich und deine Stärken!" Davon durfte ich unzählige haben. Als ich 16 war, ermutigten mich meine Jugendleiter/innen zu predigen. Sie glaubten scheinbar, dass meine persönlich gelebte Beziehung zu Jesus auch für andere wertvoll und meine ganz persönlichen, geistlichen Erkenntnisse und Kämpfe ebenso hilfreich und herausfordernd für andere seien. Welch ein Zuspruch! Meine Zuhörer/innen waren größtenteils älter als ich. Im Alter von 16 das Feedback eines drei Jahre älteren Jugendlichen zu bekommen, ist mehr als wirksam! (Und hat wahrscheinlich eine Testamentsänderung zur Folge ...)

Kreatives Schaffen als Ausdruck der Persönlichkeit

Für mich ist mit Kreativität nicht primär das Klischee des künstlerischen Schaffens gemeint, wie u. a. Malerei, Zeichnung, Schauspiel, Gesang und poetische Darbietung.

> *„Kreativität im weitesten Sinn beruht auf der Fähigkeit, die Lücke zwischen nicht sinnvoll miteinander verbundenen oder logisch aufeinander bezogenen materiellen und nicht materiellen Gegebenheiten durch Schaffung von Sinnbezügen (freie Assoziation) mit bereits Bekanntem und spielerischer Theoriebildung (Fantasie) auszufüllen."*
>
> *Wikipediaartikel „Kreativität". Stand Nov. 2016*

Die Resilienzforschung jedoch bestätigt, dass gerade die „typisch kreativ-künstlerischen Tätigkeiten" wie

- vor Publikum zu schauspielern, etwas darzustellen,
- etwas Gestaltetes zu zeigen, z. B. einen Entwurf für einen Flyer, ein selbst gebautes Objekt, eine Fotografie etc.,
- etwas geschaffen zu haben, das andere betrachten, z. B. ein Kunstwerk, eine Dekoration,
- etwas vorzutragen, z. B. einen eigenen oder fremden Text, Poesie oder ein Musikstück,
- genauso jedoch die meiner Meinung nach nicht sofort mit kreativ-künstlerischem Schaffen in Verbindung gebrachten Fähigkeiten, wie
  - ein Konzept zu entwickeln,
  - „Out of the box" denken zu können,
  - eine neue Art von Produkt, Veranstaltung, Ablauf oder Umgang zu etablieren

als wirksame Verstärker der psychischen Widerstandskraft gelten. Meiner Meinung nach leisten sie auf der Reise zur Entdeckung der eigenen Persönlichkeit einen großen Beitrag, denn im kreativen Schaffen liegt extrem viel Potenzial zur Entfaltung und Bestärkung der einzigartigen Persönlichkeit.

Bei alldem ist es natürlich enorm wichtig, die Teenager in erster Linie dort abzuholen, wo ihre Leidenschaft, ihre Interessen und tatsächlichen, vielleicht noch „rohen" Talente liegen. Nur hier werden sie mit voller Leidenschaft dabei sein und mutige Schritte gehen. Um angemessene Herausforderungen stellen zu können, muss man sie und ihre Lebenswelt kennen; muss versuchen, sich in ihre Krisen einzufühlen, ihre Fragen und Ängste gehört haben und ihnen dann den Rahmen geben, in dem sie sich und ihr Inneres ausdrücken dürfen.

Praktische Fragen, die man jetzt stellen könnte:
Persönlich:

- **Wer hat damals an dich geglaubt?**
- **Wie hat derjenige das zum Ausdruck gebracht?**
- **Wie kannst du selbst praktisch ein Vorbild darin sein, mutige Schritte mit deinen Talenten zu gehen?**

METHODE

Fragen, bezogen auf die einzelnen Teenager: (Hier hilft es tatsächlich, eine Art Liste oder Tabelle zu erstellen!)

- Was kann der-/diejenige meiner Beobachtung nach besonders gut?
- Worin hat er/sie meiner Auffassung nach Leidenschaft?
- Was weißt du über seine/ihre Hobbys?
- Was könnte er/sie dir, euch, den anderen Teenagern beibringen?
- Wo hat er/sie schon mit sichtbarer Freude mitgewirkt und was könnte der nächste Schritt sein?
- Mit wem musst du ggf. Kontakt aufnehmen, um ihn/sie zu fördern?
- Was könntest du von deinen Aufgaben, die in diese Richtung gehen, bereits abgeben?
- Wo liegen Gemeinsamkeiten zwischen dem, was sie/er gerne tut und Gottes kreativem Wesen?
- Wie kannst du das vermitteln?
- Wie kommt dein Feedback und das der anderen konstruktiv und wirksam an?

Ich wünsche euch alles Gute für eure Leidenschaft als Rahmengeber/innen der Resilienzentwicklung und Ideenhaber/innen für Identitätsfindungsreisende. Gut, dass es euch gibt!

1 Das Leben in einer ungerechten Welt. Teenager und das Thema Gerechtigkeit

Tobias Faix

Teenager haben ein ausgeprägtes Gerechtigkeitsverständnis und nehmen Ungerechtigkeiten, angefangen in der eigenen Familie und Schule bis hin zu kriegerischen Konflikten und moderner Sklaverei, sehr aufmerksam wahr. Deshalb möchte ich in diesem Kapitel das biblische Verständnis von Gerechtigkeit darstellen und daraus Folgerungen erarbeiten, was dies für die Arbeit mit Teenagern bedeutet.

Gerechtigkeit heißt Wiederherstellung

Gerechtigkeit ist ein oft zitiertes Wort, welches zurzeit in Politik, Gesellschaft und Alltag vielfach gebraucht wird. Es gibt dabei unterschiedliche Aspekte und Ansätze von Gerechtigkeit. Ich möchte den biblisch-theologischen Gerechtigkeitsbegriff skizzieren und fragen, was Gerechtigkeit für die Arbeit mit Teenagern bedeuten kann. Wenn im Alten Testament von Gerechtigkeit die Rede ist, dann wird dies im Deutschen meist mit den Substantiven Gerechtigkeit und Recht oftmals nur unzulänglich übersetzt. So müsste man Gerechtigkeit häufig mit der Wiederherstellung und Wahrung lebensfreundlicher Verhältnisse übersetzen. Diese Gerechtigkeit Gottes zeigt sich beispielsweise in seinem Handeln an den Menschen und wird an den Bünden (wie Noahbund oder Abrahamsbund) mit den Menschen deutlich. Gottes Gerechtigkeit begründet sich in seiner Treue und seiner Verpflichtung gegenüber seinen Bundesversprechen. Gott befreit (2. Mose 20), verurteilt (Am 2) und vergibt (Jes 46), dabei ist er nicht parteilos, sondern setzt sich für seinen Bundespartner ein. In diesem Sinne bedeutet Gerechtigkeit immer auch Gemeinschaftstreue Gottes, er hält zu seinem Volk und steht ihm zur Seite. Gott selbst hält sich zu den Unterdrückten und Entrechteten und will ihnen zu ihrem Recht verhelfen. Dabei ist das Ziel des Handelns Gottes immer, das Heil und die Gerechtigkeit seines Volkes zu erlangen. Gerechtigkeit spielt sich also immer im Kontext eines Beziehungsgeschehens ab. Diesen Prozess galt es für Israel immer wieder zu leben, auch wenn es viele Rückschläge gab. Nicht die vollendete Einzelpersönlichkeit, sondern erst die menschliche Personengemeinschaft kann Ebenbild Gottes auf Erden genannt werden. Der hebräische Begriff Schalom teilt jene Vorstellung von Ganzheit und Unversehrtheit, die auch das deutsche Adjektiv „heil" meint und die sich auf die

Gerechtigkeit Gottes bezieht. Gerechtigkeit ist also im biblischen Sinne immer untrennbar mit Gott selbst verknüpft (Ps 7, 1: „Gottes Wesen ist Gerechtigkeit"). Über 3.000 mal greift die Bibel das Thema Gerechtigkeit auf, oft im Zusammenhang mit Armut und sozialer Ungerechtigkeit. Es geht also nicht um eine Randerscheinung, sondern um eine zentrale Aussage der Bibel – im Kern um ein Wesensmerkmal Gottes. Drei Bibelstellen aus dem Alten Testament sollen stellvertretend zeigen, dass Gottes Vorstellung von Gerechtigkeit sich in konkreten Situationen zeigt:

Ps 11, 7: „Denn der HERR ist gerecht und hat Gerechtigkeit lieb. Die Frommen werden schauen sein Angesicht."

Jes 58, 9–10: „Dann werdet ihr zu mir rufen und ich werde euch antworten; wenn ihr um Hilfe schreit, werde ich sagen: Hier bin ich! Wenn ihr aufhört, andere zu unterdrücken, mit dem Finger spöttisch auf sie zu zeigen und schlecht über sie zu reden, wenn ihr den Hungernden zu essen gebt und euch den Notleidenden zuwendet, dann wird eure Dunkelheit hell werden, rings um euch her wird das Licht strahlen wie am Mittag."

Spr 14, 31: „Wer sich der Armen erbarmt, ehrt Gott!"

Gott ist Gerechtigkeit, dies ist einer seiner Wesenszüge. Er steht für die Notleidenden ein und identifiziert sich mit ihnen (Ps 103, 6, Am 5, 11f). Soziale Gerechtigkeit wurde im Alten Testament mit einem Ausgleich über den „Zehnten" (von allem Geernteten: 5. Mose 26, 12) eingeführt und das Alte Testament geht sehr realistisch mit der Situation von Ungerechtigkeit um, wenn es sagt: „Es werden allezeit Arme sein im Lande; darum gebiete ich dir und sage, dass du deine Hand auftust deinem Bruder, der bedrängt und arm ist in deinem Lande" (5. Mose 15, 11). Die Armenpflege wurde, weil schon im Gesetz vorgeschrieben, zum Alltagsgeschehen der Israeliten. Aber nicht nur die Sorge um die Armen war im Gesetz festgelegt, auch Ausländer wurden mit Gastfreundschaft bedacht: „Der Fremdling soll bei euch wohnen wie ein Einheimischer" (3. Mose 19, 34). Fremdheit sollte überwunden und Ausländer in die Mitte des Volkes aufgenommen werden.

1. **Wo erleben Teenager Ungerechtigkeit in ihrem Leben?**
2. **Wo haben wir uns an Ungerechtigkeiten gewöhnt?**
3. **Welche Arten von Armut kennst du? (Zum Beispiel: soziale, emotionale etc.)**
4. **Welche Arten von Armut kommen bei euch vor?**
5. **Wie können die bisherigen Fragen im Teenkreis thematisiert werden?**

Jesus und die neue Gerechtigkeit

Einige Jahrhunderte später nimmt Jesus auf diese Prophezeiung Bezug (Lk 4, 16–21). Er beginnt seine öffentliche Tätigkeit mit der Lesung von Jes 61, 1–2:

Eines Tages kam Jesus wieder in seine Heimatstadt Nazareth. Am Sabbat ging er wie gewohnt in die Synagoge. Als er aufstand, um aus der Heiligen Schrift vorzulesen, reichte man ihm die Buchrolle des Propheten Jesaja. Jesus öffnete sie, suchte eine bestimmte Stelle und las vor: „Der Geist des Herrn ruht auf mir, weil er mich berufen hat. Er hat mich gesandt, den Armen die frohe Botschaft zu bringen. Ich rufe Freiheit aus für die Gefangenen, den Blinden sage ich, dass sie sehen werden, und den Unterdrückten, dass sie bald von jeder Gewalt befreit sein sollen. Ich rufe ihnen zu: Jetzt erlässt Gott eure Schuld." Jesus rollte die Buchrolle zusammen, gab sie dem Synagogendiener zurück und setzte sich. Alle blickten ihn erwartungsvoll an. Er begann: „Heute hat sich diese Voraussage des Propheten erfüllt." Während er sprach, konnte ihm die ganze Gemeinde nur zustimmen. Sie staunten alle darüber, wie Jesus Gottes rettende Gnade verkündete, und fragten sich ungläubig: „Ist das nicht der Sohn Josefs, unseres Zimmermanns?"

Dieser Bericht von Lukas bringt nicht nur die beiden großen Erzählungen des Alten und Neuen Testaments zusammen, sondern präsentiert auch das Kernanliegen Gottes, sein Evangelium (seine frohe Botschaft) für die Menschen: die Wiederherstellung von Heil und Gerechtigkeit auf allen Beziehungsebenen. Mit Jesus wird das weitergeführt, was im Alten Testament angefangen hat, und noch mehr: Die Prophezeiungen der Propheten erfüllen sich. Das neutestamentliche Wort für Gerechtigkeit steht in einer engen Tradition der alttestamentlichen Gerechtigkeitsbegriffe. Das Reich Gottes beginnt mitten auf der Erde. Dies wird auch in der größten Rede Jesu, der Bergpredigt, deutlich, in der er die großen Themen von Jes 61 aufnimmt und für seine Nachfolger auslegt. Im Zentrum dieser neuen Gerechtigkeit steht mit dem Kreuz und der Auferstehung Jesu das große Zeichen der Versöhnung. Gott hat sich selbst zum Sündenbock gemacht und aus dieser Tat heraus können unsere Beziehungsebenen versöhnt und wiederhergestellt werden. Aus der Auferstehungskraft ist die neue Gerechtigkeit Gottes lebbar und wird unter uns sichtbar. Nicht mit Macht und Gewalt, sondern durch eine geistliche Veränderung, die ein neues Denken und Handeln erwachsen lässt, das politische, soziale und öffentliche Veränderungen mit sich bringt.

Die neue Gerechtigkeit ist also ein biblisches Konzept (Mt 5, 20: „Denn ich sage euch: Wenn eure Gerechtigkeit nicht besser ist als die der Schriftgelehrten und Pharisäer, so werdet ihr nicht in das Himmelreich kommen"). Den Armen und Notleidenden galt nicht nur Jesu barmherzige und tätige Liebe. Jesus identifizierte sich sogar mit ihnen. Im Gleichnis vom Weltgericht wird deutlich, dass wir in den Hungernden, Dürstenden, Fremden, Nackten, Kranken und Gefangenen Jesus selbst begegnen (Mt 25, 31–46).

Das Kreuz als Botschafter des Friedens und der Gerechtigkeit

Der Mensch ist verwoben in der Struktur der Sünde und in einem ewigen Kreislauf der Gewalt und des Todes, der sich in vielen kriegerischen Konflikten in der globalen Welt genauso zeigt wie in zwischenmenschlichen Konflikten. So spielt das Kreuz in der großen Geschichte Gottes mit den Menschen eine zentrale Rolle, wenn es um Versöhnung und Gerechtigkeit geht. Es spiegelt die Würde des Menschen, die in seiner Existenz und seiner Ebenbildlichkeit angelegt ist, wider. Ein Zeichen und Fest dieser Versöhnungstat ist das Abendmahl. Menschen, die nach den Grundsätzen der Ebenbildlichkeit leben, streben nach der Gerechtigkeit Gottes, sie leben mitten in dieser Welt, heben dabei die gesellschaftliche Diskrepanz zwischen Arm und Reich auf und schaffen so einen neuen Raum für Versöhnung (2. Kor 5, 18–19) und somit für die Anbetung Gottes. Daraus folgt eine neue Form von Gemeinschaft, die von der Kraft der erfahrenen Versöhnung lebt und diese wieder weitergeben kann. Sie hat eine Sprengkraft, die die großen Diskriminierungen dieser Welt überwinden kann, wie Paulus an die Gemeinden in Galatien (Gal 3, 28) und uns heute schreibt: In Christus gibt es nicht mehr Griechen und Juden (kulturelle Differenzen), nicht mehr Männer und Frauen (geschlechtliche Unterdrückung) und nicht mehr Freie und Sklaven (Ausbeutung durch Ungleichheit), in ihm sind sie allesamt eins, und die großen Ausgrenzungen können in dieser neuen Gemeinschaft überwunden werden. Das gibt in diesem Kampf gegen Armut und Ungerechtigkeit die Kraft weiterzumachen, durchzuhalten und im Vertrauen auf ihn immer wieder neu auch das Unmögliche zu wagen. Denn er hat uns versprochen: „Siehe, ich komme bald!" (Offb 3, 6). Mit dieser hoffnungsvollen Aufgabe gilt es, hier auf Erden zu leben; dabei spielt die Gerechtigkeit Gottes als regulatives Motiv eine zentrale Rolle. Dies soll im Folgenden an

einigen Beispielen aus dem Alten und Neuen Testament exemplarisch dargestellt werden, um dann abschließend zu fragen, was dies für die christliche Entwicklungszusammenarbeit bedeutet.

BEISPIEL

Beziehungsweise Gerechtigkeit

„Beziehungsweise Gerechtigkeit" ist ein Veranstaltungsformat für (Jugend-)Gruppen, das von Wunderwerke – zusammen mit seinem Kooperationspartner Micha Deutschland – über sieben Jahre lang entwickelt wurde, für den Umfang eines Buchungstages in Gemeinde, Schule und Jugendarbeit gebracht werden kann, innerhalb und außerhalb eines Tourverbundes.

„Beziehungsweise Gerechtigkeit" behauptet: Für Gott ist das Wort „Gerechtigkeit" ein zentrales Anliegen, sowohl in seiner Beziehung zum Einzelnen als auch als Weisung für das Verhalten seiner Menschen untereinander. Daher fragt „Beziehungsweise Gerechtigkeit" auf der sozial-politischen Beziehungsebene des Menschen nach den Voraussetzungen, Haltungen und Umständen von Gerechtigkeit; und auf der spirituellen Beziehungsebene, was den Menschen vor Gott gerecht spricht.

Innerhalb von 120 Minuten erhalten (Jugend-/Konfirmanden-/Schul-/OT- ...)Gruppen einen tiefen Einblick in das Thema und erfahren eine starke Sensibilität für das Anliegen auf sozialer, politischer und spiritueller Ebene. Hierfür sorgt zum einen eine charismatische, authentische und verkündigende Ansprache des Begleitreferenten Wunderwerkes; zum anderen sorgen die einzigartigen, multimethodischen und interaktiven Stationen im Mittelteil des Formats für einen intensiven Transfer von Einzelaspekten des Gesamtthemas zum/zur Teilnehmer/in.

„Beziehungsweise Gerechtigkeit" bemüht sich um die Vereinigung der theologischen Begriffe „Befreiung", „Beauftragung", „Erlösung" und „Nachfolge" in einem Format und will Gemeinde- und Jugendarbeit herausfordern, von nur einem Blick auf die Gerechtigkeit Gottes in eine geweitete Dimension beider Sichtfelder zu treten.

Mehr Informationen und viele attraktive Downloadmöglichkeiten gibt es hier: https://wunder-werke.de/angebot/kampagnen-veranstaltungsformate/beziehungsweise-gerechtigkeit/

Leben in menschenwürdigen Strukturen

Menschenwürde und Gerechtigkeit bilden wie dargelegt zentrale Wesensmerkmale einer Entwicklungszusammenarbeit aus christlicher Sicht und legen die Grundlage für Haltung und Motivation einer herausfordernden Arbeit, die oftmals durch viele Hürden und Rückschläge gekennzeichnet ist. Wenn wir das Bisherige ernst nehmen, dann müssen wir die Frage stellen, was dies bedeutet, und wenn wir von Gerechtigkeit reden, dann müssen wir an dieser Stelle auch auf Ungerechtigkeit zu sprechen kommen. Die theologische Begründung dafür liegt im Begriff der Sünde. Sünde durchzieht unser ganzes Leben und unsere Gesellschaft, sowohl

1. individuell/persönlich: in meinen Beziehungen, als auch
2. strukturell/kollektiv: in unserem System.

Sünde bedeutet, dass die Beziehungssysteme unseres Lebens in allen Bereichen (Gott – Mensch – Schöpfung) entfremdet und gestört sind. Dies hat sowohl auf die persönlichen als auch auf die strukturellen Ebenen Auswirkungen. Beide hängen unmittelbar miteinander zusammen und dabei sind die gesellschaftlichen Strukturen nicht per se sündig, aber sehr wohl die Menschen, die durch ihr Handeln Strukturen aufbauen, die diese Unmoral weiter fördern. Sünde stellt in der Bibel ein Ordnungsproblem dar, da Sünde die Beziehungsebenen stört und zerstört, sowohl im individuellen als auch im sozialen Bereich. Gesellschaftliches Unrecht ist in beiden Abhängigkeiten zu suchen, der persönlichen und der gesellschaftlichen. Jeden Einkauf bspw. durchzieht ein gesellschaftliches Geflecht an Erntehelfern, Zulieferern, Zwischenhändlern, Arbeitern und Verkäufern. Oft globalisiert und durch den Markt der großen Rendite und kleinen Preise getrieben, kaufen wir doch nur „billig" ein und stehen mit unserer Tat am Ende einer Kette des gesellschaftlichen Unrechts, in der andere das bezahlen, was wir einsparen. Wir sind Gefangene in unserem selbst erschaffenen System und leben auf Kosten von anderen. Millionen von Menschen arbeiten für unter einem Dollar am Tag, darunter viele Glaubensgeschwister, damit wir gut leben können. Diese tiefen strukturellen Probleme durchdringen unser Leben und unsere Gesellschaft und wir haben uns daran gewöhnt.

Dies ist ein schleichender Prozess, der sich wie ein Gift durch das Christentum der westlichen Welt zieht. Nichtbeachtung der Menschenrechte (Ungeborene, Behinderte, Ausländer); Rassismus; ausbeuterische Arbeitsbeziehungen (Kinderarbeit, Lohndumping); unsymmetrische internationale Handelsbedingungen; gesellschaftlich akzeptierte Korruption, Vetternwirtschaft und Kriminalität, Waffenhandel etc. An der kurzen Aufzählung wird deutlich: Hier wird eine Dimension gesellschaftlichen Unrechts angesprochen, die sich nicht auf ein individuelles Fehlverhalten reduzieren lässt. Und mitten in dieser Ungerechtigkeit gilt Gottes Liebe und Gerechtigkeit. Er ist der Handelnde, der

uns Hoffnung gibt und mit uns dieser Welt, der sowohl jeden einzelnen Menschen als wertvoll ansieht als auch an und in den gesellschaftlichen Strukturen mitleidet. Mit diesem Wissen, dieser Hoffnung und dieser Haltung gehen Christinnen und Christen in die Teenagerarbeit als Partner für Gerechtigkeit und Transformation.

1. **Für wen könnt ihr euch in eurem Stadtteil einsetzen?**
2. **Wo gibt es in eurem Viertel Armut und Ungerechtigkeit?**
3. **Was könnt ihr als Teenkreis dagegen tun? Wen könntet ihr unterstützen?**

METHODE

Wo fängt Gerechtigkeit an? Wie könnt ihr Gottes Gerechtigkeit leben?

- In den Beziehungsebenen: Familie, Freunde, Schule etc.
- Im Teenkreis: Wo können wir als Teenkreis für Gerechtigkeit einsetzen?
- Wo brauchen wir die Gerechtigkeit Gottes, die Versöhnungsprozesse in unserem Leben vorantreibt?
- Wo und wie leben wir die neue Gerechtigkeit Jesu?
- In meinem Ort: Wo sind wir als Christen für Gerechtigkeit bekannt?
- In meinem globalen Handeln: Wie kaufe ich ein? Wie gehe ich mit meinem Geld um?
- Special: FairTrade: http://fairtrade.de
- Mehr über den fairen Handel, Christen und Gerechtigkeit: http://www.micha-initiative.de

BUCHTIPPS

Micha-Initiative Deutschland: Die Gerechtigkeitsbibel – Die komplette Bibel mit rund 3.150 hervorgehobenen Versen zu Armut & Gerechtigkeit. Fontis Verlag 2013

Tobias Faix, Thomas Kröck, Dietmar Roller (Hg.): Ein Schrei nach Gerechtigkeit. Verlag der Franckebuchhandlung 2016

Timothy Keller: Warum Gerechtigkeit? – Gottes Traum für seine Welt. Brunnen Verlag 2012

Felix Heidenreich: Theorien der Gerechtigkeit – Eine Einführung. UTB Taschenbuch 2011

2 Mit Teenagern die Welt gestalten

Matthias Ehmann

„Wir haben uns einfach in Gott und unsere Mitmenschen verliebt und das hat unser Leben verändert."

Shane Claiborne (aus: Shane Claiborne: Ich muss verrückt sein, so zu leben – Kompromisslose Experimente in Sachen Nächstenliebe. Brunnen Verlag 2008)

Verantwortung für die Welt

Warum ist das in der Teenagerarbeit wichtig?

Teenager und Jugendliche sind Träumer. Obwohl die heutige Teenager- und Jugendgeneration sehr genau weiß, dass sie in ihrem Leben Herausforderungen zu meistern hat, träumt auch diese Generation – zum Glück!

Die Jugendphase ist immer eine Chance, sich auszuprobieren, ein Ort für Utopien und für Experimente. Nicht immer, aber ziemlich oft, haben diese Utopien und Experimente auch etwas mit dem Wunsch nach einer anderen, einer besseren Welt zu tun. Manches davon mag dir naiv vorkommen – und vieles ist es sicherlich auch. Allerdings liegt in diesem Traum von einer besseren Welt, in dieser Hoffnung, es einfach anders und auch ein Stück besser zu machen als die Generationen davor, ein wichtiger Aspekt christlichen Glaubens: Hoffnung. Als Christen/innen sind wir dazu verpflichtet zu hoffen. Wir glauben, dass Gott diese Welt erschaffen hat, und wir glauben auch, dass er sein Reich mitten in dieser Welt baut und es am Ende auch vollenden wird. Hoffnung steht uns allen also gut zu Gesicht. Hoffnung für diese Welt sollte der Modus sein, in dem wir uns in das Abenteuer des Lebens stürzen. Und das ist es, für Teenager, für Mitarbeiter/innen, für Gemeinden – ein Abenteuer.

Gott stellt uns nach der Erschaffung der Welt in seinen Dienst. Wir sollen seine Schöpfung bewahren und Verantwortung für diese Welt übernehmen. Und auch in der weiteren Geschichte Gottes mit den Menschen ruft er uns immer wieder in die Verantwortung. Wir sollen Verantwortung für uns selbst und die Menschen um uns herum übernehmen. Besonders gilt, dass wir ein Auge, ein Ohr und eine helfende Hand für die Menschen haben sollen, welche selbst schlecht für ihr Anliegen streiten können. Es

geht um Kinder, um Frauen, um Alte, um Menschen in Armut, um Menschen mit Behinderungen und um solche, die fremd sind im Land. Daran, dass wir uns für diese Menschen einsetzen, zeigt sich, wie Gott sich diese Welt vorstellt.

Gott selbst lebt uns das vor. Jesus wird einer von uns. Ganz Mensch, ganz Gott, Jesus. Und er teilt das Leben mit ganz normalen Menschen: mit Armen und Reichen, Religiösen und weniger Frommen, Menschen aus der Mitte der Gesellschaft und solchen, die absichtlich übersehen werden. Und dann schickt er seine Jünger los. So wie ihn der Vater gesandt hat, so sendet er uns, und er gibt uns seinen Geist mit auf den Weg. Und die Jünger tun genau dasselbe. Sie sind die Hände und Füße von Jesus, sein Leib. Kein perfekter Leib, einer, der immer wieder scheitert, aber eben auch einer, der dafür bekannt ist, dass er die Witwen und Waisen gut versorgt. Eine Gemeinde, die miteinander und mit anderen großzügig ist, eine Gemeinschaft, die Grenzen überwindet und Verantwortung übernimmt. Bis zu den Teens heute.

Manchmal ist uns das sehr bewusst und wir setzen uns mit großer Hoffnung und Energie dafür ein. Und manchmal vergessen wir, dass wir dazu berufen sind. Gut, wenn uns jede neue Generation daran erinnert, weil sie sich neu in Gott und die Mitmenschen verliebt. Unsere Jugendarbeit, dein Teenkreis, deine Gemeinde, dein Jugendtreff und deine Freizeiten könnten ein Ort werden, wo sie dafür Resonanz findet. Ein Ort und eine Gemeinschaft, die Teenager motiviert und begleitet auf diesem Abenteuer – Jesus nachzufolgen und dabei Verantwortung für die Welt zu übernehmen.

Warum das zentral für einen gesunden Glauben der Teenager ist, welche Beispiele und theologischen Grundlinien sich dazu in den Schriften des Alten und Neuen Testaments finden und was das für uns als Christen/innen heute bedeuten könnte, findest du unter anderem im unten beschriebenen Material. Es gibt christliche Initiativen zur Verantwortung für die Welt, wie die Micha-Initiative und verschiedene sehr gute Bücher und Websites zum Thema.

MaTERiAL

Zum Einstieg in das Thema „Verantwortung und Nachhaltigkeit"

- Micha-Initiative http://www.micha-initiative.de/
- Shane Claiborne: Ich muss verrückt sein, so zu leben – Kompromisslose Experimente in Sachen Nächstenliebe. Brunnen Verlag 2. Auflage 2008
- Tobias Faix & Stephan Volke: Weltblick – Was Christen über Armut denken. Neufeld Verlag 2010

- Thomas Kröck & Gisela Schneider: Partnerschaft. Gerechtigkeit. Transformation. – Christliche Perspektiven der Entwicklungszusammenarbeit. Verlag der Franckebuchhandlung 2015
- Tim Keller: Warum Gerechtigkeit? – Gottes Großzügigkeit, soziales Handeln und was ich tun kann. Brunnen Verlag 2012

Verantwortung beginnt vor Ort

Die eigene Jugendarbeit als Praxis und Lernraum

> *„Wir können keine großen Dinge tun, nur kleine mit großer Liebe"*
>
> *Mutter Teresa (zitiert nach einer persönlichen Begegnung in Shane Claiborne: Ich muss verrückt sein, so zu leben – Kompromisslose Experimente in Sachen Nächstenliebe. Brunnen Verlag 2008)*

Manchmal hilft es, einfach etwas zu machen. Dafür bieten sich in der konkreten Arbeit mit Teenagern vor Ort zwei Dinge an. Zum einen werden sich sicher nicht alle Teenager mit dem Thema „Verantwortung für die Welt" von sich aus auseinandersetzen, aber du kannst ihnen dafür wichtige Impulse geben. Zum anderen bietet die eigene Teenagerarbeit viele Möglichkeiten, Verantwortung nicht nur zu thematisieren, sondern auch zu leben.

Die Themen Nächstenliebe, Verantwortung, Gerechtigkeit, Schöpfung, Friedensethik und Kampf gegen Armut lassen sich auf ganz unterschiedliche Weise mit einer Gruppe bearbeiten. Dabei gibt es viele Möglichkeiten, die Themen gemeinsam zu entdecken. Entweder du lädst jemanden für das Thema ein, wenn du dich selbst nicht sicher fühlst oder du greifst auf einige der vielen Materialien zum Thema zurück. Besonders geeignet sind die Kurse christlicher Organisationen, wie der Micha-Initiative oder IJM. Daneben gibt es im Netz viele gute Stundenentwürfe, Gruppenspiele und Kurzfilme zu diesem Themenfeld.

MATERIAL

Material für Gruppenstunden, Thementage und Aktionen

- Micha-Initiative (Hg.) 2015. Gut zu tragen. Kampagne für menschenwürdige Mode. Ergänzungsheft für Kleingruppen und Gemeinden. (Mit einem Extrateil für Jugendarbeit.) Online: http://www.micha-initiative.de/live/sites/default/themes/micha/images/gutzutragen15_Ergaenzungsheft.pdf

- Micha-Initiative (Hg.) 2013. Just People? Der Micha-Kurs. Online: http://www.micha-initiative.de/live/sites/default/themes/micha/files/Just_People_Online_DE.pdf
- George, Abraham George & Nikki A. Toyama-Szeto: Gott der Gerechtigkeit – 12 Einheiten für Kleingruppen, Gemeinden oder zum Selbststudium. Verlag der Franckebuchhandlung 2016.
- http://jugendhandeltfair.de/

Unsere eigene Jugendarbeit dient vielen Teenagern als Lern- und Erprobungsraum. Was wir tun, hat für sie Vorbildcharakter. Darum ist es besonders wichtig, mit den Teenagern das Thema „Verantwortung" in der Teenagerarbeit zu thematisieren. Häufig steht Jugendarbeit unter dem Druck, möglichst wenig zu kosten. Wir sollten dennoch – soweit es uns möglich ist – versuchen, gerade in der Jugendarbeit auf nachhaltigen Konsum zu achten. Es wäre z. B. schade, wenn die T-Shirts des Teenkreises von Kindern genäht würden. Gleichzeitig ist es unsere Verantwortung zu fragen, welche sozialen Schwellen wir in unserer Jugendarbeit aufgebaut haben. Es gibt viele Konzepte, welche qualitativ gute Jugendarbeit mit einem offenen Zugang für Teenager aus sozial schwachen Hintergründen verbinden. Gerade Teenagerfreizeiten sind mitunter sehr teuer. Deshalb solltest du zumindest Möglichkeiten für die Unterstützung von Teenagern aus sozial schwächeren Hintergründen schaffen. Eine Alternative bietet etwa das „SOLA"-Konzept, bei welchem mit öffentlichen Zuschüssen sehr günstige und pädagogisch dennoch höchst ansprechende Zeltlager gestaltet werden können.

BEISPIEL

Website des SOLA-Netzwerks
https://www.wiedenest.de/kids-teens/sola-netzwerk.html

Fragen zum Weiterdenken

- **Welche zwei konkreten Schritte könntest du mit Blick auf das Thema „Verantwortung für die Welt" wagen?**
- **Wer könnte(n) dafür Partner vor Ort oder in deinen Netzwerken sein?**

Think global, act local

Verantwortung für den eigenen Ort übernehmen

Das Abenteuer, gemeinsam mit Teenagern die Welt zu gestalten, kann nicht an der Kirchenpforte aufhören. Gleichzeitig lassen sich die Herausforderungen einer globalisierten Welt für Teenager kaum konkret fassen. Darum bietet es sich an, zuerst Verantwortung für das direkte Lebensumfeld zu übernehmen. Hier sind viele Möglichkeiten

gegeben, welche direkt mit den Lebensräumen der Teenager verknüpft sind. Globales Denken kann hier zu konkreten Aktionen vor Ort führen. Bei der Auswahl der Themen und der Konzeption von Aktionen können Teenager direkt beteiligt werden. Niemand weiß besser, was Jugendlichen vor Ort unter den Nägeln brennt, als die Jugendlichen selbst. Man muss das Rad jedoch nicht neu erfinden. Vor Ort gibt es meist Stadt- bzw. Kreisjugendringe. Sie bündeln die Aktivitäten von Jugendverbänden und bieten meist schon gute Aktionen an. Die Vernetzung mit anderen Jugendgruppen und -verbänden hilft, sich nicht in Aktionismus zu verrennen und gemeinsam nachhaltigere Aktionen zu initiieren. In den Jugendringen findest du kompetente Ansprechpartnerinnen und Ansprechpartner für Aktionen vor Ort, meist auch zum Themenfeld Nachhaltigkeit und Jugendarbeit.

MaTERiAL

Eine Übersicht aller Jugendringe in Deutschland
http://landesjugendring.de/

Manchmal ist es auch schon ausreichend, den Blick über den eigenen Tellerrand schweifen zu lassen. Du könntest dich mit deinen Teens gemeinsam mit einer anderen Teengruppe treffen. Je unterschiedlicher die beiden Gruppen sind, desto interessanter. Das hilft den Teens und den Mitarbeiter/innen, die Fragen und Ideen anderer gesellschaftlicher Gruppen in den Blick zu bekommen. Eine gute Möglichkeit dafür wäre z. B. ein Besuch auf dem Himmelsfels.

Website des Projekts „Himmelfels" – http://www.himmelsfels.de

BEISPIEL

Eine andere Welt ist möglich

Gemeinsam globale Verantwortung tragen

Einige Teenager entwickeln enormes Interesse an komplexen Fragen z. B. zur Weltwirtschaft, fairem Handel, Friedensethik und Umweltschutz. Auch die, welche kein besonderes Eigeninteresse an den Themen haben, wissen zumindest um die Herausforderungen. Das wenigste davon lässt sich vor Ort verändern und zudem sicher nicht im Alleingang. Wenn du den Teenagern helfen willst, etwas zu bewegen, dann führt kein Weg an Vernetzung vorbei. Viele globale Initiativen und Netzwerke kümmern sich um

spezielle Themen in dieser Welt und einige versuchen, gleich eine ganze Reihe von Veränderungen mitzugestalten. Wahrscheinlich arbeitet deine Kirche, dein Jugendverband oder dein Netzwerk vor Ort schon mit der einen oder anderen Organisation zusammen. Mithilfe größerer Organisationen kannst du einiges bewegen. In den Missionsgesellschaften der Kirchen finden sich oft Experten aus den verschiedensten Regionen der Welt, Initiativen wie das Micha-Netzwerk oder die International Justice Mission (IJM) starten immer wieder Aktionstage, in die du dich einfach einklinken kannst. Und einige Teenager haben sicher Interesse an Informationen zu einem Freiwilligendienst im In- oder Ausland.

Konkrete Schritte gehen

- **Zu welcher geeigneten Organisation hast du schon Kontakte?**
- **Welches Thema eignet sich für deine Teens?**
- **Wen könntest du dazu einladen?**

BUCHTIPPS

Thomas Kröck, Gisela Schneider: Partnerschaft. Gerechtigkeit. Transformation. – Christliche Perspektiven der Entwicklungszusammenarbeit. Verlag der Franckebuchhandlung 2015

Shane Claiborne: Ich muss verrückt sein, so zu leben – Kompromisslose Experimente in Sachen Nächstenliebe. Brunnen Verlag 2008

Tobias Faix u. a.: Ein Schrei nach Gerechtigkeit. Verlag der Franckebuchhandlung 2016

Tobias Faix, Stephan Volke: Weltblick – Was Christen über Armut denken. Neufeld Verlag 2010

Tobias Faix: Würde Jesus bei IKEA einkaufen? – Herausforderungen zur ganzheitlichen Nachfolge. Neufeld Verlag 2008

Thomas Weißenborn: Christsein in der Konsumgesellschaft – Eine alltägliche Herausforderung. Verlag der Franckebuchhandlung 2010

Tim Keller: Warum Gerechtigkeit? – Gottes Großzügigkeit, soziales Handeln und was ich tun kann. Brunnen Verlag 2012

Abraham George, Nikki A. Toyama-Szeto: Gott der Gerechtigkeit – 12 Einheiten für Kleingruppen, Gemeinden oder zum Selbststudium. Verlag der Franckebuchhandlung 2016

3 Kooperationen – eine Chance für deine Teenagerarbeit!

Piero Scarfalloto

„ ... nicht Kirche darf erwarten, dass die Menschen zu ihr in ihre Strukturen und Angebote kommen, sondern: Die Menschen haben ein Recht darauf, dass sich Kirche in ihre Strukturen begibt, sich mit ihnen vernetzt und das Evangelium in den alltäglichen Netzwerken und Kooperationszusammenhängen kommuniziert, in denen Menschen ihr Leben und ihre Ziele miteinander erreichen wollen."[1]

Was brauchen Teenager in unserem Kontext? Wie ticken sie? Was ist hier unser Auftrag? Sind wir nahe genug an den jungen Leuten dran? Das sind Fragen, die man sich als Verantwortliche in der Teenagerarbeit stellen sollte. Schließlich möchtest du ja menschennahe, bedürfnisorientierte, relevante Teenagerarbeit gestalten. Ohne mit dem Sozialraum in Kontakt zu treten, erhältst du jedoch kaum die Informationen und auch nicht die praktische Unterstützung, die du für eine solche Arbeit brauchst.
Kooperationen können dir und deinem Team dabei helfen, mithilfe anderer mehr zu erreichen, als ihr auf euch alleine gestellt schaffen könnt.

Die Anderen, das kann die Stadtpolitik sein, die eure Arbeit total gerne unterstützt, weil es auch ihr, genau wie euch, ein Anliegen ist, dass die Teens nicht auf der Straße rumhängen.
Die Anderen, das kann die benachbarte Gesamtschule sein, in der ihr euch mit euren Kompetenzen in die Pausenbetreuung einklinkt. Der Direktor freut sich über eine sinnvolle Pausengestaltung und ihr freut euch über Beziehungen zu Teenagern, die ihr allein über ein konventionelles Teenkreisprogramm gar nicht bekämt.
Die Anderen, das kann die benachbarte Kirchengemeinde sein, mit der ihr mit vereinten Kräften ein tolles Projekt zum Wohl der Teenager eures Ortes auf die Beine stellt.

Dieser Artikel will dir vor allem Lust auf solche Kooperationen machen. Darüber hinaus will er dir zeigen, was bei dem Thema zu beachten ist. Anhand von drei Kooperationsbeschreibungen wirst du exemplarisch sehen, wie die Theorie in der Praxis umgesetzt aussehen kann.

1 *Matthias Spenn in: Kooperation – Vernetzung – Gemeinwesen (Praxis Gemeindepädagogik). Evangelische Verlagsanstalt 2016, S. 3.*

Kooperationen – was ist gemeint?

Menschen sind ja automatisch miteinander verbunden und kommunizieren und interagieren beiläufig miteinander: Man wohnt im gleichen Stadtteil, ist bei Facebook connectet, erledigt etwas im Rathaus, begegnet sich im Wartezimmer beim Arzt und unterhält sich über das Wetter. Im Gegensatz zu diesen eher beiläufigen Begegnungen sind mit Kooperationen bewusste und geplante Interaktionen gemeint, die gemeinsame Zielsetzungen und Vorgehensweisen zum Erreichen der Ziele enthalten.

„Mit einer Hand lässt sich kein Knoten binden"[2] – Der praktische Wert von Kooperation

Da du mit Teenagern arbeitest, kennst du bestimmt eine Menge Gruppenspiele. Egal ob als Warm-up-Spiel, als Icebreaker zu Beginn einer Gruppenstunde oder auch, wenn es mit deinen Mitarbeiter/innen um Teambuildingprozesse geht. Ziel dieser Spiele ist es in der Regel, dass die Gesamtgruppe kommunikativ und kooperativ tätig wird und herausfindet, dass das Spiel nur gemeinsam bewältigt werden kann. Das Ziel kann nur erreicht werden, wenn sich das Team abstimmt, die Stärken der Gruppe nutzt und am gleichen Strang zieht. Kooperationsspiele führen uns also den ganz praktischen Vorteil von Zusammenarbeit vor Augen, den das Sprichwort der Überschrift so treffend auf den Punkt bringt: *Gemeinsam ist man stärker als alleine.* Kooperation bietet den einzelnen Kooperationspartner/innen die Möglichkeit, von den anderen Partner/innen zu profitieren und letztlich Ziele zu erreichen, die man alleine nicht erreicht. Ein anderes Sprichwort sagt: *Wer allein arbeitet, addiert, wer zusammenarbeitet, multipliziert.*[3] Durch Zusammenarbeit entsteht damit etwas, das mehr ist, als die Summe seiner Teile – Synergie.

Zudem bedeutet Kooperation auch Arbeitsteilung und damit eigene Entlastung. Arbeit auf dem Rücken mehrerer zu verteilen, ist bekanntlich besser, als die Last alleine zu tragen. *Eine Hand wäscht die andere.* Eine spätere Arbeitsentlastung muss man sich jedoch erst einmal durch Anfangsinvestitionen verdienen. Denn zunächst muss vor allem in Beziehungen investiert und Strukturen für die Kooperation erarbeitet werden. Das kostet anfangs Zeit und Kraft, rentiert sich aber später in der Regel.

---

2 *Mongolisches Sprichwort.*

3 *Arabisches Sprichwort.*

Voraussetzungen für Kooperationen

Kooperationen beginnen dort, wo Menschen einen gemeinsamen Anlass zur Zusammenarbeit sehen und durch die Kooperation einen gemeinsamen Benefit erwarten. Kooperationen bestehen dabei nicht aus abstrakten Gebilden, sondern aus Menschen, die neben ihrer Neugier auch ihre Vorerfahrungen, Vorurteile und Skepsis mitbringen. Eine simple Erfahrung aus Kooperationsprojekten zeigt, dass Kooperationen in dem Maße funktionieren, wie Menschen miteinander arbeiten können. Es lohnt also, von Beginn an in Beziehungen und eine wertschätzende Kommunikation zu investieren. Neben der Offenheit und dem Interesse an der Arbeit des anderen darf jedoch das Einbringen des eigenen Standpunktes nicht fehlen. Zu Beginn einer Kooperation sollten gegenseitige Erwartungen angesprochen und Zuständigkeiten geklärt werden, um unnötigen Konflikten vorzubeugen. Kooperationen zu starten, bedeutet, Brücken zu bauen. Involvierte sollten daher die Fähigkeit besitzen, sich in unterschiedlichen Welten zu bewegen.

Kooperation als missionarische Ausdrucksform

Missionarisch unterwegs zu sein, bedeutet, nah an den Menschen, mittendrin zu sein. Der dreieine Gott ist es, der uns beruft und sendet. Und diese Sendung führt nicht in ein Vakuum, sondern mitten hinein in die Welt, in die Gesellschaft, den Stadtteil, das Dorf mit seinen Strukturen und Menschen. Unser Glaube hat einen öffentlichen Auftrag. Er lässt sich nicht privatisieren und schon im Alten Testament werden wir dazu aufgerufen, der Stadt Bestes zu suchen (Jer 29, 7).

Kirche- oder Gemeinde-Sein, das geht damit nicht an diesen Strukturen und Menschen vorbei, sondern die Sendung Gottes führt uns in deren Mitte. In die Inkarnation. Das gilt selbstverständlich auch für den Bereich der Teenager- und Jugendarbeit einer Kirche oder Gemeinde, der sich nicht aus dem öffentlich-gesellschaftlichen Leben heraushalten darf.

Jesus sagt „Gehet hin", während unsere Konzepte und Gebäude oft sagen „Kommet her". Kooperationen können damit die Möglichkeit bieten, einer reinen *Komm-Struktur* entgegenzuwirken und einer *Geh-Struktur* hin zu den Menschen ein Stück weit Ausdruck zu verleihen. Dies ist Demonstration einer menschen- bzw. gesellschaftszugewandten Haltung und bietet die wunderbare Möglichkeit, in den Ort hineinzuwirken, Evangelium außerhalb der eigenen Strukturen zu leben und sich bzw. die eigene Gemeinde in den Dienst des Ortes zu stellen. Somit können auch Milieugrenzen kirchlicher und gemeindlicher Teenagerarbeit überschritten werden, was oft, als Institution auf sich alleine

gestellt, so schwerfällt. Einfacher gesagt: Teenager können erreicht werden, die sonst nicht erreicht würden, und Glaube wird mitten in Strukturen des Alltags sicht- und wahrnehmbar.

Risiken und Nebenwirkungen von Kooperationen

Zwischen Kooperationspartner/innen kann es auch ordentlich menscheln. Deshalb ist es, wie oben angesprochen, wichtig, zu Beginn einer Kooperation gründlich zu klären, wie man miteinander arbeiten will, welche konkreten Ziele man hat und auch, wer welche Entscheidungskompetenzen besitzt. Nicht selten scheitern Kooperationen unnötigerweise an Stolz, Machtfragen oder auch nur daran, dass zwischen Kooperationspartner/innen ein Ungleichgewicht zwischen Geben und Nehmen und damit Unzufriedenheit und Frust entsteht.

Kooperationen können sich übrigens auch in eine inhaltliche Richtung entwickeln, die man selbst zu Beginn so nicht eingeplant hat. Das muss aber nicht zum Nachteil sein, solange die eingeschlagene Richtung dem Reich Gottes dient.

Es kann jedoch auch sein, dass bereits erste Gespräche zeigen, dass Kooperationen überhaupt nicht zielführend sein werden oder das christliche Profil der eigenen Arbeit durch zu viele Kompromisse erheblich leiden wird. Das Salz der Christen/innen sollte in der Suppe der Kooperation wahrnehmbar sein. Ist das nicht möglich, empfehle ich Kooperationen im versöhnten Miteinander aufzulösen bzw. sich aus der Kooperation zurückzuziehen.

Kooperationen sind zwar stets anzustreben, aber nicht um jeden Preis durchzuziehen! Allerdings sollte auch der Prozess zur Beendigung einer Kooperation stets in wertschätzender und respektvoller Kommunikation ablaufen.

Beispiele aus der Praxis

Erstes Beispiel: Kooperation zwischen christlicher Gemeinde, Stadtpolitik und Sozialarbeiterin zum Wohl der Teenager der Stadt

Eine tolle Kooperation, die ich als Praktikant während meiner Bibelschulzeit live miterleben konnte, begann damit, dass das Mitarbeiterteam einer christlichen Gemeinde im Oberbergischen nach viel Gebet aufs Herz gelegt bekam, ganz neu den Teenagern und Jugendlichen im Ort zu dienen. Genau dieses Anliegen kommunizierte man dem ansässigen Bürgermeister: *„Wir wollen etwas für die Jungs und Mädels im Ort tun. Wie können wir helfen?"* Ganz begeistert holte der Bürgermeister die Sozialarbeiterin des Ortes mit ins Boot, die einige Kontakte zur jungen Generation pflegte, aber alleine mit der Arbeit überfordert war. Nach einigen Planungstreffen entstand ein pulsierender Jugendtreff im Zentrum des Ortes. Die Stadtverwaltung stellte kostenlos die Räumlichkeiten. Die Sozialarbeiterin vermittelte Kontakte zu Teens und Jugendlichen von der Straße. Die christliche Gemeinde stellte die Mitarbeiter/innen für den Jugendtreff.

Was hier geschieht:

- Gemeinde/Teenkreis entdeckt sich als Teil des Ortes und geht auf Menschen zu.
- Christlicher Glaube und auch die Gesamtgemeinde werden in positiver Weise öffentlich, sogar im Rathaus, wahrgenommen.
- Teenager werden erreicht, die nicht zu den klassischen Angeboten von Teenkreisarbeit kommen. Milieugrenzen werden dabei überschritten.
- Es werden gemeinsame Ressourcen genutzt, die jeder auf sich allein gestellt so nicht besitzt (Räumlichkeiten, Kontakte, Mitarbeiter/innen).
- Die neue Art von Kooperation fordert die Mitarbeiter/innen heraus, die eigene christliche Position neu zu kommunizieren und Glauben neu zu leben. So entsteht ein neues kreatives Spannungsfeld zwischen Gemeinde und Gesellschaft

BEISPIELE

Ähnliche Kooperationsmöglichkeiten bieten sich an zwischen Teenkreis und ...

- Schule (Unterstützung bei Hausaufgabenhilfe, Pausenhofbetreuung, Mitarbeit in AGs, Schulprojekten etc.).
- Vereinen (gemeinsame Turniere, Feste, Schulungen).
- Jugendamt (diakonische Hilfen für zu betreuende Jugendliche etc.).
- Flüchtlingshilfe (Integration von ausländischen Teenagern in die Gruppenangebote, Vermittlung von Patenschaften zwischen deutschen und ausländischen Teenagern, Hausaufgabenhilfe, Sprachunterricht, Sportveranstaltungen etc.).

- **Was fehlt in deinem Ort und könnte durch Kooperationen neu entstehen?**
- **Was könnte euer Part dabei sein? Welche Ressourcen/Kompetenzen könntet ihr einbringen? Wovon würdet ihr profitieren?**
- **Welche Kooperationspartner/innen gäbe es?**

Zweites Beispiel: Kooperation zwischen Teenkreis und Altenheim als Möglichkeit für diakonisches Lernen

Die ersten christlichen Gemeinden waren vor allem durch ihr diakonisches Handeln bekannt (vgl. Apg 2–5). Auch unseren Teenkreis beschäftigte die Frage, wie wir uns nicht nur um uns selbst drehen, sondern eine diakonische Identität entwickeln könnten. Einige Teenager schlugen vor, sich dem Thema zu nähern, indem wir etwas für Menschen eines Altenheims tun. Also fragten wir die Leiterin des lokalen Heimes: *Wie können unsere Teens euren Bewohnern eine Freude machen?*

Die Leiterin berichtete, dass es immer ein Highlight für ihre Bewohner sei, mal aus den eigenen vier Wänden herauszukommen und gemeinsam etwas mit anderen Menschen zu unternehmen. Daraus entwickelte sich folgendes Projekt zwischen Altenheim und unserem Teenkreis: Einmal im Monat kam ein Bus mit Altenheimbewohner/innen zu uns, um mit uns gemeinsam in unserem Teenkreisraum zwei Stunden Nintendo Wii zu spielen. – Es war immer ein Riesenspaß für Alt und Jung, bei dem vor allem die Teenager eine Menge gelernt haben.

Was hier geschieht:

- Das Projekt entwickelte eine Öffentlichkeitswirksamkeit in unserer Stadt.
  Es entwickelte sich eine öffentlichkeitswirksame Zusammenarbeit mit dem Altenheim wie die Mitwirkung bei Altenheim-Weihnachtsfeiern, Adventssingen oder bei Sommerfesten.
- Diakonisches Lernen wurde durch die Kooperation auf eine besondere Art möglich. Es fand nicht nur auf einer Meta-Ebene statt, sondern wurde in der Praxis erfahrbar und erlebbar.
- Das diakonische Projekt hat das „Wir-Gefühl" der Gruppe gestärkt.
- Das Projekt vermittelte den Teenagern Wertschätzung und den Eindruck, wichtig zu sein, ernst genommen zu werden und Einfluss zu haben.

- **Ist deine Teenkreis-Gruppe auch nur „unter sich"?**
- **Kann eine Kooperation deiner Gruppe helfen, mal über den eigenen Tellerrand zu schauen und den eigenen Horizont zu erweitern?**
- **Wem und womit könnt ihr als Teenkreis anderen Menschen dienen und wie kann euch eine Kooperation dabei helfen?**

Drittes Beispiel: Kooperation mit Teenkreisen anderer Gemeinden zur Stärkung der Zusammenarbeit von jungen Christen/innen

Das Hohepriesterliche Gebet aus Johannes 17 ist eines der wenigen wörtlich von Jesus überlieferten Gebeten. Jesus betet hier um die Einheit der Christen/innen. Es ist wichtig, dass auch Teenager schon früh die konstruktive Zusammenarbeit mit anderen Christen/innen ihres Ortes lernen, sie als bereichernd erleben und geistliche Einheit feiern. Auch hier ist die Palette der Kooperationsmöglichkeiten je nach Zielsetzung und Bedarf lang: Angefangen bei Teenkreisen, die punktuell Material (z. B. Spiele oder Licht- und Soundtechnik) gemeinsam nutzen, über die Veranstaltung von gemeinsamen Events (Sportturnier, Grillfest, Lobpreisabend, Jugendgottesdienst etc.) und die Absprache, wie sich Arbeiten gegenseitig ergänzen können, um in der Summe eine größere Bandbreite an Teenagern des Ortes zu erreichen, bis hin zur Zusammenlegung von Teenkreisen mangels Teilnehmer/innen, ist alles denkbar.

- **Kooperationen mit anderen Kirchen und Gemeinden sind Teil des Gebetes Jesu um Einheit der Christen/innen. Wie sieht Allianz- oder Ökumene-Arbeit bei euch vor Ort aus? Könnt ihr euch als junge Generation irgendwo einklinken?**
- **Was könnte euch jungen Christen/innen im Ort helfen, ein größeres „Wir-Gefühl" zu erhalten? Welche gemeinsamen Veranstaltungen könnten ggf. dabei helfen?**
- **Wie können sich die Teenkreise eures Ortes unterstützen und ergänzen?**

BUCHTIPP

Matthias Spenn: Kooperation – Vernetzung – Gemeinwesen (Praxis Gemeindepädagogik). Evangelische Verlagsanstalt 2016

Eigene Notizen

4 Interreligiöser Dialog mit Teenagern am Beispiel des Islam

Tobias Faix

Leben in einer pluralistischen Gesellschaft

Teenager wachsen heute in einer pluralistisch geprägten Gesellschaft auf, dies bedeutet, dass alle Religionen und Weltanschauungen zunächst gleichwertig und gleichzeitig nebeneinanderstehen. Das ist die Folge eines langen Prozesses, der mit der Aufklärung vor gut 200 Jahren begonnen hat und zunehmend das Christentum als vorherrschende Religion ablöst. Die Gleichwertigkeit der verschiedenen Religionen und Weltanschauungen sagt aber noch nichts über die Geschichte und die faktischen Zahlen aus. Denn sowohl von der Geschichte als auch von der Mehrzahl der Menschen ist Deutschland weiter ein christlich geprägtes Land. Dies zeigt sich vor allem in der guten Vernetzung der Kirchen in Politik und Gesellschaft, in der die Kirchen ein großes Mitspracherecht haben (zum Beispiel einen Sitz im Rundfunkrat, Vertretungen in Berlin in der Regierung oder in Staatsverträgen). Auch wenn wir uns die Statistik anschauen, stellen wir fest, dass über die Hälfte aller Menschen in Deutschland Christen/innen sind. So betrug im Jahr 2015 die Anzahl der Mitglieder der römisch-katholischen Kirche knapp 24 Millionen und gut 22 Millionen Personen gehörten der evangelischen Kirche an.

Eine weitere in Deutschland vertretene Religion ist der Islam. Das Bundesamt für Migration und Flüchtlinge geht von insgesamt gut vier Millionen in Deutschland lebenden Muslimen aus. Die Anzahl der Mitglieder der jüdischen Gemeinden in Deutschland betrug im Jahr 2014 rund 100.000, Buddhisten ca. 270.000 und Hinduisten ca. 100.000 Personen (zum Vergleich Freikirchen: Baptisten ca. 80.000 und FeG ca. 40.000). Aber die großen christlichen Kirchen schrumpfen kontinuierlich, so treten aus der evangelischen wie aus der katholischen Kirche jährlich ca. 150.000 Menschen aus. Dies ist eine enorme Zahl, die die Schwierigkeiten institutioneller Religion in Deutschland aufzeigt. Größter „Gewinner" ist aber nicht eine andere Religion, sondern die sogenannten „Konfessionslosen" (mit ca. 25 Millionen Personen), Menschen, die sich zu keiner Religion oder Glaubensgemeinschaft zugehörig fühlen und sich selbst von „spirituell suchend" bis „pragmatisch atheistisch" bezeichnen. Diese Gruppe ist die am stärksten wachsende in Deutschland (siehe dazu auch das Kapitel: Missionarische Teenagerarbeit mit Teenagern in Ostdeutschland).

Pluralismus bedeutet nun zunächst, dass jede dieser Religionen gleich viel wert ist und aufgrund der Religionsfreiheit in Deutschland ihre Religionspraxis frei ausüben darf. Dies ist ein wichtiger Grundwert, für den wir sehr dankbar sein können. Aber natürlich schauen die anderen Religionen auf die Privilegien der Christen/innen und Kirchen bei Feiertagen, Religionsunterricht und anderem und fordern zunehmend eine Gleichbehandlung. Als Teenkreis können wir diese Diskussionen begleiten, aber nicht gestalten. Deshalb geht es darum, wie wir in dieser sich verändernden religiösen Welt in unserem Kontext lernen, damit umzugehen und diesen zu gestalten.

(Quelle: Statistisches Bundesamt www.destatis.de)

Was ist interreligiöser Dialog überhaupt?

Zunächst sind andere Religionen und Weltanschauungen für die meisten Teenager nichts Ungewöhnliches, denn sie wachsen in Kindergarten, Schule und Vereinen damit auf. Trotzdem wissen die wenigsten Teenager über andere Religionen Bescheid. Dies liegt daran, dass Glaube und Religion in den letzten Jahrzehnten zunehmend zur Privatsache wurde und man nicht so gerne darüber in der Öffentlichkeit spricht. Aber genau dies wollen wir im Teenkreis ändern, sprachfähig werden ist das Ziel, sowohl für die eigene Religion und den eigenen Glauben als auch mit Teenagern anderer Religionsgemeinschaften. Eine Möglichkeit, dies zu tun, ist der interreligiöse Dialog. Die Grundlagen für einen interreligiösen Dialog liegen in der unterschiedlichen Religion und in der unterschiedlichen Glaubenspraxis. Weil es diese Unterschiede gibt, braucht es den Dialog. Ein authentischer Dialog unter Gesprächspartnern ist nur möglich, wenn gegenseitige Toleranz vorhanden ist. Doch in welchen Bereichen ist diese Toleranz vonnöten? Nur im interreligiösen Dialog der verschiedenen Religionen? Sicher, doch auch im Dialog innerhalb der eigenen Religion, der verschiedenen Meinungen und Gottesvorstellungen. Das Ziel des interreligiösen Dialogs kann kurz zusammengefasst wie folgt beschrieben werden: Zwei unterschiedliche Personen begegnen sich in einer Haltung des Respekts und auf Augenhöhe, um miteinander in einen respektvollen und kritischen Meinungsaustausch zu kommen. Ziel ist nicht, am Ende einer Meinung zu sein, sondern die andere Meinung kennenzulernen, zu verstehen und im besten Fall sogar von ihr zu lernen.

Die wichtigste Grundlage für einen interreligiösen Dialog im Teenkreis ist: Sind sich die Teenager ihres eigenen Glaubens bewusst und können sie diesen artikulieren? Bevor es zu Begegnungen mit anderen Religionen kommt, sollte dies besprochen und geübt werden. Dies ist besonders wichtig, weil viele Teenager aus Familie oder Gemeinde nur wenig Glaubensfundament mitbekommen. Es gibt kaum Bezug zu den traditionellen konfessionellen Glaubenssätzen der Kirchen. Deshalb brauchen Teenager Zeit und Raum, ihren eigenen Glauben zu reflektieren, zu hinterfragen und zu entwickeln. Die Begegnung mit Teenagern aus anderen Religionen kann dabei helfen, da gerade am anderen und am Fremden das Eigene offenbar wird. Dies kann die Teenager motivieren, über den eigenen Glauben nachzudenken, wie folgendes Beispiel zeigt: Wir hatten in den Teenkreis eine junge Muslima eingeladen. Sie hat von ihrem Glauben erzählt, erklärt, warum sie ein Kopftuch trägt und über die Gemeinsamkeiten und Unterschiede zum christlichen Glauben gesprochen. Bei der Diskussionsrunde ging es um die Bibel und die Muslima kannte sich in der Bibel wesentlich besser aus als alle Teens zusammen. Als wir nächste Woche das Treffen gemeinsam reflektierten und überlegten, was wir daraus lernen können, war ein Vorschlag: „Wie sollten mal mehr Bibel lesen, das war ja voll peinlich letzte Woche." So kam das Thema „Bibel" auf die Tagesordnung und ich kann mich nicht erinnern, dass ich schon mal so motivierte Teens beim Bibellesen hatte.

- **Wie drücken die Teenager ihren Glauben aus?**
- **Was verstehen sie unter einzelnen Wörtern, wie Sünde, Gnade etc.?**
- **Was kennen und/oder übernehmen sie aus den traditionellen und konfessionellen Glaubenssätzen?**
- **Was ist überhaupt noch bekannt (aus der Bibel, Tradition etc.)?**
- **Und wie unterscheidet sich ihre Glaubenserfahrung mit biblischen Erfahrungen?**

Gemeinschaft, Dialog und Zeugnis gehören zusammen

Eine gute Grundlage für Haltung und Inhalt des interreligiösen Dialogs ist die „goldene Regel" in der Jesus sagt, dass wir die Menschen so behandeln sollen, wie wir von ihnen behandelt werden wollen (Mt 7, 12). Diese „goldene Regel" gibt es in ähnlicher Form in allen Religionen.

Hier wird ein Ziel des interreligiösen Dialogs deutlich, nämlich Gemeinsamkeiten zu suchen. Gerade die drei Buchreligionen haben, bei allen Unterschieden, eine Menge historischer Gemeinsamkeiten. Für Teens ist es interessant, diese herauszufinden und zu vergleichen. Neben Gemeinsamkeiten gehört Gemeinschaft zum Dialog, wie beispielsweise ein gemeinsames Essen, um auch die Kultur der/des anderen besser

DIE GOLDENE REGEL IN ALLEN WELTRELIGIONEN

Christentum
Alles nun, was ihr wollt, dass euch die Leute tun sollen, das tut ihr ihnen auch.
(Matthäus 7:12)

Zarathustrismus
Tue anderen nicht an, was dir schadet!
(Shayast-na-Shayast 13.29)

Judentum
Was dir selbst verhasst ist, tue deinem Nächsten nicht an.
(Talmud, Shabbat 31 a)

Sikhismus
Ich bin ein Fremder für niemanden und niemand ist ein Fremder für mich.
(Guru Grant Sahib, S. 1299)

Hinduismus
Tue anderen nichts an, was dir, wenn es dir selbst angetan würde, Schmerz verursachen würde. Dies ist die Essenz aller Moral.
(Mahabharata 5.1517)

Janaismus
Man soll alle Lebewesen so behandeln, wie man selbst behandelt werden möchte.
(Mahavira Sutrakritanga 1,11,33)

Islam
Keiner von euch ist wahrhaftig gläubig, solange ihr nicht anderen wünscht, was ihr für euch selbst begehrt.
(Der Prophet Muhammad, Hadithch)

Buddhismus
Behandle andere nicht auf eine Weise, von der du denkst, dass sie dich selbst verletzen würde.
(Der Buddha, Udana-Varga 5,18)

Taoismus
Betrachte den Gewinn deines Nachbarn als deinen Gewinn und seinen Verlust als deinen Verlust.
(Tai-shang Kang-ying Pien)

kennenzulernen. Dort kann man einander zuhören, lernen, was Unterschiede sind, und wichtige Grundlagen der jeweiligen Religion verstehen. Warum gibt es welche Gebetshaltungen? Was ist der Unterschied zwischen Bibel und Koran? Wie ist der Koran überhaupt entstanden? Und wie ist er aufgebaut? Für die meisten ist es bspw. neu, dass die längste Sure am Anfang und die kürzeste am Schluss ist. Welche Rolle spielt Mohammed und was ist der Unterschied zu Jesus? Es gibt also eine Menge zu diskutieren und auszutauschen. Zu einem Dialog gehört aber auch die Weitergabe des eigenen Zeugnisses. Die Teenager sollen also sagen, warum sie evangelisch sind. Welche Bedeutung Jesus für ihr Leben hat und was bspw. der Teenkreis für sie bedeutet. Der Punkt des Zeugnisses kommt in manchen Dialogen zu kurz, er ist aber elementar wichtig, da es dabei nicht um eine objektive Wissensebene geht, sondern um die subjektive Erfahrungsebene der Teenager. Und dies hilft den jeweiligen Religionsgruppen, den anderen besser, ja überhaupt zu verstehen. Außerdem ist es, wie oben

erwähnt, eine gute Übung, sich über die Plausibilität des eigenen Glaubens Gewissheit zu verschaffen. Die Grundvoraussetzungen eines Dialoges klingen also simpel, sind aber recht schwer umzusetzen. Der südafrikanische Theologe David Bosch hat acht Thesen zum Verständnis des Dialoges geschrieben, die aus meiner Sicht ein sehr gutes Fundament darstellen (Bosch 1991: 483–485):

1. Die Beziehung zwischen Mission und Dialog ist in erster Linie eine Entscheidung des Herzens und nicht des Verstandes. Es gilt, nicht nur die Existenz von verschiedenen Glaubensrichtungen zähneknirschend zu akzeptieren, sondern dies von Herzen anzuerkennen.

2. Ein wahrer Dialog setzt ein eigenes Bekenntnis voraus und bedeutet nicht, dass die eigene Position aufgegeben werden muss. Genau das Gegenteil tritt ein: Ohne meine eigene Hingabe an das Evangelium verkommt der Dialog zum „Geschwätz".

3. Ein Dialog ist nur möglich, wenn wir davon ausgehen, dass wir nicht diejenigen sind, die Gott zu anderen bringen – als diejenigen, die ihn besitzen. Gottes Geist wirkt in jeder Kultur und bereitet Menschen auf eine Begegnung mit ihm vor. Die in den Dialog Tretenden sind Empfänger derselben Gnade. Unsere Herzenshaltung sollte Ehrfurcht vor den anderen Religionen sein und gespannte Erwartung, wie sich Gott zeigt.

4. Ein Dialog zwischen Christen/innen und Angehörigen nicht christlicher Religionen sollte durch echte Demut gekennzeichnet sein. Christlicher Glaube ist eine Religion der Gnade, die frei und ohne Zutun empfangen wird. Im Zentrum steht das Kreuz, das auch die Christen/innen richtet.

5. Jede Religion hat ihre eigenen Axiome und somit ihren eigenen Mittelpunkt, daraus kann nur folgen, dass man jeder Religion auf verschiedene Art und Weise begegnen muss. Es reicht also nicht aus, „theozentrisch" Gott in die Mitte zu stellen, sondern jede Religion muss ihre Mitte behalten, sonst verliert sie ihre Identität und ihre Dialogfähigkeit.

6. Der Dialog ist weder Ersatz noch Ausflucht für Mission. Dialog und Mission sind weder identisch noch absolut gegensätzlich. Beide, Dialog und Mission, haben sich in den letzten Jahren weiterentwickelt, jeder kann dem anderen (mittlerweile) zuhören. Der christliche Glaube kann die Überzeugung nicht aufgeben, dass Gott, nachdem er Christus in unsere Mitte gesandt hat, einen eindeutigen Kurs eingeschlagen hat, und uns Menschen Vergebung, Rechtfertigung und ein neues Leben angeboten hat, worauf der Mensch antworten muss.

7. Die Frage, ob andere Religionen retten können, ist laut Bosch schon im Ansatz verkehrt, weil es darum gar nicht geht. Es geht nicht um eine Rettung, die sich nur aufs Jenseits bezieht, vielmehr geht es darum, sich ganz Gottes Herrschaft im Gehorsam zu unterstellen.
8. Die Spannung zwischen dem einzigartigen Rettungsangebot von Jesus und dem unbegrenzten Rettungswillen Gottes und Gottes Macht dazu bleibt für Bosch bestehen (creative tension).

Ein Dialog geschieht also, indem man sich gegenseitig zuhört, versucht den anderen zu verstehen, sich kennenlernt und so ein tiefes Verständnis für die Identität des anderen bekommt. Den anderen stehen lassen, sich auf die Meinung und das Gegenüber einlassen sind Grundvoraussetzungen, um eine vertrauensvolle Beziehung aufzubauen, aus der man selbst zum Lernenden werden kann.

Voneinander lernen: Praxisideen

METHODE

Im Folgenden sollen einige Ideen für interreligiösen Dialog vorgestellt werden:

1. **Die Grundlage erarbeiten 1:** Die Teens lernen, ihren eigenen Glauben zu reflektieren und artikulieren, indem sie ein DIN-A0-Plakat bekommen, auf dem sie alles, was für sie wichtig ist, aufschreiben oder malen. Auch Collagen mit Symbolen oder Zeitungsausschnitten sind erlaubt. Wenn alle Teens ihre Collage fertig haben, gehen sie immer zu zweit zusammen und erklären sich ihren Glauben – Rück- und Verständnisfragen sind erlaubt. Danach können die Teens sich Gedanken machen, was sie noch gerne wissen wollen, dies kann auch gemeinsam gesammelt und in den nächsten Teenkreisstunden durchgenommen werden.
2. **Die Grundlage erarbeiten 2:**
Bevor die Teens in einen Dialog mit einer anderen Religion gehen, sollten sie die Grundlagen dieser Religion kennenlernen. Dies hat auch mit Respekt gegenüber dem Religionspartner zu tun. Bei unserem Beispiel des Islam wären das beispielsweise die „5 Säulen des Islam", Informationen zur Geschichte, dem Koran etc. Hier sind ein paar Internetseiten, die dabei helfen können.

MaTERiAL

Hilfreiche Internetquellen

Grundwissen zum Thema Islam:

- http://www.kandil.de/kultur/grundwissen
- http://www.religionen-entdecken.de/religionen/islam
- http://www.bpb.de/begriffswelten-islam
- Koran auf Deutsch und online: http://www.koran-auf-deutsch.de

Handreichungen der EKD zum Thema interreligiöser Dialog mit dem Islam:

- http://www.ekd.de/international/islam/dokumente/handreichungen.html
- https://www.ekd.de/EKD-Texte/ekd_und_islam_1.html

METHODE

1. **Begegnungen planen 1:** Die Teens aus der islamischen Jugendgruppe zum Essen und zum Dialog einladen. Fast jede Moschee in Deutschland hat, wie die Kirchen auch, eine Arbeit mit Kindern und Jugendlichen. Man kann die Teens und/oder die Mitarbeiter/innen einfach anfragen und einladen. Meine Erfahrungen sind dabei sehr positiv und ich habe noch nie erlebt, dass eine Einladung abgelehnt wurde. Was fast immer folgt: eine Gegeneinladung. Und es ist kulturell sehr unhöflich, diese abzulehnen.
2. **Begegnungen planen 2:** Der Besuch einer Moschee. Die meisten Teens waren noch nie in einer Moschee und es ist ein echtes Erlebnis, eine zu besuchen. Meist wird man sehr herzlich willkommen geheißen und bekommt alles erklärt. Es ist sehr spannend, die wichtigsten Lehren des Islam aus „erster Hand" zu hören, das hilft beim Verstehen des Islams. Auch dürfen gerne kritische Fragen gestellt werden, wie es um das Verhältnis zwischen Politik und Islam steht oder was sie über Terror im Namen des Islam denken. Meine Erfahrungen sind bei solchen Dialogen überwiegend positiv.

BUCHTIPPS

- David Bosch: Mission im Wandel – Paradigmenwechsel in der Missionstheologie. Brunnen Verlag 2012
- Mirjam Schambeck: Interreligiöse Kompetenz – Basiswissen für Studium, Ausbildung und Beruf. UTB Taschenbuch 2015
- Annemarie Schimmel, Max Henning (Hg.): Der Koran. Reclam 2012; Die Religion des Islam – Eine Einführung. Reclam 2010

5 Interkulturelle Teenagerarbeit am Beispiel mit Geflüchteten

Piero Scarfalloto

> *„Was ist los mit euch? Früher habt ihr Missionare zu uns geschickt und heute sind wir hier und interessieren euch nicht?"*
>
> *(Ausspruch eines Afrikaners, aufgeschnappt auf dem Flüchtlingsforum des Gnadauer Gemeinschaftsverbandes im Oktober 2015)*

„Kairos (griechisch καιρός*) ist ein religiös-philosophischer Begriff für den günstigen Zeitpunkt einer Entscheidung, dessen ungenutztes Verstreichen nachteilig sein kann."* Diese Definition habe ich so einfach aus Wikipedia entnommen. Und der Kairos-Begriff fasziniert und aktiviert mich!

Anders ausgedrückt könnte man den Kairos-Gedanken vielleicht übersetzen mit „the time is now!". Es geht darum, durch die Tür zu gehen, die sich vor einem öffnet, die Gelegenheit nicht verstreichen zu lassen, sondern sie zu nutzen. Das richtige Handeln im richtigen Moment. Es geht um das Gebet: „Herr, zeige uns, was jetzt dran ist".

In 2015 kamen auch in unserem kleinen mittelhessischen Örtchen die ersten Geflüchteten an, darunter auch Teenager und Jugendliche, die zum Teil sogar ganz alleine die gefährliche Reise weg von Krieg, Terror und Hoffnungslosigkeit angetreten hatten. Ich kann mich noch gut an das Statement erinnern, das wir unserem Gemeinde-Leitungskreis vortrugen. Wir spürten die Verantwortung, die Herausforderung, die wir als Chance begreifen wollten, den besonderen Moment – den Kairos – und wollten ihn nicht ungenutzt verstreichen lassen. Wir sagten:

> *„Wir wollen nicht in einigen Jahren zurückblicken und sagen müssen, dass während der größten Fluchtbewegung in unserem Land seit dem Zweiten Weltkrieg, wir der Jugend- und Teenkreis waren, der sich diesen geflüchteten Menschen nicht zugewandt hat."*

Diese Entscheidung hatten wir als Jugend- und Teenkreismitarbeiter/innen gemeinsam mit unseren Teens und Jugendlichen getroffen. So, wie wir Jesus und die Bibel verstanden hatten, konnten wir nicht anders, als zumindest den Versuch einer Kontaktaufnahme zu den geflüchteten Jugendlichen zu starten und Hilfe und Freundschaft anzubieten.

Plötzlich lebten Syrer, Afghanen, Iraker, Somalier und Eritreer vor unserer Haustür. Auf einmal stand unsere Teen- und Jugendkreisarbeit, die den Anspruch hat, eine menschenzugewandte, kontextbezogene Arbeit zu sein, vor ganz neuen Herausforderungen, Diensten und Aufgaben, die vor einigen Jahren noch kaum jemand für möglich gehalten hätte. Etwas, das sonst Missionsgesellschaften unter höchsten Kraftanstrengungen, Gefahren und Kosten versucht hatten, ging plötzlich vor der eigenen Haustür bzw. im eigenen Teenkreisraum: Es bestand die historische Aufgabe, sich hilfsbedürftigen und entwurzelten Menschen anderer Kulturen und Religionen in Wort und Tat bedingungslos zuzuwenden und die eigenen Türen und Gemeindeprogramme für diese Menschen zu öffnen. Kairos.

Offene Türen bedeuten auch immer, dass frischer Wind hineinkommt. So rechneten wir damit, dass uns die neuen Herausforderungen auch (geistlich) neu beleben würden.

1. **Welche jugendlichen Migranten leben in deinem Umfeld?**
   Gibt es schon (christliche) Programmangebote für sie?
2. **„Herr, zeige uns, was in dieser besonderen Situation *jetzt* dran ist.“**
   Frage Gott im Gebet und prüft als Mitarbeiterteam, ob und inwiefern euer Teenkreis eine Berufung hin zu den Geflüchteten oder anderen Migranten hat.

Kurze theologische Reflexion – Was sagt die Bibel zum Umgang mit Fremden?

Die Erfahrung des Fremdseins selbst ist unmittelbar mit der eigenen Geschichte Israels verbunden. Es beginnt schon bei Abraham, der seine Heimat verlässt (1. Mose 12, 1), später wegen einer Hungersnot nach Ägypten zieht und dort als Fremdling wohnt (1. Mose 10, 10), über Josef, der nach Ägypten verkauft wird, über seine Familie, die als Wirtschaftsflüchtlinge nachkommen (1. Mose 42–46), bis hin zum ganzen Volk, das dann in ägyptischer Sklaverei lebt (2. Mose 1, 1ff), um nur einige markante Geschichten zu nennen. Schon im dritten Buch der Bibel haben sich die Erfahrungen des Fremdseins so tief in die Identität des Gottesvolkes eingebrannt, dass Gott sich mit seiner ganzen Autorität hinter folgende Grundaussage stellt:

> *Wenn bei dir ein Fremder in eurem Land lebt, sollt ihr ihn nicht unterdrücken. Der Fremde, der sich bei euch aufhält, soll euch wie ein Einheimischer gelten und du sollst ihn lieben wie dich selbst; denn ihr seid selbst Fremde in Ägypten gewesen. Ich bin der Herr, euer Gott* (3. Mose 19, 33–34).

Weil die Fremden auch oft sozial benachteiligt sind, werden sie im Alten Testament mit den Waisen und Witwen unter Gottes besonderen Schutz gestellt.

Auch das Neue Testament, daran erinnern wir uns immer wieder neu an Weihnachten, beginnt mit besorgten Eltern, die für die Geburt ihres Sohnes keine Herberge finden. Zu dritt fliehen sie später mit dem Jesus-Baby als politische Flüchtlinge nach Ägypten (Mt 2, 13ff.).

Jesus macht später in der Beschreibung des Jüngsten Gerichtes unmissverständlich deutlich, wie wichtig eine freundliche Aufnahme der Fremden ist (Mt 25, 31ff). Jesus identifiziert sich hier mit ihnen. Das sollte unsere Haltung gegenüber diesen Menschen bestimmen. Wer Jesus näherkommen will, sollte nach Mt 25 in unserer aktuellen Situation in Deutschland die Nähe zu Geflüchteten suchen, denn in ihnen begegnet er ihm selbst. Anstatt Teenkreisprogramme zu entwerfen und Gott für die eigenen Programmpläne um seinen Segen zu bitten, wäre es nach Mt 25 vor allem sinnvoll, sich den Geflüchteten und Fremden zuzuwenden, denn dafür hat er seinen Segen schon verheißen.

Die missionarische Chance in der Migrationsbewegung

> *„Lasst uns diese Situation nicht vergeigen, wo jetzt Menschen mit offenen Ohren und offenen Herzen zu uns kommen!"*
>
> *(Statement eines Pfarrers, aufgeschnappt auf dem Flüchtlingsforum des Gnadauer Gemeinschaftsverbandes im Oktober 2015)*

Mission kommt wieder in Mode. Fachtagungen und Konferenzen zum Thema sprießen aus dem Boden. Es ist toll, dass wieder neu darüber nachgedacht wird, wie unsere Kirchen und Gemeinden und damit auch unsere Teen- und Jugendarbeiten wieder neue missionarische bzw. missionale Kraft erlangen können. Denn schließlich ist das Christentum vom Wesen her missionarisch. Als Christen/innen nehmen wir an Gottes Mission seiner Weltzuwendung teil. Es geht um den Mitvollzug der Liebe Gottes zum Menschen, darum, sein *Für-die-Menschen-Sein* erfahrbare Wirklichkeit werden zu lassen. Gottes Mission hin zu den Menschen gilt somit als Orientierung für die Gestaltung und Ausrichtung, gar als Lebenselixier unserer Teenkreisprogramme!

Klar ist: Nach Orientierung und Zugehörigkeit suchende geflüchtete Menschen sind niemals Missionsobjekte und es verbietet sich, ihre Notsituation für missionarische Zwecke auszunutzen! Genauso klar ist: Mission ist eine ganzheitliche Zuwendung zum Menschen und damit mehr bzw. etwas anderes als die alleinige Absicht zur Bekehrung. Die liebevolle Zuwendung ist nicht an Bedingungen geknüpft. Aber trotzdem gilt das Zitat aus der Überschrift dieses Absatzes, das den Kairos-Gedanken in sich trägt und das mich motiviert: *„Lasst uns diese Situation nicht vergeigen, wo jetzt Menschen mit offenen Ohren und Herzen zu uns kommen!“. Kairos.*

Mission als Hingabe und Zeugnis

Mission hat mit der eigenen Haltung gegenüber meinem/meiner Nächsten, dem/der Fremden, dem/der Muslim/a zu tun. Nach dem Beispiel Jesu, der sich von Krippe bis Kreuz den Menschen hingegeben hat und uns ruft, ihm nachzufolgen, kann man fragen: Sind auch wir bereit, uns den Menschen bedingungslos zuzuwenden und hinzugeben?

Das beginnt mit dem Opfern von Zeit bei einer Tasse schwarzem Tee und der Bereitschaft, auch ein zweites, drittes, viertes und x-tes Mal gemeinsam Tee zu trinken, dem anderen zuzuhören und Leben zu teilen.

Es geht um praktische Hilfe, angefangen bei der Unterstützung beim Ausfüllen von Formularen über die Begleitung bei Arztbesuchen und das Helfen beim Erlernen der deutschen Sprache bis zum Besorgen von Schulranzen für Flüchtlingskinder. Alle Arten von praktischer Nächstenliebe geben der Mission Gottes ein Stück weit Ausdruck und geben Zeugnis von der Liebe Gottes, die durch uns zum Nächsten fließen soll.

In unserer Gemeinde taufen wir nun den ersten jungen afghanischen Konvertiten. Als er zum ersten Mal im Gottesdienst der Gemeinde vorgestellt und zu den Gründen seiner Bekehrung zu Christus interviewt wurde, entstand eine sehr interessante Szene:

Interviewerin: *„Why did you become a Christian?“*
Junger Afghane: *„I came to Germany and the first and only people that helped me were Christians.“*

Die Interviewerin bohrte nach und fragte nach theologischen Erkenntnissen und Wahrheiten, die er für sich erkannt habe. Das überforderte den Jugendlichen komplett. Er hatte von christlicher Theologie noch nicht so viel verstanden. Aber durch das Lebenszeugnis von Christen/innen hat er entschieden, selbst Jesus nachzufolgen. Heute spielt er Keyboard in einer unserer Lobpreisbands.

1. **Inwiefern ist deine Teenagerarbeit eine *missionarische* Teenagerarbeit?**
2. **Wie definieren du und dein Mitarbeiterteam *Mission?***
3. **Wenn Mission vom Wesen her mit einer wirklichen Hingabe zum/zur Nächsten verbunden ist, willst du dann missionarisch sein?**
4. **Wie kannst du mit deinem Teenkreis konkret „Fremden" dienen?**

Deeds speak louder than words!? – Wir brauchen beides!

Franz von Assisi wird die Aussage zugesprochen: „Predige das Evangelium zu jeder Zeit und wenn nötig, benutze Worte."

Das obige Beispiel des jungen Afghanen zeigt, dass unser Lebenszeugnis, die praktische Nächstenliebe, fundamental wichtig ist. Ohne die tätige Liebe wäre unser Christsein kastriert. Jesus selbst predigte die akute Wichtigkeit des praktischen Tuns (Mt 7, 21), Jakobus mahnt, dass wir Täter des Wortes sein sollen (Jak 1, 22) und ein untätiger Glaube sogar tot sei (Jak 2, 20).

Gerade Muslime wundern sich aber oft, wie wenig öffentlich Christen/innen in Deutschland ihren Glauben leben und wie selten Glaube zur Sprache kommt. Wenn das eigene Leben die Worte legitimiert und damit glaubwürdig macht, finde ich es wichtig, bei passenden Gelegenheiten gerade im Gespräch mit Muslimen den eigenen Standpunkt dialogisch einzubringen und zeugnishaft von eigenen Glaubenserfahrungen und -überzeugungen zu berichten. Ich befürchte, dass wir das z. T. verlernt haben und sich eine Art Sprachlosigkeit breitgemacht hat. Weil wir Glaube zur Privatsache gemacht haben, ist uns die Fähigkeit abhanden gekommen, in einer schönen und einladenden Art und Weise von der Hoffnung zu reden, die uns durch den Glauben geschenkt wird, und was es für uns bedeutet, *Isa al Masih* nachzufolgen (Isa ist der arabische Name für Jesus. *Isa a Masih* bedeutet *„Jesus der Messias"*, und ist so im Koran zu finden.) Es lohnt also, in der Teenkreisarbeit einzuüben, neu sprachfähig zu werden.

> *„Seid immer dazu bereit, denen Rede und Antwort zu stehen, die euch nach eurem Glauben und eurer Hoffnung fragen"* (1. Petr 3, 15).

1. **Du wirst gefragt: „Woran glaubst du eigentlich?" Was antwortest du?**
   Schreibe deine Antwort in simplen Worten auf!
   Macht diese Übung als Mitarbeiterteam und tauscht euch über eure Ausführungen aus.
   Bildet auch eure Teenager darin aus, die eigenen Glaubensüberzeugungen in simplen Worten ausdrücken zu können.
2. **Wie ist das Verhältnis von „Wort und Tat" in deiner Teenkreisarbeit?**

„Das universelle Wort spricht nur Dialekt"[1] – Das Evangelium übersetzen

In unserer Gemeinde bieten wir seit einiger Zeit Übersetzungsdienste für Migranten an. Teile des Gottesdienstes, vor allem die Predigt, auch Andachten und Liedfolien im Teenkreis werden für Asylbewerber übersetzt.

Das ist einerseits total nett und zeugt von der wertschätzenden Haltung gegenüber den Asylbewerber/innen. Das ist schon mal ein Anfang. Andererseits muss kritisch gefragt werden, ob es uns mit unseren ganz normalen deutschen Gemeindeprogrammen wirklich gelingt, Asylbewerber/innen auf einer Ebene anzusprechen, die sie erreicht. Die einzelnen Worte werden dank Übersetzung zwar verstanden, aber kommt auch wirklich an, was z. B. der Prediger am Sonntagmorgen oder der/die Teenkreismitarbeiter/in in seiner/ihrer Andacht ausdrücken möchte? Wird es überhaupt über den Klang der Worte hinaus verstanden? Schafft die Botschaft den Sprung über den kulturellen Graben hin bis zum Herz des/der Asylbewerber/in?

Asylbewerber/innen kommen meist aus einer völlig anderen Kultur, hängen einem völlig anderen Weltbild an, haben eine andere Art zu denken und damit auch einen anderen Horizont, Dinge zu verstehen. Viele gehören einer anderen Religion an und kennen das Christentum kaum bzw. haben verzerrte Vorstellungen davon.

Übersetzung muss daher über die einfache Eins-zu-eins-Sprachübersetzung der deutschen Sätze hinausgehen und als das verstanden werden, was man als Inkulturation oder Kontextualisierung bezeichnet: Man betrachtet das Evangelium aus Perspektive der Asylbewerber/innen und drückt es in Worten und Taten so aus, dass es von ihnen verstanden wird, eine Bedeutung bekommt und als relevant erachtet wird. Kurz gesagt: Asylbewerber/innen müssen das Evangelium in einer Weise hören und erfahren, die ihrer Lebenswelt und Kultur entgegenkommt.

Den Juden ein Jude, den Griechen ein Grieche, dem Asylbewerber ein Asylbewerber *(nach 1. Kor 9, 20).*

---

1 *D. Bosch zitiert P. Casaldáliga so in Transforming Mission – Paradigm Shifts in Theology of Mission. Orbis Books 1991, S. 453.*

Auch das gehört zum Ernst-Nehmen des Kairos-Gedankens: mutig neue kreative Wege gehen und Veränderung zulassen! Neben der Sprache müssen dabei Aspekte wie das Umfeld der Menschen, die Biografie, die Kultur, der (theologische) Erfahrungshorizont, die (religiösen) Sehnsüchte, Ängste und Bedürfnisse berücksichtigt werden. Es geht um kulturotientierte bzw. kontextualisierte Formen und Inhalte der Verkündigung, aber auch um Fragen wie „Was bedeutet *Gemeinschaft* für diese Menschen?" Denn im Gegensatz zu unserer individualistisch geprägten Gesellschaft kommen die meisten Asylbewerber/innen aus sehr gemeinschaftsorientierten Kulturen. Deshalb sind wir dankbar, dass unser Gemeindehaus einen Backofen und eine Spülmaschine hat und neuerdings orientalische Düfte durchs Gemeindehaus ziehen.

1. **Um den Fremden zu erreichen muss man ihn verstehen. Informiere dich über die Kultur und die Religion der Migrantenteenager in deinem Umfeld. Besucht als Team Schulungen zum Thema.**
2. **Wiederhole die obige Übung „Schreibe auf, woran du glaubst". Versuche diesmal konkret, die Aussagen für den Denk- und Erfahrungshorizont bzw. die Ohren eines geflüchteten muslimischen Teenagers zu formulieren. Inwiefern unterscheidet sich deine Botschaft an eine/n geflüchtete/n muslimische/n Gesprächspartner/in von dem, was du einem/r deutschen Gesprächspartner/in aus deiner Nachbarschaft sagen würdest?**
3. **Wie kann Teenkreisarbeit aussehen, die einerseits nicht die Bedürfnisse der deutschen Teens vernachlässigt, andererseits aber auch Wege findet, spezifisch auf Migranten einzugehen?**
   Welche Rolle könnte eine Kombination von sehr spezifisch und unterschiedlich ausgerichteten Arten von Kleingruppen und sehr gemeinschaftsorientierten Treffen für alle spielen?

BUCHTIPPS

- Johannes Reimer: Evangelisation im interreligiösen Raum. Verlag der Franckebuchhandlung 2015
- Paul M. Zulehner: Entängstigt euch! – Die Flüchtlinge und das christliche Abendland. Patmos Verlag 2016
- Annemarie Schimmel: Die Religion des Islam – eine Einführung. Reclam 1990
- Broschüre der Liebenzeller Mission: Fremden begegnen – Fremden dienen – Leitfaden für die Begegnung mit Flüchtlingen. 2015

6 Missionarische Teenagerarbeit mit Teenagern in Ostdeutschland

David Schott

„Der Mensch ist unheilbar religiös. Die Frage ist nur, wie viel kultureller Schutt und Asche liegt über dem Feuer des Religiösen?“

Paul M. Zulehner (Theologe und Religionssoziologe, aus seiner Vorlesung „Respiritualisierung und Evangelium“ im Studienkurs Gesellschaftstransformation im Modul 6, am Marburger Bildungs- und Studienzentrum, am 12.02.2015)

Konfessionslosigkeit in Ostdeutschland

In einem sind sich alle Umfrageergebnisse der letzten 25 Jahre einig. Die Ostdeutschen halten sich überwiegend für nicht religiös. Wenn Paul Zulehner mit seiner Aussage recht hat, scheint die Schutt- und Ascheschicht über dem Religiösen in Ostdeutschland ziemlich dick zu sein und viele Christen/innen fragen sich, ob das Feuer darunter wirklich noch brennt.

In Ostdeutschland sind ca. 70–75 Prozent der Bevölkerung Konfessionslose. In der brandenburgischen Stadt Cottbus, in der ich lebe, sind es sogar 85 Prozent (in Westdeutschland nur 19 Prozent).

Konfessionslose sind Menschen, die keiner Kirche oder anderen etablierten Religions- und Glaubensgemeinschaften angehören. Die meisten Konfessionslosen in Ostdeutschland sind inzwischen über Generationen (dritte Generation) hinweg tief verwurzelte Areligiöse und betrachten es als Teil ihrer Identität. Sie haben die Konfessionslosigkeit vererbt bekommen.

Was sind Areligiöse? Nun, Areligiöse sind keine Atheisten. Atheisten lehnen Gott ab. Das tut ein Areligiöser nicht. Religion ist ihm schlicht egal. Ein Areligiöser positioniert sich weltanschaulich auch nicht, weil es für sein Leben irrelevant ist.

Einen konfessionslosen, ostdeutschen Teenager wird man deshalb in der Regel auch nicht in einem der kirchlichen Angebote finden. Wenn ich Teens in Cottbus danach gefragt habe, wie sie dazu kommen, nicht an einen Gott zu glauben, lautet die Standardantwort: *„Ich bin nicht so (religiös) erzogen. Ich bin eher so wissenschaftlich.“*

Wie kam es zur flächendeckenden Säkularisierung in Ostdeutschland?

56 Jahre lang wurden Kinder und Jugendliche in Ostdeutschland politisch von den Nazis und später vom kommunistischen DDR-Regime intensiv geprägt. Deshalb ist es nicht verwunderlich, dass kein christliches Grundwissen mehr in Ostdeutschland vorhanden ist. Nachdem mehrere Generationen entkirchlicht aufgewachsen sind, ist es für einen Großteil normal geworden, konfessionslos zu sein. Deshalb gibt es in Ostdeutschland heute „massenhaft Gewohnheitsatheisten". Die repressive Religionspolitik des DDR-Regimes hat ganz offensichtlich eine nachhaltige Säkularisierung und Entkirchlichung zur Folge gehabt, die bis in die Gegenwart anhält.

Wie können konfessionslose Jugendliche in Ostdeutschland erreicht werden?

Es scheint ein großes Desinteresse an religiösen Themen unter den Teens in Ostdeutschland zu geben. Der christliche Glaube wird von vielen als nicht relevante Lebensform abgelehnt oder ignoriert und vielfach mit Geboten und Zwängen in Verbindung gebracht. Dies stellt Kirchen aller Art vor die Herausforderung, einen Weg zu finden, um den konfessionslosen, ostdeutschen Teens die Relevanz des Evangeliums und des christlichen Glaubens trotz ihrer säkularen Prägung nahezubringen.

Die Adoleszenzphase öffnet für Spiritualität

Obwohl die Konfessionslosen mehrheitlich immanent ausgerichtet sind, bedeutet eine konfessionslose Sozialisierung nicht zwangsläufig, dass grundsätzlich kein Interesse an spirituellen Dingen existiert. Denn genau wie kirchlich sozialisierte Teens sich, bewusst oder unbewusst, die Frage stellen, ob sie den Glauben/das Weltbild ihrer Eltern übernehmen wollen oder nicht, stellen sich auch konfessionslos sozialisierte Teens ganz natürlich diese Fragen. An diesen spirituellen *Suchbewegungen gilt es, als Christ/in anzuknüpfen.*

Woran glauben konfessionslose Jugendliche in Ostdeutschland?

Aber wo kann man anknüpfen? Woran glauben die konfessionslosen ostdeutschen Jugendlichen, wenn sie nicht an Gott glauben? Dieser Frage bin ich im Rahmen meiner Masterarbeit nachgegangen und habe konfessionslose junge Erwachsene in einer qualitativen Studie in Cottbus zu ihrem Glauben befragt.

Alle bisherigen Studien ergaben, dass alternative, außerkirchliche Religiosität oder Spiritualität unter ostdeutschen konfessionslosen Jugendlichen so gut wie nicht vorhanden ist. Die große Masse dieser Jugendlichen versteht sich als „nicht religiös" und „nicht spirituell".

Die Konfessionslosen sind jedoch keine homogene Gruppe (genauso wenig wie Katholiken und Protestanten), sondern setzen sich aus Menschen mit einer Vielzahl unterschiedlicher Glaubensvorstellungen und Weltbilder zusammen.

In der Cottbuser Studie konnten vier Glaubenstypen unterschieden werden:

1. **Areligiös** (8 Personen)
2. **Atheistisch** (2 Personen)
3. **Spirituell unbestimmt** (3 Personen)
4. **Spirituell bestimmt** (2 Personen)

Diese vier sollen nun kurz vorgestellt und definiert werden, weil ich denke, dass diese Glaubenstypen in ganz Ostdeutschland vorkommen. Veranschaulicht wird jeder Typ durch eine beispielhafte Glaubenscollage, die jeder Befragte zu Beginn der Studie erstellen musste.

1. Areligiöse

Der areligiöse Glaubenstyp zeichnet sich vor allem durch Abwesenheit von Religion und einer ausschließlich immanenten, pragmatischen Lebensausrichtung aus. Dies betrifft die größte Gruppe der konfessionslosen ostdeutschen Jugendlichen.

Die typische Glaubenscollage eines Areligiösen ist die von Lilli. Ihre Weltanschauung zeigt sich ausschließlich innerweltlich (immanent). Der Glaube zeigt sich vor allem in Liebe und der Familie, aber auch in Arbeit und Gesundheit. Das Leben erklärt sich für diesen Typ auch ohne Bezug an einen Gott. Bei Titus ist es ähnlich, jedoch taucht bei ihm ganz am Rande noch das Wort „Schicksal" auf, weil es Dinge im Leben gibt, die er nicht so recht einzuordnen weiß.

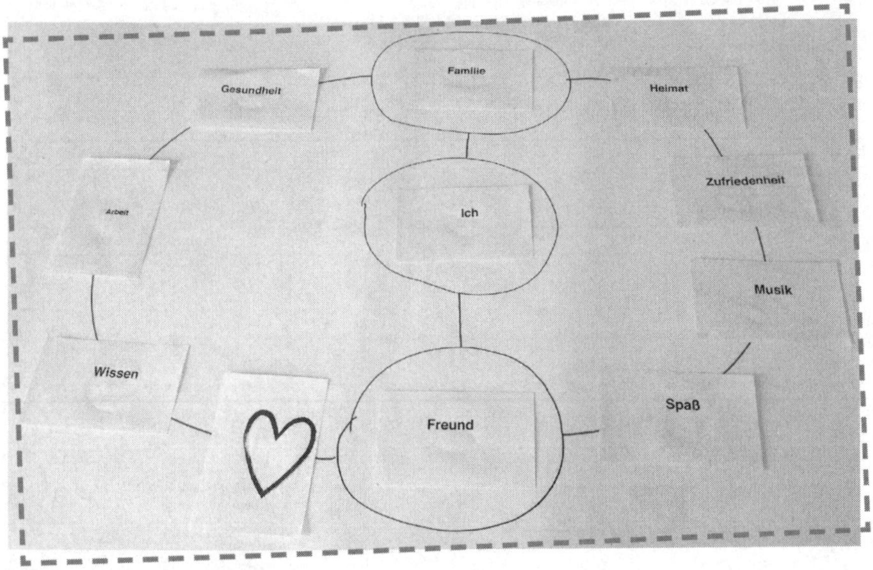

2. Atheist/innen

Der atheistische Glaubenstyp zeichnet sich nicht nur durch eine ausschließlich immanente Weltsicht aus, sondern auch durch die explizite Ablehnung der transzendenten Wirklichkeit eines Gottes und der Ablehnung von Religion allgemein. Diese äußert sich oft auch in religionskritischen Aussagen und säkularer Apologetik.

Eine typisch atheistische Glaubenscollage ist die von Martin. Neben der Beschreibung seines Glaubens mit ausschließlich immanenten Komponenten, betont er die Wichtigkeit von Wissenschaft als Gegensatz zur Religion. Dann folgt aber noch eine religionskritische Apologetik, um seine Weltanschauung von Religion abzugrenzen, die ihm als Negativfolie für seinen Lebensentwurf dient.

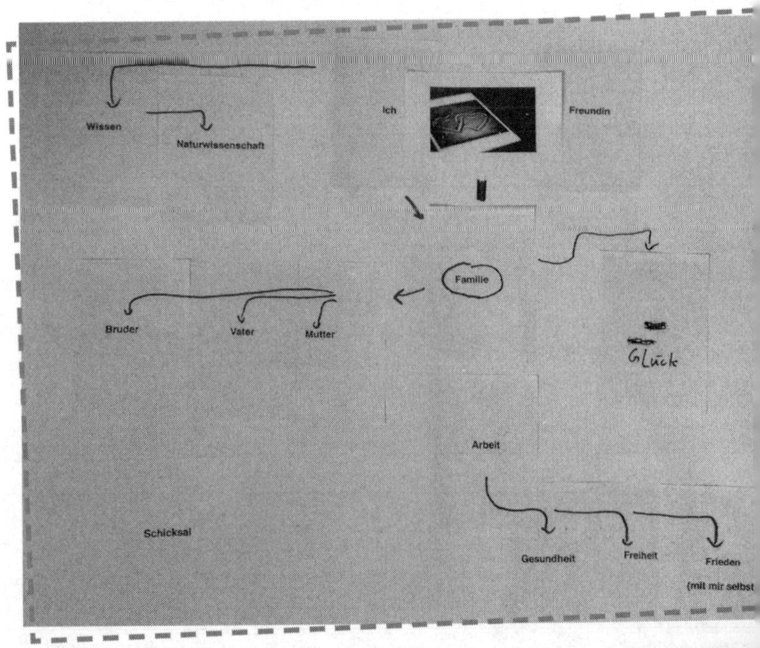

3. Spirituell Unbestimmte

Den spirituell unbestimmten Glaubenstyp zeichnet neben einer immanenten Lebensausrichtung auch der Glaube an irgendetwas nicht Personales, Übernatürliches aus, das aber nicht genau erklärt oder definiert werden kann. Es bleibt unbestimmt und ist deshalb ein ambivalenter Glaube zwischen Transzendenz und Immanenz. Das Präfix „irgend" wird oft gebraucht (irgendwo, irgendein, irgendwie) um ein wie auch immer geartetes Höheres zu beschreiben.

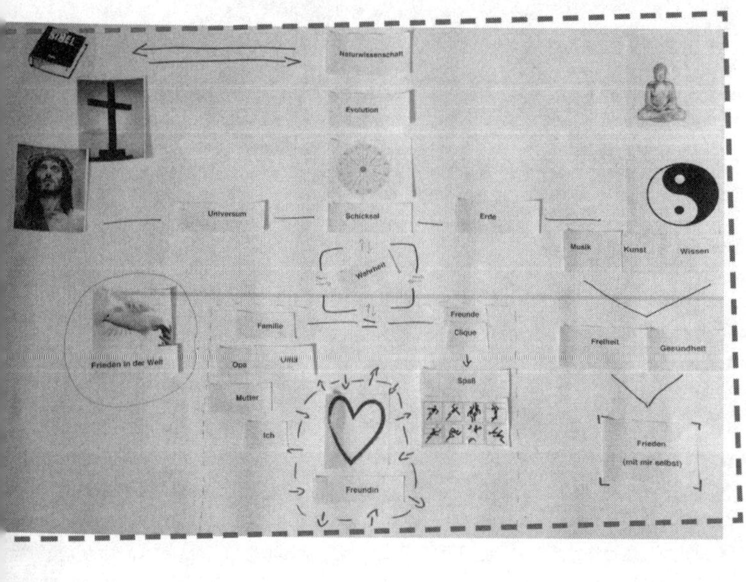

Die Glaubenscollage des spirituell Unbestimmten Nico zeigt deutlich seine Suchbewegungen. Die Suche nach Wahrheit steht bei ihm in der Mitte. Diese Suche äußert sich in einer individuellen synkretistischen „Bastelreligion". Sie ist diffus und bedient sich auf dem Markt der Religionen genauso wie bei der Naturwissenschaft.

Pragmatisch wird alles, was sonst noch zur Lebensbewältigung passend erscheint, hinzugefügt.

4. Spirituell Bestimmte

Der spirituell bestimmte Glaubenstyp ist durch seinen konkreten Glauben an etwas Übernatürliches erkennbar. Im Gegensatz zur unbestimmten Spiritualität kann die geglaubte transzendente Wirklichkeit klar benannt werden, z. B. der Glaube an Schicksal oder Engel.

Anne als spirituell Bestimmte ist nicht mehr auf der Suche, weil sie ihren Glauben gefunden hat. Es ist der Glaube an das Schicksal, das ein bestimmtes Karma auslöst. Die Lebens- und Alltagsrelevanz ihres Glaubens zeigt sich z. B. im Lesen des Horoskops und in dem Bewusstsein, dass alles in einem „Tun-Ergehen-Zusammenhang" steht.

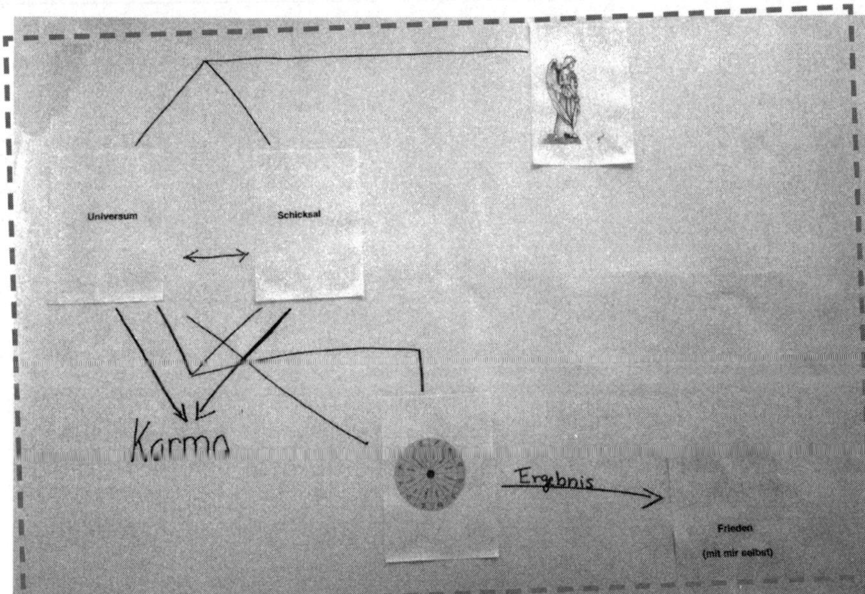

Es fällt auf, das *keiner* der Befragten spirituelle Antworten oder seine Weltanschauung in der Kirche suchte. Alle Befragten glaubten nicht an einen personalen Gott und lehnten institutionalisierte Religion ab.

Wie können Christen/innen mit konfessionslosen Teens umgehen?

Die Cottbuser Studie zeigt deutlich, dass die meisten Konfessionslosen kaum Beziehungen zu Christen/innen haben, was vor allem an der geringen Menge der Christen/innen in dieser Region liegt. Da, wo es keine Beziehung zu Christen/innen gab, gab es mehr Distanz und Gleichgültigkeit und auch mehr negative Vorurteile dem Christlichen gegenüber. Je intensiver die emotionale Verbindung, desto höher die Wahrscheinlichkeit des Interesses am christlichen Glauben. Ohne die persönliche Begegnung mit einem/r Christen/in bleibt Kirche für konfessionslose Teens oft uninteressant oder rückt erst gar nichts ins Blickfeld. Freundschaftliche Beziehung zu Christen/innen hatten die nachhaltigste Wirkung auf konfessionslose Teens und brachten sie oft unmittelbar zum Nachdenken über ihren Glauben.

Deshalb gilt es in erster Linie, diese christlichen Teens sprachfähig zu machen und für den christlichen Glauben zu begeistern und zu stärken, damit sie sich zeugnishaft als glaubwürdige *Christen/innen zu erkennen* geben und in der Lage sind, ihren Glauben zu erklären.

MATERIAL

- Um neu für den Glauben zu begeistern und den Auftrag Gottes zu leben, kann dieses Buch hilfreich sein:
  Steve Addison: Bewegungen die die Welt verändern. Movementverlag. 2014
- Um glaubwürdig Christsein zu leben und ein gehorsamer Jünger zu werden, kann dieses Buch hilfreich sein:
  Neil Cole. Lebensverändernde Minigruppen. Klein & Stark. Movementverlag. 2015
- Hier findest du Trainingsideen für Christen/innen, um sprachfähig zu werden: www.jesusbewegung.com

Der christliche Glaube und Kirche erscheinen für die überwiegende Mehrheit ostdeutscher Teenager wie aus einer anderen Welt, mit der sie keine Berührung haben. Aus diesem Grund haben sie oft ein völlig verdrehtes Bild von Christen/innen und dem Christsein. Die meisten kennen die Grundlagen des christlichen Glaubens gar nicht oder nur bruchstückhaft und würden von sich aus auch keine Fragen zum christlichen Glauben stellen. Es wäre unklug, Menschen Antworten auf Fragen zu geben, die sie nicht gestellt haben. Aber man könnte die spirituelle Neugierde der Teens nutzen und ein Nachfragen ihrerseits, durch gewisse Aussagen, provozieren, auf die man dann antworten kann, um dieses Defizit zu beheben.

METHODE

Denk dir kreative Aussagen aus, um ein Nachfragen zu provozieren. Humor kann auch nicht schaden. (Z. B. Du: Weißt du, was ich vor Kurzem gelesen/gehört habe? Er: Was denn? Du: ... (Antwort aus) Bibel, geistliches Buch, Website, Predigt etc.).

Nimm dir Zeit, dir das Weltbild des konfessionslosen Teens erklären zu lassen, und stell interessiert Fragen, ohne zu werten. Dies bewirkt oft schon ein Auseinandersetzen mit dem eigenen Lebensentwurf im Vergleich zum christlichen.

METHODE

Frage den Teenager, woran er selbst glaubt. Überleg dir vorher gute Fragen. Anregungen dazu findest du in meiner MTh-Dissertation. S. 132 bis 134

Abschließend noch zehn konkrete To-dos die dir helfen können, ostdeutsche Teens zu erreichen.

Zehn Ideen zum Umgang mit konfessionslosen Teens in Ostdeutschland

1. Christliche Teens trainieren, damit sie sprachfähig werden, um ihren Glauben authentisch zu bezeugen und so die Kontaktfläche mit christlichem Zeugnis zu erhöhen.

2. Die persönliche Beziehung zu konfessionslosen Teens ist die beste Grundlage, um mit ihnen über den Glauben ins Gespräch zu kommen.

3. Nicht aufdringlich über den Glauben reden, was in der Regel zu Distanz führt, sondern innerhalb von Beziehungen initiativ das Gespräch suchen. Dem Gegenüber die Möglichkeit geben, ehrlich Interesse oder auch Desinteresse zu bekunden, und diese Bekundung ernst nehmen.

4. Schulen, insbesondere die Fächer LER und Religion, können Orte für erste Berührungspunkte mit dem Christlichen sein, um eine positive Einstellung zu Bibel und Jesus zu erzeugen.

5. Christliche Feiertage sind gute Möglichkeiten, um konfessionslose Teens in einen Gottesdienst einzuladen oder mit ihnen auf den christlichen Glauben zu sprechen zu kommen.

6. Dialogwilligen religionskritischen Atheist/innen nicht mit aggressiver, sondern liebevoller Apologetik begegnen, um ihnen somit die Möglichkeit zu geben, Denk- und Glaubenshindernisse zu beseitigen. Oft sind sie gar nicht, einseitig oder falsch informiert. Bei Ablehnung und Dialogunwilligkeit jedoch nicht aufdrängen.

7. Spirituellen Konfessionslosen zuhören und ihnen gemäß ihrer spirituellen Sehnsucht ein Angebot machen, um Gott zu erleben.

8. Innerhalb von Beziehungen auf christliche Medien und Websites (z. B. per WhatsApp) hinweisen, um so die Möglichkeit zu geben, sich unverbindlich zu informieren und diese somit gezielt als „Sinn-Agenturen" zu nutzen.

9. Das Gebet mutig als missionarische Möglichkeit nutzen, um für die Teens und ihre Probleme und Herausforderungen zu beten, damit das Potenzial des übernatürlichen Eingreifens Gottes als glaubensfördernde Maßnahme ermöglicht wird.

10. Nach Möglichkeiten Ausschau halten, die Bibel als lebensrelevantes Buch ohne Bindung an die Institution Kirche kennenzulernen.

Auf diese Weise wird hoffentlich der gesellschaftliche und historische Schutt und die Asche beseitigt, die über dem Feuer des Religiösen liegen, und eine Gottessehnsucht in den ostdeutschen Teens entzündet.

BUCHTIPPS

- Bertelsmann Stiftung (Hg.): Woran glaubt die Welt? Analysen und Kommentare zum Religionsmonitor 2008. Verlag Bertelsmann Stiftung 2009
- David Schott: Woran konfessionslose junge Erwachsene in Ostdeutschland glauben – Eine empirisch-theologische Untersuchung der Glaubensvorstellungen von konfessionslosen jungen Erwachsenen in Ostdeutschland und ihre missionarische Ansprechbarkeit, am Beispiel von Cottbus. MTh Dissertation. University of South Africa 2015
- Detlef Pollack, Olaf Müller: Die religiöse Entwicklung in Ostdeutschland nach 1989, in: Pickel, G. & Sammet K. (Hg.). Religion und Religiosität im vereinigten Deutschland – Zwanzig Jahre nach dem Umbruch. VS-Verlag 2011
- Michael Domsgen, Frank Lütze (Hg.): Religionserschließung im säkularen Kontext – Fragen, Impulse, Perspektiven. Evangelische Verlagsanstalt 2013
- Paul Zulehner. Gottessehnsucht – Spirituelle Suche in säkularer Kultur. Schwabenverlag 2010
- Sabine Schröder: Konfessionslose erreichen – Gemeindegründungen von freikirchlichen Initiativen seit der Wende 1989 in Ostdeutschland. Neukirchener Verlagsgesellschaft 2007
- Steve Addison: Bewegungen, die die Welt verändern. Movementverlag 2014
- Tobias Faix, Sarah Dochhan (Hg.): Spiritualität von Jugendlichen – Pilotstudie. empirica Forschungsinstitut für Jugendkultur & Religion 2012
- Ulrich Laepple, Volker Roschke (Hg.): Die sogenannten Konfessionslosen und die Mission der Kirche. Neukirchener Verlagsgesellschaft 2009

TEIL 3

Weitere Methoden und Bausteine für die Teenagerarbeit

Tobias Faix, Annkathrin Klüter, Phillip Angelina, Michael Baderschneider

1 Programmgestaltung

Wie kann ein Programm gestaltet werden?
Eine Session im Teenkreis „ergibt sich" nicht einfach (Ausnahmen bestätigen die Regel), sie muss geplant und organisiert sein. Nach welchen Regeln und Prinzipien?

Grob gerastert sollten in einer Sitzung/Stunde verschiedene Phasen erkennbar sein.

Aufwärmphase

Nach einer Aufwärmphase, in der die Teenies und Leiter/innen sich begrüßt haben, wichtigste News ausgetauscht haben (Wichtiges sollte vor dem Thema der Stunde behandelt sein, sonst blockiert es häufig den ganzen Ablauf und mancher wartet nur auf den Schluss des Abends, um endlich zum Wesentlichen zu kommen!), folgt eine Einstiegs- und Motivationsphase.

Einstiegsphase

Diese kurze Zeit (ca. 5–10 Minuten) ist extrem wichtig. Sie entscheidet über den Aufmerksamkeitsgrad der Teenies, beeinflusst das weitere Vorgehen und prägt die Atmosphäre der Stunde. Der Einstieg hängt vom Thema, den Zuhörern und den Leiter/innen ab. Sind die Teenies schon ganz „heiß" auf das Thema? Dann erübrigt sich ein spannender und Neugier erzeugender Sketch vielleicht ... Haben die Teilnehmer/innen Vorkenntnisse, bestimmte Erwartungen an den Abend? Dann böte sich ein Brainstorming an. Es gibt viele unterschiedliche Möglichkeiten, in ein Thema einzusteigen – und es ist besonders wichtig, sein persönliches Repertoire zu erweitern (Jeder hat seine Lieblingsmethode/n ...). Vom informierenden Einstieg (der nicht so spektakulär ist, dafür aber den Ablauf für die Teenies überschaubar und transparent macht) über Rollenspiele, Comics, Bild, Lied, Spiel, Quiz, Rätsel, Interview bis zum Kurzfilm ist alles möglich.

Erarbeitungsphase

Auch bei der eigentlichen Arbeit am Thema gibt es mehr als den Vortrag des/der Teenieleiter/in – wobei dieser seinen Platz und seine Berechtigung hat! Eine Andacht oder Bibelarbeit sollte 15 Minuten nicht überschreiten, anschaulich sein und für das Leben der Teenies von Bedeutung sein. Visuelle Hilfsmittel, z.B. in Form von Merkzetteln oder Plakaten, unterstützen das Gesagte.

Anstelle des Vortrags könnte auch eine Gruppenarbeit treten. Die Teenies bearbeiten unterschiedliche Abschnitte eines Bibeltexts oder denselben unter unterschiedlichen Gesichtspunkten. (Aufgabe der Leiter/innen ist es hier, das Material zur Verfügung zu stellen, evtl. in den Gruppen Hilfestellung zu bieten.)

Wichtig ist die anschließende Phase, in der die Gruppen wieder zusammenkommen. Diese Zeit muss gut geplant sein. Wie berichten die Gruppen von ihren Ergebnissen, ohne dass es langatmig wird? Eine Zusammenfassung auf Plakaten, durch Sketche oder ein abschließendes Quiz sind Möglichkeiten, das Erarbeitete zusammenzufassen.

Vertiefungsphase

In einer weiteren Phase geht es darum, das Gehörte/Erarbeitete zu vertiefen und zu festigen.

Es ist wichtig, dass die Teenies selbst aktiv werden, selbst Stellung nehmen können. Je aktiver sie daran beteiligt sind, desto intensiver ist meist ihre Auseinandersetzung mit dem Thema, sowohl an diesem Tag als auch in den darauf folgenden. In der Vertiefungsphase könnten die Teenies Collagen gestalten, Tagebuchausschnitte schreiben, Stichpunkte notieren, Dias gestalten, Bilder malen, eine Umfrage starten, sich Fragen überlegen, ein Hörspiel oder einen Sketch schreiben, ein Theaterstück einüben etc. Die Vertiefungsphase muss sich auch nicht nur auf einen Abend beschränken, es kann daraus auch ein Projekt entstehen, das sich über einen weiteren Abend oder mehrere Abende hinzieht. (Und bei vielen Inhalten ist es wünschenswert, dass sie sich durch das gesamte Leben der Teenies zieht!)

Phase des Singens und des Gebets

Je nach Zusammensetzung des Teenkreises kann dieser Teil länger oder kürzer gestaltet werden. Es bietet sich an, diesen Baustein vor der Einstiegsphase einzuplanen. Gemeinsames Singen schafft psychologisch gesehen einen gemeinsamen Fokus – geistlich gesehen richtet es den Blick auf Gott.

Das gemeinsame Singen kann aber zur Vertiefung der Bibelarbeit oder des Themas eingebaut werden oder nach der Vertiefungsphase als Ausklang des Abends.

Phase des gemeinsamen Essens

Gemeinsam Essen spielt in der Bibel sowohl im Alten als auch im Neuen Testament eine große Rolle.

Die einzelnen Phasen müssen nicht genauso in jeder Stunde/Sitzung vorhanden sein. Wichtig ist, dass Phasen aufeinander abgestimmt sind und in der Stunde verschiedene (kürzere!) Elemente vorhanden sind (Ruhe- und Aktionsphasen sollen sich abwechseln, Konzentration und Entspannung müssen eingeplant werden.

2 Arbeit mit einem Text

Ein wichtiger Punkt innerhalb einer Teenagerarbeit ist es, dass die Teens lernen, sich selbstständig mit einem Bibeltext auseinanderzusetzen. Dabei brauchen sie aber die Hilfe der Mitarbeiter/innen und eine gute Anleitung. Kreative Elemente und viel Abwechslung motivieren die Teenies, selbstständig mit einem Bibeltext zu arbeiten und sich der Frage zu stellen, was dieser Text ihnen heute zu sagen hat.

INTERVIEW

Art: Einstieg/Vertiefung

Material: Handy

Prinzip: Die Teenies haben die Aufgabe, entweder sich gegenseitig zu einem Text/Thema interviewen oder aber zu Expert/innen (Pfarrer/in/Pastor/in, Lehrer/in etc.) zu gehen und dort ein Interview zu machen. Zuvor sollen sie sich Fragen aufschreiben.

RÄTSEL

Art: Einstieg

Material: Papier, Stifte

Prinzip: Es werden zwei Gruppen gebildet, die sich zu einem bestimmten Text ein Rätsel (Kreuzworträtsel, Bilderrätsel etc.) ausdenken müssen. Die andere Gruppe muss dieses dann erraten.

SORTIEREN/AUSWÄHLEN/ENTSCHEIDEN

Art: Einstieg

Material: beschriebene Karteikarten; Bilder etc.

Prinzip: Ein/e Mitarbeiter/in hat auf Karteikarten verschiedene Begriffe geschrieben oder/und verschiedene Bilder auf einem Tisch

vorbereitet. Jetzt kommen die Teenies dazu und sollen sagen, welche Begriffe/Bilder zusammenpassen und warum sie das denken. Zum Schluss zeigt der/die Mitarbeiter/in seine Variante auf und steigt damit ins Thema ein.

ASSOZIATIONSKETTE

ART: Annäherung/Einstieg (spontan: Es findet eine Annäherung an die Thematik statt)

MATERIAL: Zettel, Stifte

PRINZIP: Das Thema wird mit einem Schlagwort vorgestellt. Zu diesem Schlagwort sollen die Teenies auf Zetteln notieren, was ihnen dazu einfällt. Die Begriffe werden nachher sortiert und gesammelt.

DAFÜR UND DAGEGEN

ART: Einstieg/Vertiefung (Etwas fürs Hirn: argumentative Auseinandersetzung mit dem Thema)

MATERIAL: Kein Material notwendig

PRINZIP: Eine thematische Schlüsselsituation wird gegensätzlich von zwei Teenies diskutiert. Zur Vorbereitung der Argumentation kann in Kleingruppen gearbeitet werden. Möglicherweise wird eine neutrale Jury gebildet, die im Nachhinein über den Verlauf urteilt.

BEISPIELE

ARBEITSAUFTRAG: Begründet/kritisiert die Entscheidung des Hirten aus der Geschichte mit den 100 Schafen, alle Schafe alleine zu lassen und das eine suchen.

ARBEITSAUFTRAG: Begründet/kritisiert die Entscheidung des „verlorenen Sohns", mit dem Erbe des Vaters in die Welt zu ziehen.

BESCHWERDEBRIEF

ART: Einstieg/Vertiefung (Nicht ganz ohne: Mit diesem Beschwerdebrief sollen Teenies zu einer eigenständigen Auseinandersetzung mit dem Text motiviert werden)

PRINZIP: Zur Verwendung kommen Texte, die mit einer provozierenden Aussage versehen sind oder gefüllt werden können. Die Teenies werden aufgefordert, die Position einer beteiligten Person einzunehmen und einen Beschwerdebrief zu formulieren. Die Briefe werden hinterher vorgetragen.

BEISPIELE

ARBEITSAUFTRAG: Beschwer dich bei Gott darüber; dass er dir solche Eltern gegeben hat!
Beschwer dich als Petrus' Frau darüber; dass Jesus Petrus so. einfach mitnimmt

VARIATIONEN: *Brief an Dr. Sommer*
Das Thema wird problematisiert und in Form eines hilfesuchenden Briefes an die Teenies geschickt. Die Teenies nehmen die Position von Dr. Sommer ein und müssen antworten. Die Antworten werden vorgelesen.

Bittbrief
Schreibt einen Bittbrief an Gott, in dem ihr um Erfüllung eures wichtigsten Wunsches bittet!

Danksagung
Schreibt einen Dankbrief, in dem ihr euch bei Gott für eure Eltern bedankt!

Antrag
Stellt einen Antrag auf Aufnahme in den Himmel und begründet ihn!

Anklage
Schreibt eine Anklage gegen die Brüder von Josef!

BRAINSTORMING

ART: Annäherung/Einstieg (aus dem Stand: Durch das Brainstorming sollen die Teenies mit dem Thema vertraut gemacht werden)

MATERIAL: Plakatkarton, Stifte

PRINZIP: Ein thematisches Schlagwort, ein Wort/Satz, das den Kern des Themas wiedergibt, wird in die Mitte des Plakatkartons geschrieben. Die Teenies sollen unkommentiert dazuschreiben, was ihnen einfällt.
Auf das Brainstorming kann bei der Weiterarbeit Bezug genommen werden.

VARIATION: *Stilles Gespräch*

Auf dem Plakatkarton findet ein geschriebenes Gespräch unter den Teenies statt. Zu dem stillen Gespräch kann verbal Stellung genommen werden.

RUNDHERUM-GESPRÄCH

ART: Einstieg/Vertiefung: (Vielfältig: Fragen zum Thema werden geäußert und von jedem Teenie beantwortet.)

MATERIAL: Zettel, Stifte

PRINZIP: Die Teenies schreiben eine Frage zum vorgestellten Thema auf ein Blatt (gemeinsam erarbeiten). Die Blätter werden zum rechten Nebenmann weitergegeben, der die Frage zu beantworten versucht. Nach einer Weile werden die Blätter wieder rechts weitergereicht. Die Antwort des/der vorangegangenen Schreiber/in kann kommentiert, erweitert oder kritisiert werden. Der/die Fragesteller/in erhält seine Frage mehrfach beantwortet und kommentiert zurück.
Über die Fragen und Antworten wird gesprochen.

ALTERNATIVTEXT

ART: Einstieg/Vertiefung (Standortwechsel: Mit dem Erstellen einer Textvariation soll der Zugang zum Text erleichtert werden.)

MATERIAL: Zettel, Stifte

PRINZIP: Der Originaltext soll in eine aktuelle Version oder für eine bestimmte Zielgruppe umformuliert werden.

BEISPIEL ARBEITSAUFTRAG: Schreibe Ps 1 in die heutige Sprache um.

VARIATIONEN: *Textfälschung*

Die Teenies lesen den Originaltext. Danach erhalten sie einen verfälschten Text und müssen diesen aus der Erinnerung an den Originaltext berichtigen.

Text-Tuning

Fasst die Hauptaussagen in Versform zusammen.

Anti-Text

Die Teenies bekommen einen Text, der die konsequente Umkehr der Aussage darstellt, die in der Thematik enthalten ist.

Im Gespräch wird die Logik der Geschichte herausgearbeitet und dann mit dem originalen Text konfrontiert. Oft wird deutlich, dass Gottes Handeln unsere Logik sprengt.

BEISPIEL

Mt 18, 12ff. wird so erzählt, dass der Mann sich um seine 99 Schafe kümmert und dem einen verlorenen nicht nachgeht.

Negierung
Kehrt den Text in den grundsätzlichen Aussagen konsequent ins Gegenteil um.

DREHBUCH

ART: Vertiefung (Anspruchsvoll: Über die Erstellung eines Drehbuches soll der Text vertiefend behandelt werden.)

MATERIAL: Zettel, Stifte

PRINZIP: Der Text wird unter der Frage erarbeitet, wie die Geschichte in Szene gesetzt werden könnte. Dabei werden viele Kleinigkeiten entdeckt, die sonst übersehen werden. Bei ausreichender Zeit kann das Drehbuch geschrieben und umgesetzt werden.

FLUGBLATT

ART: Einstieg/Vertiefung (Informativ: Die Thematik wird zum Flugblatt umgearbeitet.)

MATERIAL: Zettel, Stifte

PRINZIP: Für eine Flugblattaktion soll eine Vorlage zum Thema erarbeitet werden. Eine gemeinsame Auseinandersetzung mit dem Text und die Erarbeitung von Thesen/Aussagen sind notwendig.

ERPRESSERBRIEF

ART: Einstieg/Vertiefung (Auseinandersetzung mit dem Text über die Erstellung eines Briefes)

MATERIAL: Papier, Zeitungen und Zeitschriften, Scheren, Kleber

PRINZIP: Aus dem Textzusammenhang wird eine (fiktive) Situation geschildert, in der ein Erpresserbrief möglich wäre. Die Teenies schneiden aus Zeitungen und Zeitschriften Buchstaben, Wörter und Sätze aus und kleben sie zu einem Erpresserbrief zusammen.

BEISPIEL ARBEITSAUFTRAG: Schreibt einen Erpresserbrief an den Pharao, in dem ihr ihn unter Androhung von furchtbaren Plagen auffordert, die Israeliten ziehen zu lassen.

INFO-PLAKAT

ART: Vertiefung (Informativ: Die Thematik wird zur Information anderer aufbereitet.)

MATERIAL: Zettel, Stifte

PRINZIP: Für eine Info-Messe soll zu dem Thema ein Informationsstand vorbereitet werden. Die Teenies sollen Plakate entwerfen, die zur textlichen Aussage informieren. Die Aussagen und die Umsetzung werden gemeinsam erarbeitet. Im Anschluss wird über die Plakate gesprochen.

GALERIE

ART: Einstieg/Vertiefung

VARIANTE 1 Für die Teenies wird eine Galerie mit Bildern und Texten zum Thema vorbereitet.

VARIANTE 2 Die Teenies erstellen eine Galerie mit Texten und Bildern (vorhanden oder selbst entwickelt) zum Thema.

MATERIAL: Plakatkarton, Scheren, Kleber, Stifte, Bilder und Texte zum Thema

VARIANTE 1 Aus Texten und Bildern, die auf Plakatkarton geklebt werden, wird eine Galerie für die Teenies vorbereitet. Die Teenies begehen die Galerie und setzen sich mit den Exponaten auseinander. Jeder nimmt das Exponat mit, das ihn am meisten anspricht. Über die gewählten Stücke wird gesprochen.

VARIANTE 2 Die Teenies stellen (mit Unterstützung) aus vorgegebenen oder selbst erstellten Texten und Bildern eine Galerie zusammen. Über die Bilder und Texte wird gesprochen.

VARIATION: *Meditation*

Aus Bildern, Texten und Musik wird für die Teenies (von den Teenies) eine Meditation vorbereitet.

ZEITUNG

ART: Vertiefung (in der Redaktionswerkstatt: Mit dem Erstellen einer Zeitung soll das Thema umgesetzt werden.)

MATERIAL: Zettel, Stifte, Plakate

PRINZIP: Zum Thema soll eine Zeitung erstellt werden. Diese Zeitung besteht aus verschiedenen Bestandteilen, die auch einzeln zur Umsetzung des Themas geeignet sind.

ELEMENTE:

Werbung
Verschiedene Aspekte des Themas sollen in Werbeaussagen umgesetzt werden.

Reportage
Zum Thema soll ein Artikel verfasst werden.

Interview
Zum Thema soll ein fiktives oder reales Interview geschrieben werden.

Meldungen des Tages
Verschiedene Aspekte des Themas werden in Tagesmeldungen formuliert. Die Zeitung wird gemeinsam begutachtet.

Die einzelnen Elemente der Zeitung werden mit den Teenies besprochen und gemeinsam umgesetzt. Jeder bekommt ein fertiges Exemplar als Kopie mit nach Hause.

VARIATIONEN: Alle Umsetzungselemente können auch als eigenständige Gestaltungselemente verwendet werden.

Wandzeitung
Alles ein bisschen größer

ZEITSCHRIFT

ART: Vertiefung (Bild dir deine Meinung: Durch das Erstellen einer Klatschzeitschrift findet eine Auseinandersetzung mit dem Thema statt.)

MATERIAL: Papier, Pappe, Scheren, Kleber, Stifte, Sofortbildkamera

PRINZIP:	Die Teenies sollen eine Klatschzeitschrift zum Thema erstellen. Dabei kann mit Elementen der „Zeitung" gearbeitet werden – zusätzlich können Fotogeschichten entwickelt werden.

BEISPIEL

BIBEL IM BILD: Josef – der Mann mit den Träumen

Ein Lebensbild – Erkenntnisse aus der dunklen Tiefe – Wir sprechen mit den Brüdern – Potifars Frau: Auf diesen Mann fahr ich voll ab – Aus dem Knast an die Seite des Pharaos – ein Aufstieg nach Maß – Bitte melde dich – 12 Brüder nach langer Zeit wieder vereint – etc.

WERBUNG

ALTER:	ab 8 Jahren (mit Unterstützung)
ART:	Einstieg/Vertiefung (Sehr ergiebig und fettlösend: Zu einem Thema soll Werbung gemacht werden.)
MATERIAL:	Zeitschriften, Plakatkarton, Schere, Kleber, Stifte
PRINZIP:	Die Teenies sollen zu einem Thema (oder einem Teil des Themas) Werbung entwickeln. Dazu soll ein Werbeplakat erstellt werden, das die wichtigsten Aussagen des Themas schlagwortartig in Bild und Text darstellt. Die Ergebnisse werden anschließend vorgestellt.
VARIATIONEN:	*Werbespots* Zum Thema werden kurze Werbeszenen entwickelt und vorgespielt. *Werbefilm* Kurze Werbeszenen werden auf Video aufgenommen und vorgestellt.

NACHRICHTENSENDUNG

ART:	Vertiefung (Es ist 20.00 Uhr: Die Teenies werden an die verschiedenen Aspekte eines Textes herangeführt.)
MATERIAL:	Papier, Stifte
PRINZIP:	Zum Thema soll von den Teenies in Kleingruppenarbeit eine Nachrichtensendung gestaltet werden. Die Beiträge werden gemeinsam vorbereitet und zu einer Sendung zusammengestellt.

Über den Inhalt der Beiträge kann gesprochen werden.

ELEMENTE:

Berichte
Ein beschreibender Bericht zum Thema wird verfasst und vorgelesen.

Interviews
Es wird mit Betroffenen gesprochen.

Liveschaltungen
Korrespondenten berichten live vor Ort.

Sport
Eine kurze Berichterstattung von einem bedeutsamen Sportevent (Wettfischen am See Genezareth, 5 km Berglauf am Karmel etc.) lockern die Nachrichten auf.

Aus aller Welt
Was sonst noch an einem anderen Ort passierte (zu einer ganz anderen Zeit?)

Der Kommentar
Sinnhaftes zum Thema – vorgetragen aus dem Studio

Wetter
Obligatorisch am Ende der Nachrichten, auch wenn es nichts mit dem Thema tun hat

Expertenbefragung
Dr. Sowieso wird per Live-Schaltung befragt.

Studiogast
Überraschenderweise gerade im Studio eingetroffen

VARIATIONEN:

Politmagazin
Mehrere Vertreter verschiedener Parteien oder Organisationen bestreiten argumentativ eine Sendung.

Satire-Show
Verschiedene lustige oder pseudo-lustige Elemente werden zusammengestellt.

TALK-SHOW

ART: Vertiefung (Meiser und Kollegen/innen: Das Thema wird im Rahmen einer Talk-Show aus verschiedenen Richtungen aufgegriffen und betrachtet.)

MATERIAL: Blätter, Stifte, Vorgaben für Rollen, Perspektiven oder Meinungen

PRINZIP: Zu einem Thema wird eine Talk-Show angekündigt. Die Teenies werden zu Gästen der Talk-Show und sind auf verschiedene Weisen mit dem Thema verknüpft. Es wird Zeit gegeben, um sich in den Rollen zurechtzufinden oder diese selbst zu entwerfen. Der Talkmaster ruft nun nacheinander die „Gäste" in den Bühnenraum und führt Interviews im Böhmermann-Stil.

BEISPIEL Petrus geht auf dem Wasser

Jünger aus dem Boot	– schildern als Beteiligte
Geisterexperte	– Geister gibt es nicht
Geist (Jesus)	– Warum ich auf dem See war und was dann passierte.
Petrus	– Ich ging auf dem Wasser, jedenfalls bis ich unterging.

VARIATIONEN:

Explosiv

Grell aufgemachtes Themenmagazin: Schattenwand-Interviews, Gegner streiten im Studio (und versöhnen sich tränenreich), Publikum wird befragt und miteinbezogen

Der heiße Stuhl

Einer vertritt eine provozierende Meinung zum Thema und wird von mehreren Meinungsgegnern „auseinandergenommen" (Rollenbeschreibungen mit Meinungs- und Einstellungsvorgaben vorbereiten und austeilen).

MARKTSCHREIER

ART: Einstieg/Vertiefung (laut: Die Vorzüge eines Themas sollen entdeckt und vorgestellt werden.)

MATERIAL: Papier, Stifte, Marktbude

PRINZIP: Ein Thema soll, wie auf einem Marktplatz das Obst, mit seinen Vorzügen angepriesen und verkauft werden.

BEISPIEL ARBEITSAUFTRAG: Preist den Himmel als Ort an, in den man unbedingt kommen muss.

PARLAMENTSDEBATTE

ART: Vertiefung (Etwas fürs Hirn: Die Teenies werden zu einer differenzierten Auseinandersetzung mit dem Text motiviert.)

PRINZIP: Die Textaussage wird zu einer Pro-und-Contra-Aussage umgestaltet. Die Teenies vertreten in einer nachgestellten Debatte in einem Parlament das Für und Wider der entsprechenden Position (Vorbereitung in Kleingruppen). Über den Verlauf der Debatte kann man sich anschließend austauschen.

WAHLKAMPF

ART: Vertiefung (reicht für einen ganzen Tag: Die Thematik wird als „Parteiprogramm" aufbereitet und wahlkampfmäßig weitergegeben.)

MATERIAL: Tapete, Plakatkarton, Stifte, Papier, Scheren, Kleber

PRINZIP: Aus dem Textzusammenhang werden verschiedene Positionen formuliert (mindestens zwei). Die jeweilige Position wird von einer Kleingruppe für einen Wahlkampf aufbereitet.

ELEMENTE

Wahlkampfplakat

Die Gruppen erarbeiten ein Wahlkampfplakat und stellen es vor.

Rede an das Volk

Die Gruppen schreiben eine kurze Rede an das Volk und tragen sie vor.

Parteiprogramm

Die Gruppen formulieren ein kurzes Parteiprogramm und präsentieren es dem staunenden Volk.

Eigene Notizen

3 Kreative Gestaltung

In diesem Punkt geht es darum, dass die verschiedenen kreativen Begabungen der Teens gefördert und entdeckt werden. Aber auch um die spielerische und kreative Motivation oder Vertiefung biblischer Geschichten oder theologischer Wahrheiten.

AKTIVIERUNG

ART:	Einstieg/Vertiefung (Kreativ: Die Teenies werden angeregt, eigene Fantasie zum Thema zu entwickeln und kreativ umzusetzen.)
MATERIAL:	Variiert je nach Thema – die Teenies wählen frei. Dosen, Schachteln, Papier, Zeitung, Klebstoff, Schere, Maschendraht, Kleister, Wäscheklammern, Werkzeug, Holz, Schrott, Tapetenreste, Farben, Pinsel etc.
PRINZIP:	Ein Thema wird vorgegeben. Material ist vielfältig und ausreichend vorhanden. Die Teenies setzen das Thema mit dem Material kreativ und gestalterisch um. Es gibt keine Vorschriften und keine Reglementierung im Umgang mit dem Material.

GROSSCOLLAGEN

ART:	Einstieg/Vertiefung
MATERIAL:	Zeitung, Tapete, Scheren, Stifte, Kleber, Plakatkarton in unterschiedlichen Farben
PRINZIP:	Eine Szene oder eine Situation wird aus der Thematik der Stunde oder entsprechendem Text herausgegriffen. Als Unterlage werden mehrere Tapeten so aneinandergeklebt, dass eine Arbeitsfläche von ca. 2 x 3 Metern entsteht. Aus den Pappen und Zeitungen werden nun die szenischen Elemente ausgeschnitten. Personen können in der entsprechenden Position

oder Körperhaltung in Umrissen auf Tapete gemalt und ausgeschnitten werden; Bäume werden dreidimensional aus Zeitungsrollen gefertigt; Tiere und Gebäude können ebenfalls aus Zeitungspapierrollen dreidimensional gefertigt aus Tapetenbahnen ausgeschnitten werden. Das gesamte Bild kann bunt werden oder mit Sprayfarbe eingesprüht werden.

VARIATION: *Fingerfarbenbild*
Mit Fingerfarben lässt sich auf demselben Untergrund ebenfalls großflächig arbeiten.

BILDCOLLAGE

ART: Einstieg/Vertiefung (uralt und immer noch gut: Zu einem vorgegebenen Thema soll mit Material aus Zeitschriften ein Plakatkarton zur Bildcollage gestaltet werden.)

MATERIAL: Illustrierte, Zeitschriften, Plakatkarton, Scheren, Klebstoff

PRINZIP: Die Kids sollen zu einem Thema aus Illustrierten, Zeitschriften oder Zeitungen Bilder, Texte und Überschriften herausschneiden und damit ein Plakat als „thematische Komposition" gestalten. Über die erstellten Collagen kann gesprochen werden. Natürlich werden die Collagen aufgehängt.

GRAFFITI

Mit Sprühfarbe wird ein Großbild erstellt (draußen arbeiten).

IDEE: Dieses Großbild lässt sich auch über Wochen hinweg als Zuwachsbild von Stunde zu Stunde weiter gestalten (zum Einstieg, bis alle da sind).

Tipp: Bitte Experten/innen zum Sprayen einladen.

SKULPTUREN AUS PAPIERSTREIFEN

ART: Einstieg/Vertiefung (knifflig: Aus Papierstreifen wird eine Skulptur oder ein Bild zum Thema erstellt.)

MATERIAL: Papier, Plakatkarton, Schere, Kleber, Wasserfarbe, evtl. Hasendraht, Zangen, Handschuhe

PRINZIP: Aus dem Papier schneiden die Teenies lange, schmale Streifen aus und kleben einige aneinander (und aufeinander der Stabilität

halber). Sind die Streifen getrocknet, kann auf einer Pappunterlage eine Skulptur oder ein Bild gefertigt werden. Die Streifen lassen sich knicken, biegen, drehen und verwursteln. An den Anfangs- und Endpunkten werden die Streifen angeklebt. Wer etwas professioneller arbeiten möchte oder größere Skulpturen formen (z. B. das goldne Kalb in Originalgröße!) kann mit Hasendraht eine Skulptur vorbiegen und sie dann mit Zeitungspapier und Kleister bekleben. Es empfiehlt sich, beim Biegen des Drahtes mit Handschuhen zu arbeiten, da die geschnittenen Drahtenden sehr scharf sind. Die Skulpturen können später auch angesprüht werden (im Freien).

VARIATIONEN: *Skulpturen aus:*
Holzresten
Stäben und Stöcken
Naturmaterialien (selbst gesammelt)
Krimskrams
Maschendraht
Aluminiumblech
Schachteln und Dosen
Kartons (in verschiedenen Größen)

MODELLIEREN

ART: Einstieg/Kreativ

MATERIAL: Ton, Wasser, Draht, Plastikfolie, evtl. Töpferscheibe

PRINZIP: Es empfiehlt sich, die Tische mit einer großen Plastikfolie abzudecken (billig in jedem Baumarkt). Jeder Teenager bekommt einen Klumpen Ton, lässt sich mit einem Draht sehr gut schneiden. Jetzt soll jeder zu einem Thema eine bestimmte Skulptur modellieren. Nach dem Trocknen wird der Ton gebrannt und glasiert. (Viele Schulen oder VHS haben einen Brennofen, in dem man billig brennen darf.)

VARIATION: *Salzteig*
Rezept: 4 Tassen Mehl und 1 Tasse Salz werden mit 1,5 Tassen lauwarmem Wasser verknetet.

ZEITSCHRIFTEN-BILD

ART: Einstieg/Vertiefung (Kreativ bis witzig: Aus (umgedeuteten) Bildern und Elementen aus Zeitschriften wird ein Bild zum Thema gestaltet.)

MATERIAL: Zeitschriften, Scheren, Kleber, Stifte, Pappkarton

PRINZIP: Die Teenies schneiden aus den Zeitschriften Muster, Formen oder Teile aus, die sie in einem Bild zum Thema oder zur Geschichte verarbeiten können. Dabei sollen die Vorlagen im Bild umgedeutet werden: aus einem Apfel wird ein Kopf, aus einem Autoreifen ein Bauch. Die ausgeschnittenen Vorlagen werden nun zu einem Bild zusammengelegt und aufgeklebt. Mit den Stiften kann noch ergänzend gemalt werden.

BILDER-FOLGE

ART: Einstieg/Vertiefung (klappt immer: Die Teenies malen Einzelbilder zur Geschichte, die dann zur Folgegeschichte aneinandergehängt werden.)

MATERIAL: Papier, Malstifte, Rundstäbe oder Karton, Tacker

PRINZIP: Jeder Teenie malt zu einer Szene der Geschichte oder zu einem Aspekt des Themas ein Bild. Dazu muss das Thema nicht vorher vermittelt oder die Geschichte erzählt werden. Es genügt, den Kindern jeweils die einzelne Szene zu beschreiben. Die fertigen Bilder werden in der Reihenfolge aneinandergetackert oder geklebt. An den Seiten werden die Rundstäbe angebracht, sodass die Bilder nacheinander abgerollt werden können.

VARIATION: *Fernsehen*
Aus dem Karton wird ein Fernseher gebaut, durch den die Bilder durchgezogen werden können. Während die Bilder durch den Fernseher gezogen werden, beschreiben die Kids ihr eigenes Werk.

EIGENBAU-COMIC

ART: Einstieg/Vertiefung (ungewöhnlich: Die Teenies erstellen aus alten Vorlagen einen neuen Comic und gestalten diesen zum vorgegebenen Thema.)

MATERIAL: Plakatkarton, Comics, Klebstoff, Filzschreiber, Scheren, Stifte

PRINZIP: Aus mitgebrachten Comics werden Figuren in den verschiedensten Variationen ausgeschnitten und zum Thema in Szene gesetzt. Die Figuren werden zu Personen der Geschichte. Zu den Szenen werden Sprechblasen gemalt und gefüllt.
Über den Comic wird gesprochen.

VARIATION: *Zeitschriften-Story*
Aus mitgebrachten Zeitschriften werden Personen in den verschiedensten Variationen ausgeschnitten und zum Thema in Szene gesetzt.

Eigene Notizen

4 Spielerische Einführung/Vertiefung

Hier soll es nicht in erster Linie um profesionelle und schon fertig geschriebene Anspiele gehen, sondern um spontane Anspiele, die die Teenager als Einstieg oder Vertiefung selbst schreiben, einüben und spielen. Dabei kommt es nicht darauf an, ob jeder den Text kann oder ob jede Szene dramaturgisch einwandfrei sitzt. Nein, es geht darum, dass die Teenies den Transfer vom Text oder Thema in ihre (oder die geforderte) Situation leisten. Es kommt auf die Eigenleistung der Teenager an, alles andere ist nebensächlich.

ANSPIEL

ART: Einstieg/Vertiefung

MATERIAL: keines, bei öfterem Einsatz von Anspielen lohnt sich das Anschaffen und Sammeln eines „Requisitenkoffers", in dem man unterschiedliche Klamotten, Hüte, Brillen etc. aufbewahrt.

PRINZIP: Ein ganz normales Anspiel zu einem Thema oder einem Bibeltext. Der Bibeltext kann orginal nachgespielt werden.

VARIANTEN: Bibeltext in die heutige Zeit übertragen

SKETCH

ART: Einstieg

MATERIAL: keines

PRINZIP: Eine Situation zu einem Thema soll kurz, prägnant, überzogen und witzig dargestellt werden.

MATERIAL

Fabian Vogt: So ein Theater – Eine Einführung in die Kunst, bewegend(e) Geschichten zu erzählen. Projektion J 1997

PANTOMIME

ART: Einstieg/Vertiefung

MATERIAL: Pantomimenschminke, schwarze Kleider, weiße Handschuhe (für Pantomime braucht man eine gewisse Übung)

PRINZIP: Eine Aussage/Text/Thema wird ohne Worte, dafür ausdrucksstark vorgespielt.

DRAMA

ART: Vertiefung

MATERIAL: siehe Anspiel

PRINZIP: Es wird ein längeres Stück in mehreren Akten geschrieben, das traurig endet (muss nicht unbedingt sein).

SCHATTENSPIEL

ART: Einstieg/Vertiefung

MATERIAL: weißes Leintuch, Diaprojektor oder Tageslichtprojektor

PRINZIP: Das Leintuch wird aufgespannt und von hinten beleuchtet, gleichzeitig wird hinter dem Tuch die Geschichte gespielt. Dabei ist es wichtig, die Vorteile des Schattenspiel zu nutzen, besonders die Übertreibung, da dem/der Zuschauer/in vorne die Dreidimensionalität fehlt.

Eigene Notizen

5 Praktisches (Basteln, Werken etc.)

Es ist auch wichtig, Teens zu involvieren oder mit ihnen gemeinsame praktische Aktionen zu machen, die keinen direkten inhaltlichen Bezug haben.

PARTYKUGEL

Diese glitzernde Partykugel bringt sogar den größten Partymuffel in Stimmung. Wird sie frei schwebend aufgehängt und mit LEDs angestrahlt, sendet sie ihre Reflexe bis in den hintersten Winkel der Partyhöhle. Diese Partylampe besteht aus insgesamt 42 Pappstücken, die miteinander verklebt werden müssen: 30 Quadrate (in unserem Beispiel mit 9 cm Kantenlänge) und 12 Rechtecke (mit 13 cm Länge, die der Diagonalen der Quadrate entspricht, und 9 cm Breite).

MATERIAL:

- 2 Bogen feste Graupappe (oder Strohpappe)
- Klebstoff
- Farbe
- Aluminiumfolie

HERSTELLUNG:

1. 30 gleiche Quadrate und 12 Rechtecke aus Pappe ausschneiden.
2. Zu Würfeln zusammenkleben, nach einer Seite offen lassen.
3. Die Würfel aneinanderkleben. Dann die Rechtecke um die Form verteilen. Zum Schluss die Kugel mit gefalteter Aluminiumfolie verkleiden.

KERZENSTÄNDER

Haushaltsgegenstände wie Schüsseln, Töpfe, Kuchenformen, aber auch Becher oder PVC-Schalen aus der Gefriertruhe stellen gute Grundformen für Objekte aus Pappmaschee dar.

Dem fertigen Gegenstand sieht man nach der endgültigen Verarbeitung, also nach dem Bemalen und Lackieren, meist nicht mehr an, welches die Grundform war. Für die beiden Kerzenständer haben wir ein Kuchenblech und eine Kartoffelquetsche genommen ... alles billig auf dem Flohmarkt erworben.

MATERIAL:

- 1 Toilettenpapierrolle,
- Küchenrolle,
- 2 Stück Pappe und
- 1 Kuchenform bilden das Grundgerüst.

HERSTELLUNG:

1. Die Formen gleichmäßig mit Kleisterpapier bekleben. Sobald das Papier trocken ist, den Kerzenständer von der Kuchenform lösen und auch die Hohlform mit Kleisterpapier füllen.
2. Vor dem Bemalen die Rohform mit Dispersionsfarbe bestreichen.

LITFASSSÄULE

1. Als Erstes aus Hartfaserholzplatten fünf Kreise ausschneiden:
   - 3 runde ca. 2 cm dicke Holzplatten mit ca. 70 cm ø (für die Innenkonstruktion).
   - 2 runde, ca. 4–5 cm dicke Holzplatten mit ca. 80 cm ø (als Boden- und Abdeckplatte).

2. Dann einige Dachlatten nehmen (unbedingt darauf achten, dass diese nicht in sich verzogen sind) und sie in relativ kleinem Abstand auf die drei kleineren, runden Holzplatten aufschrauben, sodass auf beiden Seiten jeweils eine Platte den Abschluss bildet und eine Platte in der Mitte den entstehenden Zylinder stabilisiert.

WICHTIG:

1. Zwecks der später auftretenden Spannungen unbedingt die Latten mit speziellen Schrauben befestigen und nicht nur nageln!

2. Waagrecht und im Team arbeitet es sich leichter ...

3. Zu guter Letzt der Höhepunkt: Nach dem Zuschneiden der „Pressholzpappe" auf die richtige Größe (ein Richtwert für die Breite ist: 2 x 3,14 x [1/2 x Ø der kleinen Platte + Lattendicke] Die endgültige Breite unbedingt mit einem Maßband abmessen, nachdem alle Latten aufgeschraubt sind!) diese Platte nass machen, sodass sie sich besser biegen und dann mit einigen Pfund Schrauben auf den Dachlatten befestigen lässt. Anschließend noch die Boden- und Abdeckplatte befestigen, und fertig ist die perfekte Litfasssäule!

SKATERRAMPE

1. 2 cm dicke Sperrholzplatten für die Plattform und die Seitenverkleidung zuschneiden.

2. 4 x 9 cm Vierkanthölzer zuschneiden und damit die Grundrahmen zusammenbauen. Aus Stabilitätsgründen unbedingt die Hölzer verschrauben und nicht nur nageln!

3. Abschließend wird die eigentliche Rampe aus zwei übereinanderliegenden 1 cm dicken Holzplatten hergestellt. Erkundige dich im Holzfachmarkt nach Holz, das stabil, einigermaßen wetterbeständig und biegsam ist. Außerdem sollte die Oberfläche besonders glatt sein.

WICHTIG: Die Befestigungsschrauben müssen unbedingt aus Sicherheitsgründen im Holz versenkt sowie die Kanten abgerundet werden!!!

ROSENSHAMPOO

ZUTATEN:

- 1 Handvoll getrocknete Rosenblütenblätter
- ¾ l destilliertes Wasser
- 50 g weiße Schmierseife (Silberseife)
- 10 g Pottasche
- 50 g 70-prozentiger Alkohol
- 2 Kaffeelöffel synthetisches Rosenöl

ZUBEREITUNG:

Getrocknete Rosenblütenblätter bekommt man in Kräuterhandlungen zu kaufen, frische Rosenblätter lässt man einige Tage ausgebreitet an einem schattigen Platz trocknen, bevor man sie weiterverwendet. Man bringt das destillierte Wasser zum Kochen und übergießt mit einem Viertelliter davon die Rosenblätter, die man in eine kleine Porzellanschüssel gelegt hat. Bedecken und drei Stunden lang ziehen lassen. Danach wird das Rosenwasser durch ein feinmaschiges Küchensieb abgeseiht und die Blätter gut ausgedrückt. Im restlichen halben Liter kochenden Wasser löst man zuerst die Schmierseife, gibt die Pottasche dazu und lässt alles 30 Minuten kochen. Vom Feuer nehmen, abkühlen lassen und das Rosenwasser zufügen. Das Rosenöl im Alkohol lösen und untermischen. In eine formschöne Flasche abfüllen und einmal durchschütteln.

ANWENDUNG UND WIRKUNG:

Vom lieblichen Rosenduft im Haar schwärmten früher die jungen Mädchen, und ich glaube, daran hat sich bis heute nichts geändert, wenn der Duft so angenehm ist wie der dieses schönen Rosenshampoos.

ROSENLOTION

ZUTATEN:

- 1 Handvoll getrocknete Rosenblütenblätter
- ¼ l naturreiner Weißwein
- Messerspitze Alaunpulver

ZUBEREITUNG:

Getrocknete Rosenblütenblätter bekommt man in Kräuterhandlungen zu kaufen; frisch gezupfte Rosenblätter, die nicht gespritzt sein dürfen, lässt man ausgebreitet ein paar Tage im Schatten trocknen, bevor man sie weiterverwendet. Den Weißwein ganz leicht erwärmen, die Rosenblätter hinzufügen und den bedeckten Topf für 10 Minuten auf dem Herd warmhalten, wobei aber die Flüssigkeit nicht zum Sieden kommen darf. Alles in eine Prozellanschüssel umfüllen und über Nacht durchziehen lassen. Dann die Flüssigkeit abseihen und hierbei die Rosenblätter ausdrücken. Die Flüssigkeit durch ein Kaffeefilterpapier klarfiltern. Einen guten Esslöffel der Flüssigkeit erhitzen und das Alaunpulver darin lösen. Alles vermischen, in eine dunkle Flasche abfüllen und kräftig durchschütteln.

Wirkung:

Die Lotion wirkt besonders erfrischend, sie reinigt, klärt und kräftigt die Haut, schließt die Poren und wirkt desinfizierend.

Eigene Notizen

6 Arbeit mit Medien

Gerade für den Bereich der Medien sind Teenager schnell zu begeistern. In diesem Gebiet haben sie Vorteile gegenüber der älteren Generation und fühlen sich sicher. Sie gehen mit Computer, Internet und Software oftmals spielend um. Viele Teenies haben ihren eigenen Computer zu Hause oder dürfen den ihrer Eltern mitbenutzen. Immer mehr Gemeinden entdecken dieses Medium für ihre Teenager- und Jugendarbeit und beginnen, es in positiver Weise zu nutzen.

SCAN IT!

ART: Bibellesart 2.0 (neue Medien)

MATERIAL: Smartphone, Beamer, Laptop

PRINZIP: Ein Bibeltext, am besten ein Gleichnis Jesu wird zunächst vorgelesen. Danach erscheint ein QR-Code am Beamer, den sich die Jugendlichen abscannen können. Damit bekommt jeder Teenager den Text direkt aufs Smartphone.

1. PHASE: In Kleingruppen (3–5 Personen) liest jeder den Text für sich noch einmal.

2. PHASE: In der Kleingruppe erzählen sich die Teens, was sie gelesen haben.

3. PHASE: Am Beamer erscheinen neue QR-Codes (6 bis 8 Stück), die vorgefertigte Erklärungen für einzelne Wörter im Text (wie z. B. Passahfest) beinhalten. Jede/r Teenie darf sich einen einscannen und die neuen Erkenntnisse der Gruppe mitteilen.

4. PHASE: Die Erkenntnisse werden ins Plenum getragen.

	5. PHASE: Der- oder diejenige die den Text am Anfang gelesen hat, gibt einen kleinen Gedanken über das Gleichnis weiter, welcher danach fragt welche Bedeutung der Text für den Alltag haben kann. Dies darf gerne von den anderen Teenagern mit ihren Gedanken ergänzt werden.
Dauer:	20 bis 25 Minuten

von Michael Baderschneider

BIBELAUTOR-COLLAGE

ART:	kreative Bibelarbeit
MATERIAL:	Zettel, Stifte, großes A2-Plakat für Collage, Smartphone, Beamer, Laptop
PRINZIP:	Bibeltext wird in verschiedenen Übersetzungen jeweils einmal gelesen. Per QR-Code bekommen die Teenager die Übersetzung aufs Smartphone, die ihnen am besten gefallen hat. Danach dürfen die Teens den Text sprachlich noch so anpassen, dass er genau ihren Alltag widerspiegelt. In der großen Runde darf jede/r, die/der möchte, einen Vers vorstellen, der verändert wurde. Dieser wird auf das Plakat geschrieben. Sobald jeder Vers des ursprünglichen Textes in veränderter Form auf dem Plakat zu finden ist, wird dieser noch einmal laut vorgelesen. Danach bekommen die Teenies kurz Zeit, sich darüber Gedanken zu machen und zu fragen, was dieser Text für ihren Alltag bedeuten kann. Abgeschlossen wird das Ganze mit einer Gebetsrunde.

von Michael Baderschneider

READ IT!

ART:	Bibellesen
MATERIAL:	eine Bibel für jede/n
PRINZIP:	1. Der Bibeltext wird langsam einmal vorgelesen. Die Teenager machen die Augen zu. 2. Bibeln werden aufgeschlagen. Die Teens lesen in Kleingruppen (4–5 Personen) den Text noch einmal laut vor. 3. Zwei Minuten Klappe halten (jede/r macht eigene Entdeckungen mit dem Text).

4. Die Entdeckungen werden in der Kleingruppe geteilt. (Leitende Fragen: Was gefällt mir an dem Text?, Was finde ich blöd?, Was ist neu?, Was kann mir der Text für den Alltag sagen?)
5. Im Plenum dürfen Einzelne ihre Entdeckungen zu den vier Fragen teilen. Dazu wird der betreffende Vers jeweils noch einmal gelesen.
6. Ein/e Mitarbeiter/in schließt die Runde durch einen Gedanken ab, der entweder durch die Gedanken der Jugendlichen gekommen ist oder vorbereitet wurde. Dabei geht es darum, was der Text für den Alltag bedeuten kann.

SMS-BIBELLESEN

ART: Bibellesen mit Output

MATERIAL: Smartphone

PRINZIP:

1. Bittet Gott um seine Gegenwart.
2. Lest den Bibeltext laut vor.
3. In Kleingruppen tauschen sich die Teenager über den Text kurz aus, was ihnen daran aufgefallen ist.
4. Danach versucht jeder, die Hauptaussage des Textes in einer SMS mit 160 Zeichen zusammenzufassen.
5. Diese SMS (oder WhatsApp) wird an die Freunde in der Gruppe verschickt.
6. Zurück in der Großgruppe wird das vor Gott ausgebreitet, was der Text in einem bewegt hat.

(aus: 41 Methoden zum Bibellesen mit Gruppen)

GEDENK- UND STOLPERSTEINE

ART: Bibelgespräch

MATERIAL: nichts außer der Bibel

PRINZIP:

1. Beginnt mit einem Gebet.
2. Eine/r liest den Abschnitt laut und langsam vor.
3. **Gedenkstein:** Alle, die möchten, erzählen ein Erlebnis aus ihrem Leben, das sie mit einer Stelle des Textes verbinden, und für das sie dankbar sind. Kommentiert und diskutiert nicht, sondern hört nur zu.
4. Eine/r liest den Abschnitt noch einmal laut vor.

5. **Stolperstein:** Alle, die möchten, können nun erzählen, an welcher Stelle sie über den Text stolpern, wo sie hängen bleiben, irritiert sind oder sich vielleicht sogar über den Text ärgern. Auch jetzt diskutiert nicht darüber.
6. Eine/r liest den Abschnitt noch einmal laut vor.
7. Nehmt die vorher genannten Gedanken auf, diskutiert sie, denkt über Konsequenzen nach und überlegt, was ihr festhalten wollt.
8. Sagt Gott zum Abschluss, was euch bewegt.

(aus: 41 Methoden zum Bibellesen mit Gruppen)

YOUTUBING YOUR LIFE

ART: Vertiefung

MATERIAL: Digitalkamera oder Polaroid-Fotokamera

PRINZIP: Teeniegruppe im Vorgang fragen, was ihre Lieblings-YouTuber sind. Sich dann einen der Genannten raussuchen und schauen, welches sein Hauptthema ist, wie er sein Thema präsentiert und die Kommentare durchlesen, die die Follower hinterlassen.

Ein Vorschlag wäre, ein Video mit ihnen anschauen oder mit ihnen dann über den YouTuber reden.

- Kommentare der Abonnenten/innen vergleichen mit den Paulus-Kommentaren über Jesus.
  - Wo sind Parallelen, wo sind Unterschiede?
  - Was für Videos würde Jesus posten?
  - Welche Kommentare würdest du hinterlassen?
- Thematisch kann auch das Thema Nachfolge angerissen werden.

SIMPLIFY IT

ART: Vertiefung/Einstieg

MATERIAL: Digitalkamera oder Polaroid-Fotokamera

PRINZIP: Man nehme eine biblische Figur, verändere Details, wie z. B. den Namen (aus Petrus wird Pete) und erzähle aus deren Alltag so, dass die Jugendlichen sich in der Lebenswelt wiederfinden. Danach arbeitet man die Bibelgeschichte aus der Sichtweise dieses Charakters auf.

FÜRBITTEN-APP

ART: Vertiefung

MATERIAL: Handy, Computer

PRINZIP: Man erstellt eine Doodle-Liste (doodle.com/de/) zur freien Teilnahme. Dort kann man in Kommentarfelder Fürbitten, die sich z. B. in einem Jugendgottesdienst ergeben, anonym eingeben. Am Ende des Gottesdienstes werden diese Fürbitten an die Wand gebeamt und können zusammen vor Gott gebracht werden. Damit jeder an dieser Umfrage teilnehmen kann, wird ein QR-Code (www.qrcode-generator.de) mit dem Link zur Doodle-Umfrage erstellt. Jeder Jugendliche kann sich am Anfang des Gottesdienstes diesen Code im Handy einscannen und wird automatisch zur Umfrage weitergeleitet.

POST YOUR PICTURE (FOTORALLYE)

ART: Vertiefung

MATERIAL: Digitalkamera oder Polaroid Fotokamera

PRINZIP: Für eine längere Gruppenstunde oder Freizeit. Jugendliche mit einem Zettel mit Aufgaben (Plätze, Gebäude, Geschichte, Personen) in einer Stadt losschicken. Jugendliche sollen z. B. herausfinden wann ein(e) berühmte(r) Christ/in an einer bestimmten Stelle etwas erbaut hat, oder warum ein bestimmtes Denkmal errichtet wurde. Die Gruppe macht immer ein Selfie mit den Ergebnissen und postet dieses in eine WhatsApp-Gruppe, die dafür erstellt wird. Schon während der Rallye können Mitarbeiter/innen die Ergebnisse sammeln und in die Erzählung einer biblischen Geschichte einbauen.

FOTOSTORY

ART: Vertiefung

MATERIAL: Digitalkamera oder Polaroid Fotokamera

PRINZIP: Macht eure eigene Fotostory. Als Vorbild kann eine Lovestory aus der Bravo dienen, aber auch eine Dokumentation vom eigenen Teenkreis oder einem anderen Kreis der Gemeinde. Die Fotos werden dann auf einen Karton geklebt und beschriftet. Super wird es, wenn man richtige Dialoge dazuschreibt.

MALEN NACH MUSIK

ART: Einstieg (Zu einer zum Thema passenden Musik soll ein Bild gemalt werden.)

MATERIAL: Farben, Papier; Musik

PRINZIP: Jeder Teenie bekommt ein Blatt Papier. Das Thema wird kurz eingeführt. Zur Musik entsteht ein Bild, das vom Thema und von der Musik beeinflusst ist. Die Bilder können kurz interpretiert werden.

FLYER

ART: Einstieg/Vertiefung/Werbung

MATERIAL: Papier, Stifte, evtl. Zeitungen, Computer, Fotos, Bilder

PRINZIP: Für ein bestimmtes Thema oder sogar eine Themenreihe soll ein eigener Flyer gestaltet werden. Dieser kann dann für Werbezwecke gebraucht werden.

GERÄUSCHMONTAGE

ART: Einstieg/Vertiefung (lustig: Zum Thema wird ein Hörspiel aus Geräuschen und möglicherweise gesprochenen Dialogen selbst erstellt.)

MATERIAL: Handy, Utensilien für Geräusche

PRINZIP: Zu einem vorher vereinbarten Thema soll eine Geschichte oder Szene wie bei einem Hörspiel nachgestellt und aufgenommen werden. Das Hörspiel wird gemeinsam angehört.

VIDEOFILM

ART: Vertiefung (aufwendig: Zu einem Thema wird ein kurzer oder längerer Videofilm erstellt.)

MATERIAL: Video-Kamera, Verkleidungsmaterial, Schminke

PRINZIP: Die Thematik soll in eine Video-Geschichte umgesetzt werden. Einzelne Szenen werden besprochen und gefilmt. Der Film wird gemeinsam betrachtet und vielleicht vorgeführt.

Anna-Lena Schnaubelt
Wabern, Jg. 1991, verheiratet, Sozial- und Religionspädagogin, Mitarbeiterin an der CVJM-Hochschule.

Annkatrin Klüter
Karlsruhe, Jg. 1993, Sozialarbeiterin, Religions- und Gemeindepädagogin (BA), Wildnis- und Erlebnispädagogin, studiert Interkulturelle Bildung, Migration und Mehrsprachigkeit (MA), tätig als Pädagogin in einer Wohngruppe für unbegleitete minderjährige Geflüchtete.

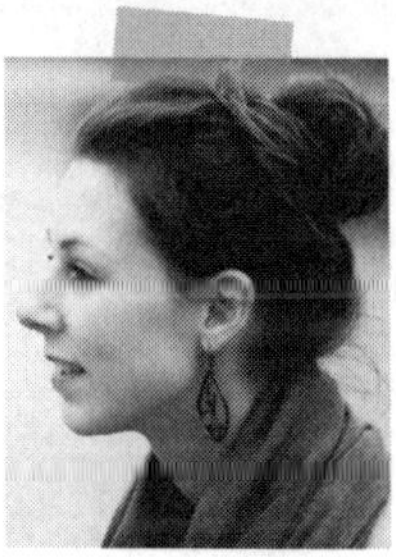

Arline Apke
Jg. 1987, entdeckte durch die Ausbildung am mbs Marburg den Beruf der Erzieherin für sich. Nach fünf Jahren im Kinderhaus Kunterbunt in Paderborn, wo sie nicht nur Erzieherin, sondern auch Illustratorin, Foto- und Videografin, Komponistin und Musikerin sein durfte, ziehen ihr Mann Philipp und sie nun weiter nach Leipzig auf zu nächsten Abenteuern.

Benjamin Nitsche
BA Religions- und Gemeindepädagoge, engagiert sich seit Jahren in der Freizeitarbeit von Wort des Lebens e. V. und studiert derzeit MA-Theologie an der FTH Gießen.

Benjamin Schneider
Marburg, Jg. 1986, verheiratet, ein Kind, Theologe, Gospelchorleiter, tätig als Jugendreferent im Christus-Treff (ökumenische Gemeinschaft in Marburg), leitet die Konfi-/BU-Kurse und die Jugendarbeit „TeenZone“ für 13- bis 19-Jährige.

Björn Wagner

Jg. 1975, ist Mann von Mirja, Vater von Emilia und Mattis. Gründer, Querdenker und missionaler Praktiker. Er gründet gern, unterrichtet und schreibt über Mission im 21. Jh. Er ist angestellt beim CVJM-Westbund im Dillkreis.

Christian Schlotterbeck

Jg. 1993, hat Religions- und Gemeindepädagogik/Soziale Arbeit an der CVJM-Hochschule in Kassel studiert und ist seit Oktober 2016 als Jugendreferent im CVJM Ansbach angestellt.

Claudia Meyer

Sittensen, Jg. 1962, verheiratet, drei erwachsene Kinder, seit 2017 tätig als freiberufliche Diakonin. Von 2011–2017 verantwortlich für TEN SING, TEN SING Kidz und Konfirmandenarbeit in der Ev.-luth. Kirchengemeinde Sittensen.

David Schott

Jg. 1979, verheiratet, vier Kinder, als Mitarbeiter der Deutschen Inlandmission Pastor im Gemeindegründungsdienst in Cottbus. Studierte im Studienprogramm Gesellschaftstransformation und schrieb anschließend seine Masterarbeit in Missiologie zum Thema „Woran konfessionslose junge Erwachsene in Ostdeutschland glauben“.

Dr. Florian Karcher

Kassel, Jg. 1982, verheiratet, zwei Kinder, Dipl.-Sozial- und Religionspädagoge, tätig als Dozent am CVJM-Kolleg und als Leiter des Instituts für missionarische Jugendarbeit an der CVJM-Hochschule.

Friedrich Kasten
Minden, Jg. 1967, verheiratet, zwei Kinder, Gemeindepädagoge und systemischer Coach, Leiter von „juenger unterwegs", dem Referat für die junge Generation im Kirchenkreis Minden.

Ingo Müller
Jg. 1983, studierte am CVJM-Kolleg, ist darüber hinaus Partizipationstrainer und Erlebnispädagoge, arbeitet beim deutschen EC-Verband in Kassel als Bereichsleiter Teenagerarbeit, dort lebt er auch mit seiner Familie, veröffentlichte u. a. zum Thema Gebet „Hörst du mich?" und „Let's Pray".

Johanna Weddigen
Hamburg, Sozialarbeiterin und Religionspädagogin, tätig als Koordinatorin für Alpha im Gefängnis bei Alpha Deutschland e. V.

Katharina Haubold
Jg. 1986, wohnt in Soest und arbeitet als Projektreferentin für Fresh X. Sie ist seit vielen Jahren in der Arbeit mit Jugendlichen tätig.

Lena Niekler
Kassel, Jg. 1989, verheiratet, Sozialarbeiterin, Religionspädagogin und Theologin, tätig als Bundessekretärin für Kinder und Jungschar beim CVJM-Westbund sowie als Wisssenschaftliche Mitarbeiterin am Institut für missionarische Jugendarbeit an der CVJM-Hochschule.

Matthias Ehmann
MTh (Unisa), Würzburg, Jg. 1987, verheiratet mit Tamara, Pastor im Bund FeG und Lehrbeauftragter für Missionswissenschaft an der Theologischen Hochschule Ewersbach.

Michael Baderschneider
Palwan, Jg. 1992, verheiratet, BA Religions- und Gemeindepädagogik / Soziale Arbeit integrativ.

Dipl.-Päd. Petra Brunner
Bonn, Jg. 1984 arbeitet an einem Dissertationsprojekt „Freiwillige und hauptberufliche Mitarbeitende in Kirche und Diakonie" an der Evangelisch-Theologischen Fakultät Bonn. Daneben ist sie u. a. als Dozentin für Ethik am CVJM-Kolleg und anderen Fachschulen tätig.

Phillip Angelina
Berlin, Jg. 1990, verheiratet, BA Religions- und Gemeindepädagogik/Soziale Arbeit integrativ, studiert derzeit Religion und Kultur (MA) an der Humboldt-Universität zu Berlin.

Piero Scarfalloto
Jg. 1986, verheiratet, eine kleine Tochter, Gründungspastor einer deutsch-internationalen Gemeinde in Mittelhessen und Leiter des interkulturellen Jugend-Netzwerkes „Buntes Deutschland" der Allianz-Mission.

Renate Sierig
Jg. 1966, verheiratet, drei Töchter, Gemeindepädagogin bei juenger unterwegs im Ev. Kirchenkreis Minden.

Stefan Niewöhner
Bonn, Jg. 1975, verheiratet, drei Kinder, Jurist und CVJM-Sekretär, tätig als leitender Referent im CVJM Bonn.

Stefan Westhauser
Kassel, Jg. 1979, verheiratet, zwei Kinder, Wildnis- und Erlebnispädagoge (IfEP), Outdoor Guide (planoalto), Systemischer Coach (SI), leitet das Institut für Erlebnispädagogik der CVJM-Hochschule.

Dr. Tobias Faix
ist Professor für Praktische Theologie an der CVJM-Hochschule in Kassel und leitet dort das Institut empirica für Jugendkultur & Religion. Er ist Autor von über 20 Büchern zum Thema Jugend, Religion und Kirche. Er lebt zusammen mit seiner Familie in Marburg.

Vassili Konstantinidis
Kassel, Jg. 1983, verheiratet, zwei Kinder, Sozialarbeiter und Religionspädagoge, tätig als Referent für Freiwilligendienste in Deutschland beim CVJM-Gesamtverband in Deutschland e. V.

BILDQUELLENVERZEICHNIS

© Fotolia.com:

S. 9 | © Syda Productions
S. 13ff. | © Syda Productions
S. 15 | © Syda Productions
S. 21 | © 4Max
S. 28 | © Africa Studio
S. 32 | © alexsokolov
S. 32 | © alexsokolov
S. 34 | © dmitrimaruta
S. 36 | © georgerudy
S. 39 | © JackF
S. 41 | © Klaus Eppele
S. 43 | © Christian Schwier
S. 44 | © bluedesign
S. 49 | © zolnierek
S. 57 | © ilfotokunst
S. 65 | © lassedesignen
S. 69 | © sad
S. 71 | © princeoflove
S. 73ff. | © Rawpixel.com
S. 75 | © IngridHS
S. 79 | © B-C-designs
S. 80 | © grafikplusfoto
S. 93 | © Eléonore H
S. 95 | © Szasz-Fabian Jozsef
S. 101 | © VadimGuzhva
S. 102 | © trahko
S. 110 | © pict rider
S. 112 | © djama
S. 114 | © BillionPhotos.com
S. 115 | © serhiibobyk
S. 117 | © sveta
S. 119 | © charlietuna1
S. 130 | © On-Air
S. 131 | © Romolo Tavani
S. 133 | © magele-picture
S. 137 | © Sergey Novikov
S. 139 | © Mediteraneo
S. 140 | © Thomas Scherr
S. 143 | © blende11.photo
S. 144 | © anyaberkut
S. 148 | © magele-picture
S. 150 | © Robert Hoetink
S. 152 | © Robert Hoetink
S. 154 | © Sergey Novikov
S. 167 | © Christian Schwier
S. 168 | © tumsasedgars
S. 171 | © ehrenberg-bilder
S. 173 | © tumsasedgars
S. 185 | © fotogestoeber
S. 192 | © Björn Wylezich
S. 194 | © dp@pic
S. 196 | © Andrey Burmakin
S. 200 | © Cla78
S. 201 | © ChristArt
S. 203 | © monstarrr
S. 206 | © Riccardo Piccinini
S. 209 | © Visions-AD
S. 212 | © narapornm
S. 216 | © Matthias Enter
S. 219 | © bht2000
S. 221 | © carmelod
S. 223 | © longkaud
S. 228 | © Daniel Ernst
S. 230 | © Frank Gärtner
S. 240ff. | © Christian Schwier
S. 246 | © Olga Marc
S. 261 | © Hans-Jörg Nisch
S. 277 | © Rafael Ben-Ari

Weitere Abbildungen:

S. 18 | © Dr. Tobias Faix
S. 96 | © Facebook; WhatsApp
S. 97 | © Snapchat
S. 98 | © Instagram
S. 99 | © YouTube; Pinterest
S. 162 | © Renate Sierig
S. 177 | © Claudia Meyer
S. 179 | © Claudia Meyer
S. 181 | © Claudia Meyer
S. 191 | © Arline Apke
S. 235 | © David Schott
S. 236 | © David Schott
S. 237 | © David Schott
S. 275 bis S. 279 | © Autoren

Grafiken und schematische Darstellungen:

S. 84, S. 89, S. 90, S. 104, S. 107, S. 124, S. 126, S. 129, S. 157, S. 234 | Icons | © Q. Gute Grafik, Köln